Methods and Applications of
Register-based Population Census

植入行政记录的人口普查方法与应用研究

徐蔼婷 史龙梅 ◎ 著

中国财经出版传媒集团
经济科学出版社
Economic Science Press

图书在版编目（CIP）数据

植入行政记录的人口普查方法与应用研究／徐蔼婷，史龙梅著．—北京：经济科学出版社，2019.7
ISBN 978 – 7 – 5218 – 0560 – 4

Ⅰ.①植… Ⅱ.①徐… ②史… Ⅲ.①人口普查 – 调查方法 – 研究 – 中国 Ⅳ.①C924.25

中国版本图书馆 CIP 数据核字（2019）第 100150 号

责任编辑：崔新艳
责任校对：靳玉环
责任印制：李　鹏

植入行政记录的人口普查方法与应用研究

徐蔼婷　史龙梅　著

经济科学出版社出版、发行　新华书店经销
社址：北京市海淀区阜成路甲 28 号　邮编：100142
经管中心电话：010 – 88191335　发行部电话：010 – 88191522
网址：www.esp.com.cn
电子邮件：espcxy@126.com
天猫网店：经济科学出版社旗舰店
网址：http://jjkxcbs.tmall.com
北京季蜂印刷有限公司印装
710×1000　16 开　17 印张　310000 字
2019 年 7 月第 1 版　2019 年 7 月第 1 次印刷
ISBN 978 – 7 – 5218 – 0560 – 4　定价：64.00 元
（图书出现印装问题，本社负责调换。电话：010 – 88191510）
（版权所有　侵权必究　打击盗版　举报热线：010 – 88191661
QQ：2242791300　营销中心电话：010 – 88191537
电子邮箱：dbts@esp.com.cn）

本书出版得到以下项目联合资助

国家统计局重大项目（2018LD07）
国家统计局重大项目（2014LD06）
国家社科基金重点项目（17ATJ001）
浙江省一流学科 A 类（浙江工商大学统计学）
浙江省重点建设高校优势特色学科（浙江工商大学统计学）

PREFACE 前言

《植入行政记录的人口普查方法与应用研究》旨在对一种新的人口普查方法——植入行政记录的人口普查方法及其应用问题进行系统而深入的专题研究，从而为加快我国传统人口普查方法的改革步伐、破解传统人口普查方法存在的"调查成本高、数据质量低、普查机构和居民负担重"等难题提供新思路。

本书内容共分六大部分：（1）植入行政记录的人口普查方法基本问题研究；（2）"完全模式"人口普查方法国际经验探索；（3）"组合模式"人口普查方法国际经验探索；（4）我国实施植入行政记录人口普查的可行性分析；（5）"中国式"植入行政记录的人口普查方法设计；（6）改革我国传统人口普查方法的若干建议。各部分内容不但注重对植入行政记录人口普查方法理论的细致阐释，更注重对植入行政记录人口普查方法实践的充分探讨，既可成为相关领域研究者的重要参考资料，又可成为统计实务工作者的实践指导来源。

CONTENTS 目录

第一章　导论 ……………………………………………………………（1）

第二章　植入行政记录的人口普查方法基本问题研究 ……………（14）
　　第一节　植入行政记录的人口普查方法概念与特征探究 ……（14）
　　第二节　"完全模式"人口普查方法实施步骤与技术难点探讨 ……（29）
　　第三节　"组合模式"人口普查方法实施步骤与技术难点探讨 ……（52）

第三章　"完全模式"人口普查方法国际经验探索 …………………（57）
　　第一节　"芬兰式"人口普查方法经验探索 ……………………（57）
　　第二节　"斯洛文尼亚式"人口普查方法经验探索 ……………（72）
　　第三节　"奥地利式"人口普查方法经验探索 …………………（84）

第四章　"组合模式"人口普查方法国际经验探索 …………………（101）
　　第一节　"以色列式"人口普查方法经验探索 …………………（101）
　　第二节　"瑞士式"人口普查方法经验探索 ……………………（113）
　　第三节　"西班牙式"人口普查方法经验探索 …………………（136）

第五章　我国实施植入行政记录人口普查的可行性分析 …………（152）
　　第一节　我国人口普查基本情况与传统人口普查面临的挑战 ……（152）
　　第二节　我国实施植入行政记录人口普查的法律基础分析 ……（161）
　　第三节　我国实施植入行政记录人口普查的技术基础分析 ……（168）
　　第四节　我国实施植入行政记录人口普查的信息资源分析 ……（174）

第六章 "中国式"植入行政记录的人口普查方法设计 …… (195)
 第一节 全国层面"行政记录调查+专项调查"人口普查方法设计 …… (195)
 第二节 全国层面"行政记录调查+非专项调查"人口普查方法设计 …… (214)
 第三节 省级层面"完全模式"人口普查初步设计：以浙江省为例 …… (222)

第七章 改革我国传统人口普查方法的若干建议 …… (239)
 第一节 夯实法律基础，为实施植入行政记录的人口普查提供制度保障 …… (239)
 第二节 汇聚数据资源，为实施植入行政记录的人口普查提供数据基础 …… (242)
 第三节 攻克技术难题，为实施植入行政记录的人口普查提供方法支撑 …… (244)

主要参考文献 …… (247)
后记 …… (262)

第一章
导　　论

一、问题的提出

作为官方统计调查体系的重要构成，周期性的人口普查是各国获取人口统计信息的主要途径。然而，无论是采取派员面访、邮寄问卷，还是调整成电话访问或基于网络调查的电子普查，传统的人口普查仍不可避免地存在"调查成本高、数据质量低、普查机构和居民负担重"等难题。21 世纪以来，随着全球信息化进程的加快，政府部门为实现监管和服务等目的，通过登记、报告、行政许可审批、检查等方式收集和存储的人口行政记录资源越来越丰富，大量行政管理部门正在源源不断地产生海量即时的电子化数据，汇聚成极为丰富的行政记录大数据资源。由于具有较强的内容对接性、较高的数据质量和较低廉的数据采集成本，包含各类人口信息的行政记录经过筛选、链接、编辑、插补等一系列"统计化"操作之后便可"生产"出人口普查的全部（或大部分）信息。据此，改革传统人口普查方法，开展基于行政记录的人口普查被视为有效破解传统统计调查难题的途径之一，亦是大数据时代充分挖掘人口行政记录资源的必然之选。

西方国家对行政记录运用于官方统计调查的实践探索始于 20 世纪 60 年代。丹麦于 1981 年率先实施了基于行政记录的人口普查，芬兰亦于 1990 年将行政记录系统视为人口普查的唯一数据源。迄今为止，丹麦、芬兰、奥地利、挪威、瑞典、荷兰、冰岛、比利时、以色列、波兰、西班牙、斯洛文尼亚、拉脱维亚、新加坡、瑞士、土耳其、德国等国家均已普遍采用植入行政记录的人口普查（register-based population census），以代替高成本、高工作量和低效率的传统人口普查，并积累了相当丰富的实践经验。相比之下，尽管我国政府与学术界对行政记录的重视程度与日俱增、对行政记录的开发利用程度也不断提升，但有关行政记录应用于官方统计调查的研究仍显滞后，有关行政记录应用于人口普查的系统研究则更为缺乏。

基于上述背景，本书拟基于行政记录运用于官方统计调查的国际经验，开展植入行政记录人口普查方法的理论探究，尝试架构一个较完整的植入行政记录人口普查方法框架。通过对代表性国家实践操作的解析，对不同模式的植入行政记录人口普查成功经验予以比较和归纳。进一步地，开展我国实施植入行政记录人口普查方法的可行性分析，尝试开展适合我国国情的植入行政记录人口普查组织模式架构与实施路径设计，最终为改革我国传统人口普查方法制度提出若干建议。本书研究具有重要的理论意义和实践价值。

首先，开展植入行政记录的人口普查方法研究，将推动我国统计调查理论研究的实质性进展。在普查、抽样调查、重点调查等传统统计调查理论体系中，人口调查不可避免地需要依据调查目的合理地界定调查对象、精准地设计调查内容、科学地选择样本，进而通过标准化的报表或专门设计的问卷进行数据采集、汇总、估算与分析。作为一种新的调查模式，植入行政记录的人口普查则颠覆了传统统计调查的固有范式，其将调查对象的界定、调查范围的限定、调查内容的设定、调查时间的选定、调查过程组织安排等基本要素转化为行政记录选择、行政记录系统构建、不同行政记录之间的匹配与筛选、不同记录之间的编辑与转换、不同变量的补充与推断等一系列新步骤。尽管从最终生成的信息来看，基于行政记录的人口普查与传统人口普查并无显著差异，但其所依赖的调查理论基础却相去甚远。本书开展植入行政记录人口普查方法的理论探究，尝试架构一个较完整的植入行政记录人口普查方法框架，是对传统统计调查理论的突破，这无疑将推动我国统计调查理论研究的实质性进展。

其次，开展植入行政记录的人口普查方法研究，有利于提升人口普查资料的开发价值。我国建立了周期性的人口普查制度，积累了大量的人口普查资料。随着人口普查内容的不断丰富以及全社会对人口信息需求的不断提升，国家对人口普查资料的开发力度不断加强。然而，十年一次的人口普查资料多为间断性的时点数据，这一定程度上束缚了人口普查资料的利用空间。不同的是，人口行政记录数据不仅可覆盖更为丰富的人口信息，其数据类型更可能是连续性的时期数据或是采集频率较高的时点数据，蕴含着更大的资料开发价值。本书融合人口普查信息库和各类人口行政记录库，开展植入行政记录人口普查方法的可行性分析，开展适合我国国情的植入行政记录人口普查组织模式架构与实施路径设计，必将促使连续性时期数据和间断性时点数据的深度融合，拓宽人口普查资料的应用领域，提升人口普查资料的开发价值。

再次，开展植入行政记录的人口普查方法研究，可进一步推进人口行政记录信息库的标准化建设步伐。我国存在类型众多的人口行政记录，却分别被公安、计生、卫生、民政等不同行政部门所拥有与管理，部门间深藏的数据壁垒致使诸多人口行政记录资源成为信息孤岛。尽管21世纪以来，国家对人口行政记录信息化建设的重视程度与日俱增，涉及跨部门人口信息资源共享和业务协同方面的研究与实践层出不穷，有关人口信息化建设的大型项目亦不断呈现，但我国至今仍未建成全国统一的人口信息库。本书将对公安、计生、民政、人社等不同行政部门所拥有的人口行政记录予以全方位的考察，尝试融合不同部门的人口信息资源开展人口行政记录库系统的统一设计，并据此开展适合我国国情的植入行政记录人口普查组织模式探讨，必将促进人口行政记录信息库自身的标准化建设，加快我国统一人口信息化平台的建设步伐。

最后，开展植入行政记录的人口普查方法研究，是大数据时代打造政府统计数据来源第二轨的必然之选。大数据时代的来临对政府统计理念、数据来源和数据生产方式提出了全新要求。在信息化建设过程中，大量的行政管理部门正在源源不断地产生海量即时的电子化数据，汇成丰富的行政记录大数据资源。这些大数据资源是整个社会经济活动的数字化记录，是可以无限次重复利用的特殊非物质财富，亟待进行深度的价值开发。本书开展植入行政记录的人口普查方法研究，亦是大数据时代充分挖掘人口行政记录大数据资源的必然之选。

二、研究目标与整体框架

（一）研究目标

1. 理论框架构建

本书基于行政记录运用于官方统计调查的国际经验，开展植入行政记录人口普查方法的理论探究，尝试架构较完整的"完全模式"人口普查实施框架和"组合模式"人口普查实施框架。

2. 国际经验比较

本书通过对芬兰、斯洛文尼亚、奥地利、以色列、瑞士和西班牙六个典型国家实践操作的深度解析，较细致地阐释"完全模式"人口普查和"组合模式"人口普查的具体实施情况，归纳并比较基于不同模式的植入行政记录人口普查实施经验。

3. 实施基础分析

本书基于对法律基础、技术基础、资源基础三个维度的考察，探讨我国实施植入行政记录人口普查的可行性，重点对分布于我国公安部门、计生部门、教育部门、税务部门、民政部门、人力资源和社会保障部门、工商部门、卫生部门等政府部门的行政记录资源进行系统梳理，对可能构成人口普查数据源的行政记录进行筛选与信息化现状分析。

4. 实施路径设计

本书从全国和浙江省两个层面开展基于行政记录人口普查的实施路径设计。全国层面主要尝试开展"组合模式"人口普查实施路径设计，浙江省层面主要尝试开展"完全模式"人口普查实施路径设计。

（二）整体框架

本书遵循"理论框架构建→国际经验比较→基础条件分析→实施路径设计→政策建议提供"的基本思路，整体研究框架如图1-1所示。

三、主要研究内容

第一章为导论。本章主要阐述问题提出的背景与研究意义、研究目标与整体框架、主要研究内容，本书的特色与可能的创新。

第二章为植入行政记录的人口普查方法基本问题研究（研究内容如图1-2所示）。本章致力于探讨植入行政记录人口普查方法的基本概念、特征、实施步骤和技术难点，为后续研究构建理论基础。从行政记录调查概念与特征探讨出发，本章分析了植入行政记录人口普查方法的概念与特征、植入行政记录人口普查方法的实施前提。进一步地，本章区分了"完全模式"人口普查方法和"组合模式"人口普查方法，详细探讨了两种类型植入行政记录人口普查方法的基本框架、实施步骤和技术难点。

第三章为"完全模式"人口普查方法国际经验探索（本章分三节，各节的研究内容分别如图1-3、图1-4、图1-5所示）。本章致力于考察"完全

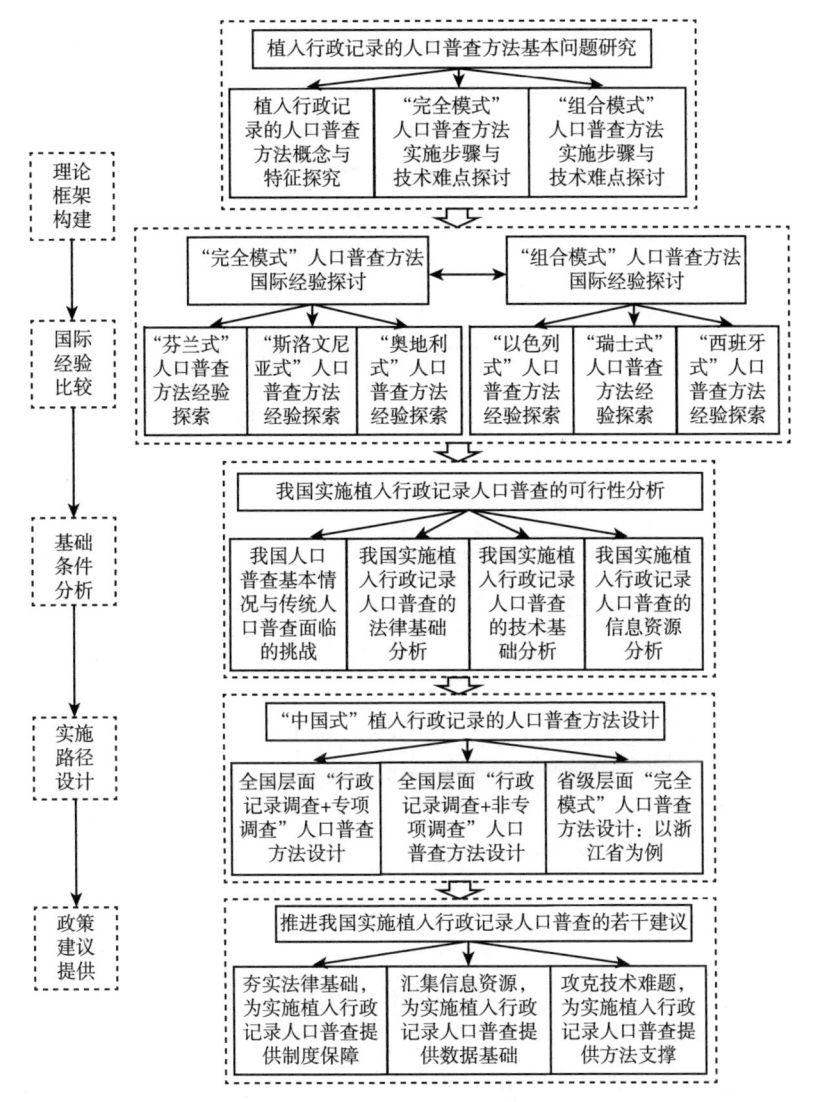

图 1-1　本书整体研究框架

模式"人口普查方法的国际实践，为我国实施植入行政记录的人口普查提供方法参照。本章以芬兰、斯洛文尼亚、奥地利三个国家为对象，较系统地回顾了三个国家人口普查方法的演化历史；较细致地阐释了三个国家实施"完全模式"人口普查的概况、人口行政记录类型筛选途径、基本记录库的构建模式、已存在统计数据库的选择方式、人口行政记录系统与统计数据系统对接路径、人口普查统计信息的获取与质量评估；较形象地展示了"完全模式"人口普查方法的具体实践与国别差异。

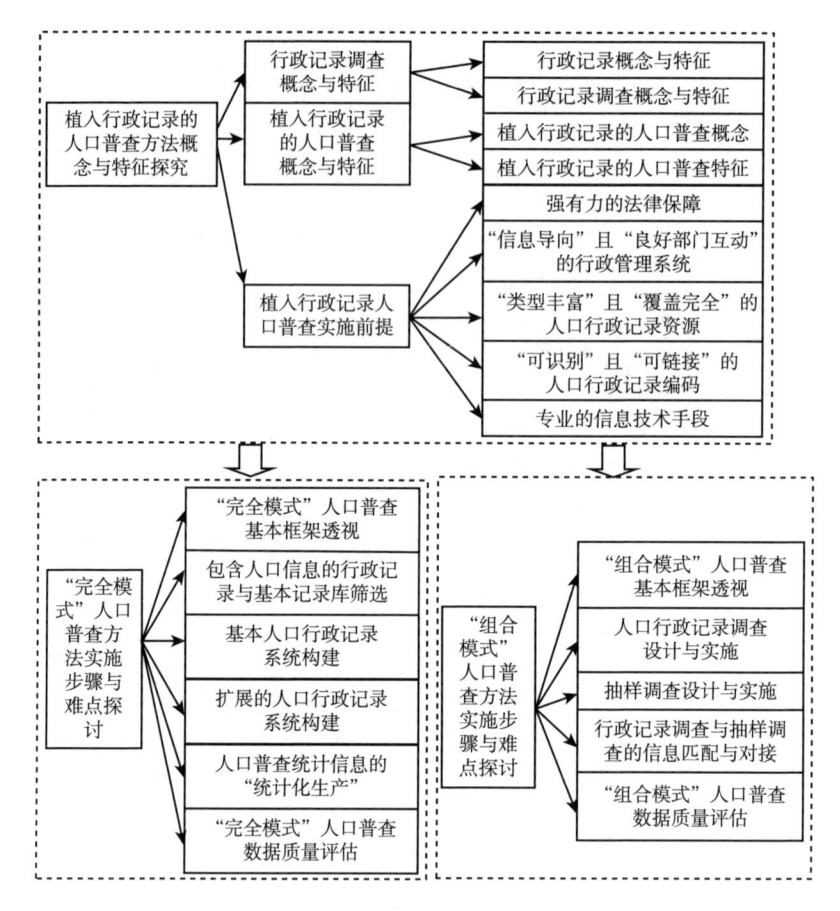

图1-2 第二章主要内容

第四章为"组合模式"人口普查方法国际经验探索（本章分三节，各节的研究内容分别如图1-6、图1-7、图1-8所示）。本章致力于考察"组合模式"人口普查方法的国际实践，为我国实施植入行政记录的人口普查提供方法参照。本章以以色列、瑞士、西班牙三个国家为对象，较系统地回顾了三个国家人口普查方法的演化历史；较细致地阐释了三个国家"组合模式"人口普查的实施框架、行政记录调查组织模式、行政记录调查提供的数据类型、专项调查或非专项调查的具体组织方式、行政记录调查与专项调查的结合路径、人口普查统计信息的获取与估计方法、质量评估方法等；较形象地展示了"组合模式"人口普查方法的具体实践与国别差异。

第五章为我国实施植入行政记录人口普查的可行性分析（研究内容如图1-9所示）。本章致力于分析我国实施植入行政记录人口普查的法律基础、技术基

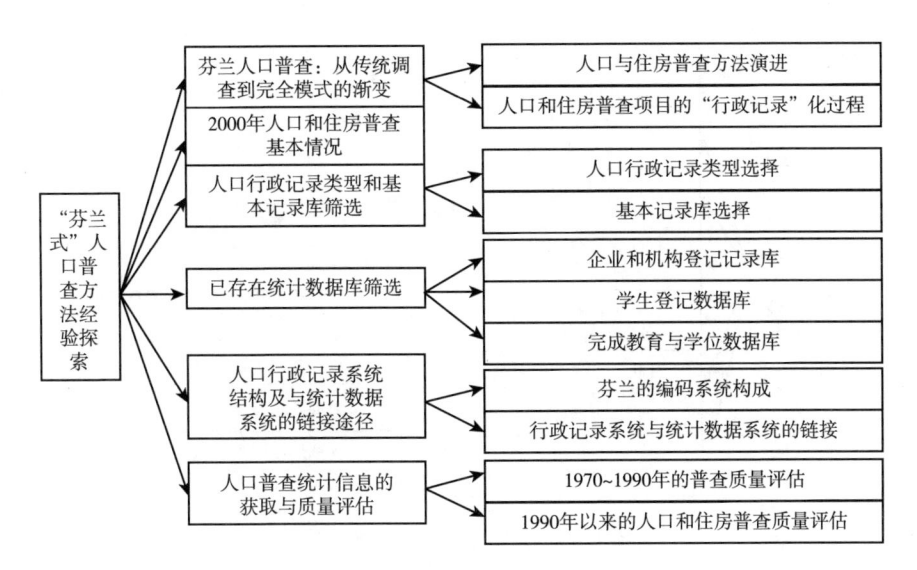

图 1-3　第三章第一节主要内容

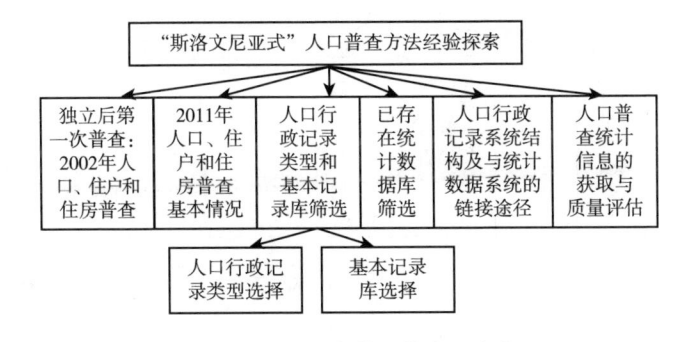

图 1-4　第三章第二节主要内容

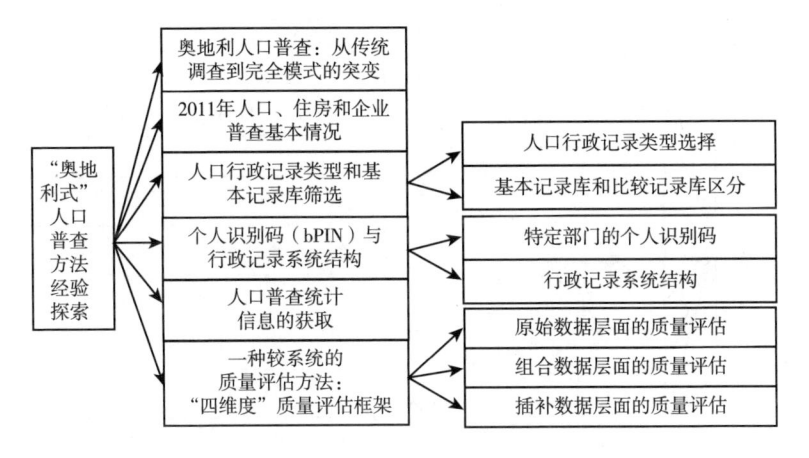

图 1-5　第三章第三节主要内容

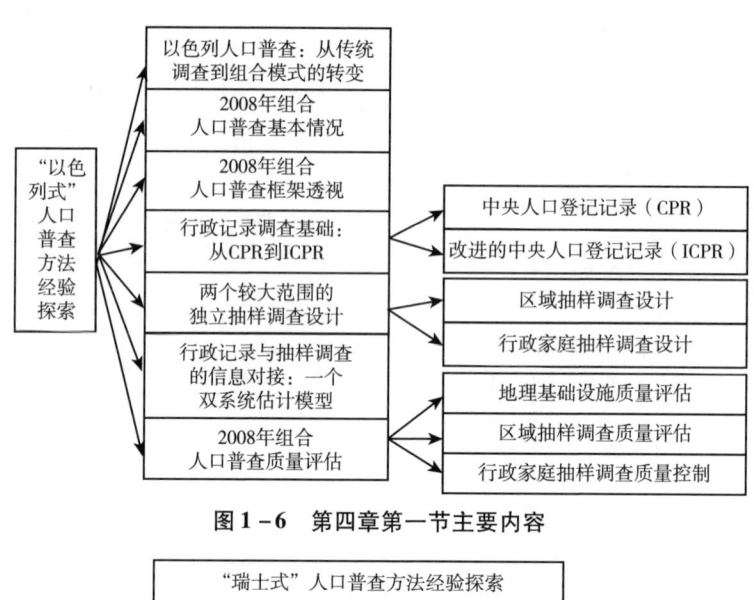

"以色列式"人口普查方法经验探索

- 以色列人口普查：从传统调查到组合模式的转变
- 2008年组合人口普查基本情况
- 2008年组合人口普查框架透视
- 行政记录调查基础：从CPR到ICPR
  - 中央人口登记记录（CPR）
  - 改进的中央人口登记记录（ICPR）
- 两个较大范围的独立抽样调查设计
  - 区域抽样调查设计
  - 行政家庭抽样调查设计
- 行政记录与抽样调查的信息对接：一个双系统估计模型
- 2008年组合人口普查质量评估
  - 地理基础设施质量评估
  - 区域抽样调查质量评估
  - 行政家庭抽样调查质量控制

图1-6 第四章第一节主要内容

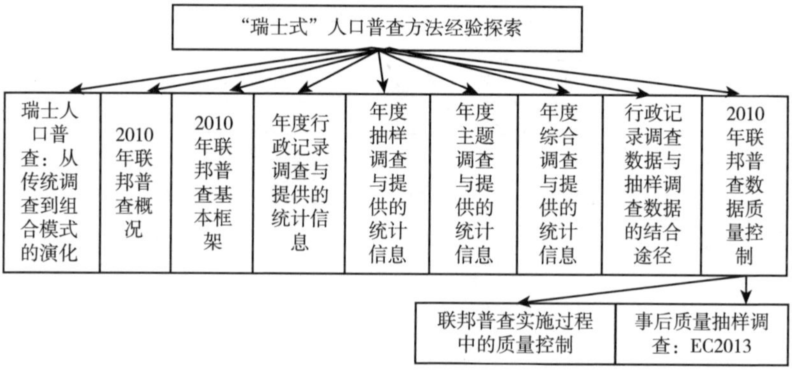

"瑞士式"人口普查方法经验探索

- 瑞士人口普查：从传统调查到组合模式的演化
- 2010年联邦普查概况
- 2010年联邦普查基本框架
- 年度行政记录调查与提供的统计信息
- 年度抽样调查与提供的统计信息
- 年度主题调查与提供的统计信息
- 年度综合调查与提供的统计信息
- 行政记录调查数据与抽样调查数据的结合途径
- 2010年联邦普查数据质量控制
  - 联邦普查实施过程中的质量控制
  - 事后质量抽样调查：EC2013

图1-7 第四章第二节主要内容

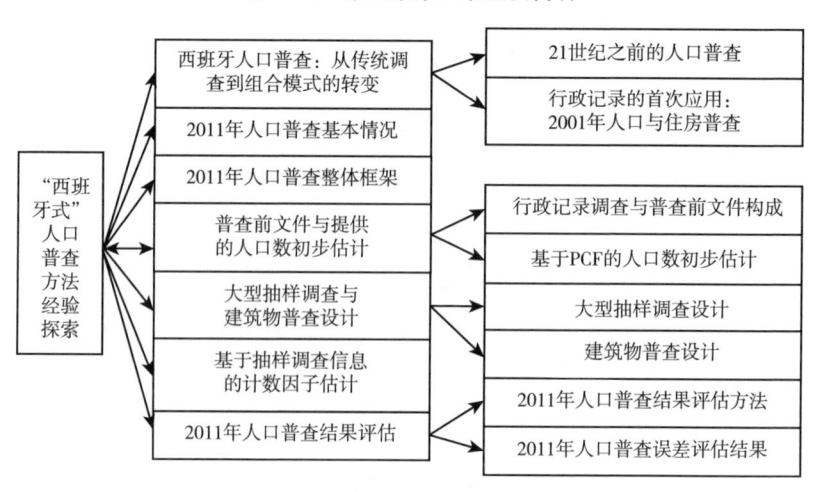

"西班牙式"人口普查方法经验探索

- 西班牙人口普查：从传统调查到组合模式的转变
  - 21世纪之前的人口普查
  - 行政记录的首次应用：2001年人口与住房普查
- 2011年人口普查基本情况
- 2011年人口普查整体框架
- 普查前文件与提供的人口数初步估计
  - 行政记录调查与普查前文件构成
  - 基于PCF的人口数初步估计
- 大型抽样调查与建筑物普查设计
  - 大型抽样调查设计
  - 建筑物普查设计
- 基于抽样调查信息的计数因子估计
- 2011年人口普查结果评估
  - 2011年人口普查结果评估方法
  - 2011年人口普查误差评估结果

图1-8 第四章第三节主要内容

第一章 导　论

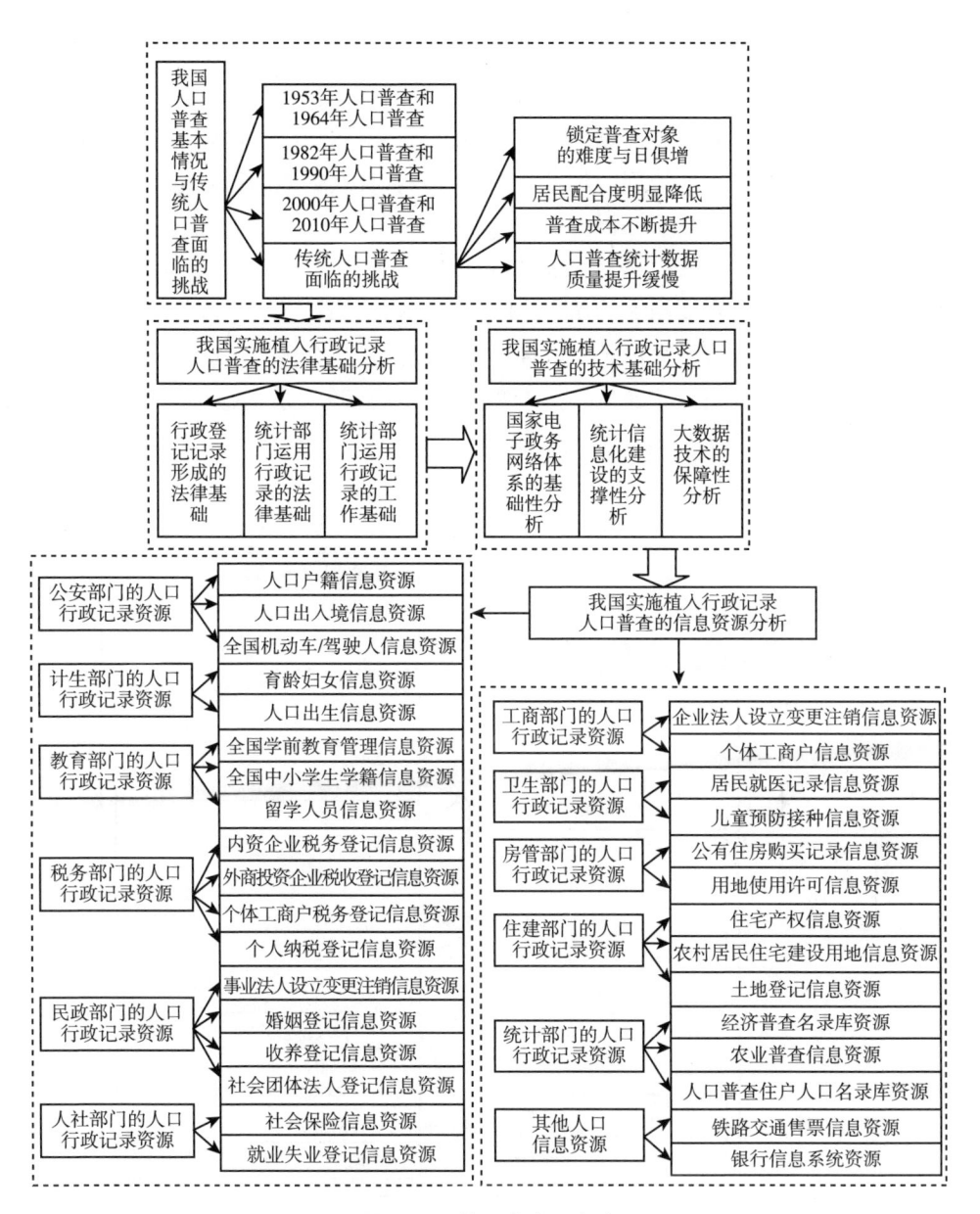

图1-9　第五章主要内容

础和数据基础，探讨我国实施植入行政记录的人口普查的可行性。基于历次人口普查基本情况的回顾与演化分析，本章归纳了传统人口普查所面临的若干挑战。进一步地，从行政记录形成的法律基础、统计部门运用行政记录的法律基础等角度分析了我国实施植入行政记录人口普查的法律前提；从国家电子政务

9

网络体系、统计信息化建设、大数据技术等角度分析了我国实施植入行政记录人口普查的技术基础；基于对公安部门、计生部门、教育部门、税务部门、民政部门、人力资源和社会保障部门、工商部门、卫生部门、房管部门等行政部门所拥有的行政记录的梳理，对可能构成人口普查数据源的行政记录信息资源进行了筛选与信息化现状分析。

第六章为"中国式"植入行政记录的人口普查方法设计（本章分三节，各节的研究内容分别如图 1-10、图 1-11、图 1-12 所示）。本章致力于开展基于中国国情的植入行政记录人口普查方法设计，从全国范围和浙江省范围两个层次，设计了"行政记录调查+专项调查""行政记录调查+非专项调查"两种"组合模式"人口普查方法实施路径和一种"完全模式"人口普查方法实施路径。

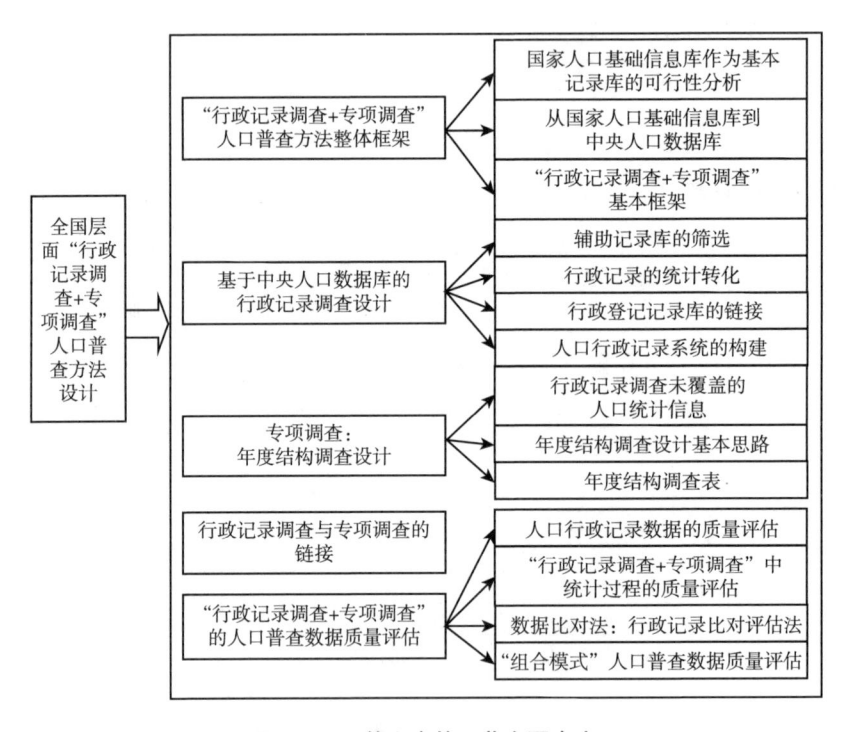

图 1-10 第六章第一节主要内容

其中，全国层面的行政记录调查以"中央人口数据库"为核心，以"居民住宅建设用地登记记录""土地登记记录""育龄妇女信息登记记录""就业失业登记记录""纳税登记记录""民政统计信息名录库""人口出生信息登记记录""出入境登记记录""人口死亡信息登记记录""国（境）外学历学位

第一章 导 论

```
                    ┌─ "行政记录调查+非专项调查"
         "行政记录调查+非专项调查"      基本框架
         整体框架         └─ 非专项调查的载体选择分析

         非专项调查设计：以城镇居民    ┌─ 设计思路
         家庭成员基本情况调查为依托    └─ 调查表设计

全国层   非专项调查设计：以城镇居民    ┌─ 设计思路
面"行   家庭基本情况调查为依托       └─ 调查表设计
政记
录调    非专项调查设计：以农村居民    ┌─ 设计思路
查+非   居住情况调查为依托           └─ 调查表设计
专项
调查"   非专项调查设计：以农村住户人口 ┌─ 设计思路
人口    与劳动力就业情况调查为依托   └─ 调查表设计
普查
方法    行政记录调查与非专项
设计    调查的匹配路径

         "行政记录调查+非专项调查"    ┌─ 行政记录调查与非专项调查
         的人口普查数据质量评估         链接的质量评估
                                     └─ 人口普查信息质量评估
```

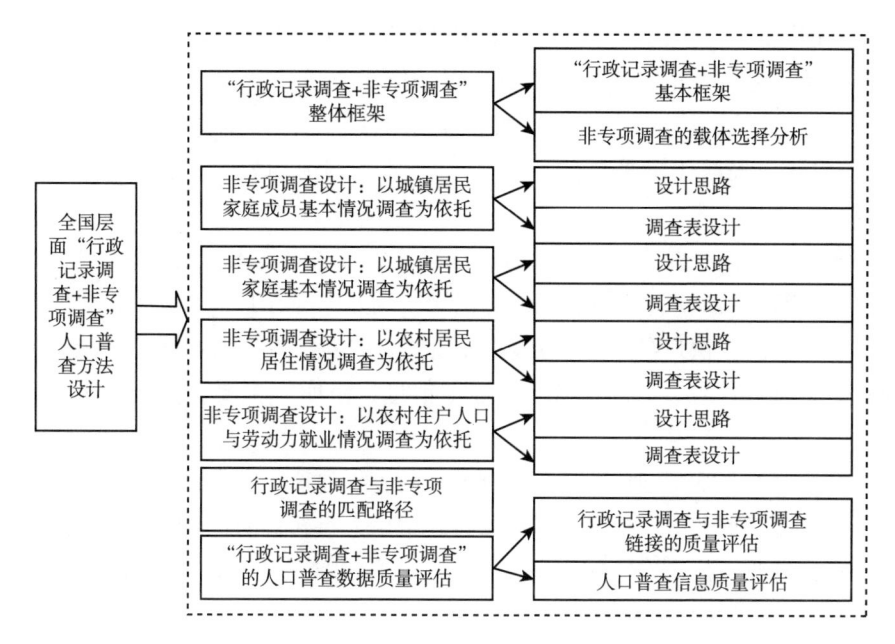

图 1-11　第六章第二节主要内容

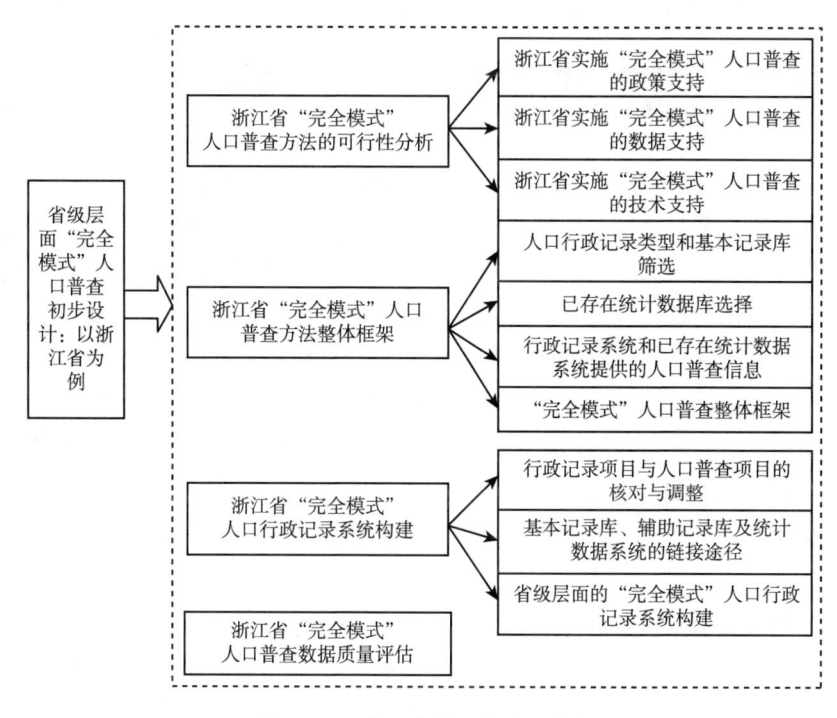

```
                                     ┌─ 浙江省实施"完全模式"人口普查
                                     │   的政策支持
         浙江省"完全模式"          ├─ 浙江省实施"完全模式"人口普查
         人口普查方法的可行性分析       的数据支持
                                     └─ 浙江省实施"完全模式"人口普查
                                         的技术支持

省级层                               ┌─ 人口行政记录类型和基本记录库
面"完                               │   筛选
全模    浙江省"完全模式"人口         ├─ 已存在统计数据库选择
式"人   普查方法整体框架            ├─ 行政记录系统和已存在统计数据
口普                               │   系统提供的人口普查信息
查初                               └─ "完全模式"人口普查整体框架
步设
计：以                               ┌─ 行政记录项目与人口普查项目的
浙江                                │   核对与调整
省为    浙江省"完全模式"            ├─ 基本记录库、辅助记录库及统计
例      人口行政记录系统构建         │   数据系统的链接途径
                                     └─ 省级层面的"完全模式"人口行政
                                         记录系统构建

         浙江省"完全模式"
         人口普查数据质量评估
```

图 1-12　第六章第三节主要内容

11

信息登记记录""中国高等教育学生信息登记记录""中小学生电子学籍信息登记记录"为辅助记录库;专项调查以获取未涵盖信息为目的灵活设计;非专项调查以"城镇居民家庭成员基本情况调查""城镇居民家庭基本情况调查""农村居民居住情况调查""农村住户人口与劳动力就业情况调查"为依托展开。

浙江省"完全模式"人口普查方法以"浙江省全员人口数据库""浙江省法人数据库""浙江省土地登记信息记录"为基本记录库。"浙江省全员人口数据库"主要提供户籍人口、流动人口信息,"浙江省法人数据库"主要提供行业、职业等信息,"浙江省土地登记信息记录库"主要提供土地使用权等信息。

第七章为改革我国传统人口普查方法的若干建议。本章致力于提出改革我国传统人口普查方法、推进实施植入行政记录人口普查的系列建议;从法律基础、信息资源、技术难题三个角度,提出了构思专项法律、修订现行《统计法》、出台《数据保护法》等十一条建议。

四、本书特色与可能的创新

(一)本书特色

1. 研究主题实现了基础性研究和应用性研究的有效结合

本书致力于开展植入行政记录人口普查方法的基础性研究,构建植入行政记录人口普查方法的理论框架,探讨植入行政记录人口普查方法的基本概念、特征、实施步骤和技术难点。同时,本书致力于开展植入行政记录人口普查方法的应用性研究,不仅以芬兰、斯洛文尼亚、奥地利、以色列、瑞士、西班牙六个国家为考察对象,较细致地对"完全模式"人口普查方法和"组合模式"人口普查方法的国际应用经验予以阐述,而且开展植入行政记录人口普查方法的"中国应用"研究,设计了"中国式"的"组合模式"与"完全模式"人口普查方法的实施路径。本书研究主题结合基础性研究和应用性研究,具有一定特色。

2. 研究内容触及经济统计领域的前沿问题

在众多呼唤开发大数据资源的文献中尚未有研究集中关注政府行政大数据资源、系统挖掘政府行政大数据的"统计价值",在系列探讨人口普查创新方法的研究中亦未有文献专门讨论将人口行政记录作为数据来源、开展植入行政记录人口普查的深入研究。本书研究内容触及目前国内经济统计研究领域的前沿问题，部分内容填补了国内研究的空白，对进一步加快政府统计的改革步伐具有十分重要的参考价值。

3. 研究过程既关注国际经验又注重中国特色

本书尝试构建植入行政记录人口普查方法的一般理论框架，解析代表性国家实施"完全模式"人口普查方法的实践、实施"组合模式"人口普查方法的实践，在归纳国际经验的基础上开展国别差异分析。更重要的是，本书设计了"中国式"的"组合模式"人口普查方法的实施路径与"完全模式"人口普查方法实施路径。研究过程既注重借鉴国际经验又注重中国特色，具有一定的特色。

（二）可能的创新

第一，基于行政记录统计学相关理论，架构了植入行政记录人口普查方法的基本理论框架，阐释了"完全模式"人口普查方法和"组合模式"人口普查方法的实施步骤和技术难点。研究内容触及国内经济统计领域的前沿问题，部分观点具有较强的创新性。

第二，基于对芬兰、奥地利、斯洛文尼亚、以色列、瑞士、西班牙6个代表性国家实施植入行政记录人口普查实践的个案剖析和深度比较，总结出一系列有较高参考价值的国际经验。

第三，首次较系统地对我国公安、计生、教育、税务、民政、人力资源和社会保障、工商、卫生、房管等不同行政部门所拥有的行政记录信息资源进行了梳理与筛选，较全面地展示了我国目前所拥有的人口行政记录大数据资源类型与分布格局。

第四，开创性地开展行政记录应用于中国人口普查方法的实践探索，设计了全国层次的"行政记录调查＋专项调查""行政记录调查＋非专项调查"两种"组合模式"人口普查方法实施路径。

第五，开创性地设计了省级层次的以"浙江省全员人口数据库"和"浙江省土地登记信息记录库"为基本记录库的"完全模式"人口普查方法实施路径。

第二章
植入行政记录的人口普查方法基本问题研究

第一节 植入行政记录的人口普查方法概念与特征探究

一、行政记录调查概念与特征

(一) 行政记录概念与特征

顾名思义,行政记录(administrative register)是指行政部门在行政过程中产生并保存的信息,其数值体现被称为"行政记录数据(administrative register data)"。常见的行政记录包括人口户籍登记记录、社会事务管理记录、税收登记记录、社会保险登记记录、出生人口登记记录、出入境记录、企业登记注册记录等。

我们认为,无论是将行政记录定义成"政府部门为实现管理、控制和服务等目的收集并保存的关于自然人和社会实体的相关信息(徐荣华和王传玉,2005)",还是将其定义成"工商行政管理局、税务局等政府行政部门为履行其职能而收集和保存在文件、档案中的个人或单位的历史资料记录(胡桂华和韦建英,2010)",不同类型的行政记录都具有如下特征。

1. 原始性(originality)

行政记录数据具有原始性特征,这主要指行政记录是直接面向登记个体而获取的描述登记(或注册)个体特征的原始信息,是未经加工的第一手资料。如人口户籍登记系统中的每一条户口登记记录均包括户号、登记日期、户别、户主姓名、家庭住址、与户主关系等信息。这些信息直接源于个体，反映个体的原始特征。

2. 全面性（comprehensiveness）

行政记录数据具有全面性特征，这一方面是指行政记录包含涉及登记对象全部个体的数据资料；另一方面是指行政记录数据资料囊括全部登记内容。如人口户籍登记系统中的户口登记不仅涵盖了所有具有中华人民共和国国籍的居民的记录信息，更囊括了所有有关户口登记的内容信息，如所有户号、所有登记日期、所有户别、所有户主姓名、所有家庭住址等信息。

3. 实时性（instantaneity）

行政记录数据具有实时性特征，这主要是指行政记录系统是个开放的系统，一旦符合条件的登记单位出现，新的数据便可采集，行政记录数据便可被实时更新。也就是说，行政记录数据的发送端和接收端可以是同步的。如工商部门的企业登记注册记录数据将随着新企业的设立、老企业的变更与终止适时调整与更新；卫生部门的出生人口登记记录数据更新往往更为及时，一旦新生儿在某助产医院出生或死亡，该新生儿的出生或死亡信息将会在规定的时间内（一般时间较短）被报送至医院上属的卫生部门。如果数据经由计算机录入、由网络传送，那么卫生部门的出生人口登记记录库将实现数据源变化与记录库信息的"零时滞对接"。

4. 强制性（enforceability）

行政记录数据具有强制性特征，这主要是指行政记录登记部门获取行政记录的途径具有一定的强制性。由于行政记录是在行政部门行使政权的过程中产生的，以各级政府为核心的行政部门为实现其管理、控制、服务等目的，往往通过登记、报告、行政许可审批等手段要求登记单位提供行政记录内容。这种登记、报告、行政许可审批等方式往往由相关法律保障，具有一定的强制性。同时，登记单位也往往因惧于行政部门的威慑力不得不配合提供行政记录内容。

5. 可识别性（identifiability）

行政记录数据具有可识别性特征，这一方面是指行政记录数据概念清晰、内涵明确，具有较强的可理解性，不同类型行政记录数据之间较易区别；另一方面是指行政记录数据往往包含一套识别编码，如身份识别编码、房地产编码、商业编码等，每一条行政记录被赋予唯一的编码。当行政记录库的编码为特殊编码时，编码的存在便于对同一行政记录库中不同记录的识别；当行政记录库的编码为统一编码时，编码的存在则为不同行政记录库中不同记录的链接架起了桥梁。

（二）行政记录调查概念与特征

与抽样调查和全面普查不同，行政记录调查（register-based survey）是指充分运用行政记录数据（administrative register data），或综合运用行政记录数据和已存在的统计数据（existed statistical data）而获取调查信息的一种新方法（Wallgren A. and Wallgren B.，2014）[①]。综合来看，行政记录调查具有五项特征，分别是调查对象的"被约束性"、调查方式的"可叠加性"、调查内容的"可拓展性"、数据获取方式的"统计生产性"和调查时间的"可连续性"。

1. 调查对象的"被约束性"

在传统的统计调查中，调查对象是组织者根据调查目的而定义的具有某种共同性质的个体集合。由于可以专门组织，传统统计调查对调查对象的定义往往较为灵活。如我国现行的劳动力调查由年度劳动力调查和月度劳动力调查两部分构成，年度劳动力调查的对象被定义为我国大陆地区的城镇和乡村16岁及以上人口，月度劳动力调查的对象则被定义为65个大城市的城镇和乡村16岁及以上人口。同时，调查单位既可包括家庭户或集体户，又可包括劳动者个人。

而在行政记录调查中，调查总体往往被定义为全体行政记录登记单位的集合，且登记单位的性质和范围由行政部门规定。鉴于被定义了的调查总体性质与行政部门的行政管理目的密切相关，而行政管理目的往往并不能契合统计目的，行政记录调查对调查对象定义的灵活性便被大大约束了。例如，在开展基于社会保障记录的劳动力调查时，调查对象便被约束为"所有缴纳社会保障缴款的劳动者"；在开展基于人口户籍登记记录的劳动力调查时，调查对象便被约束为"所有登记人口户籍信息的居民"。同时，调查单位选择的灵活性也被大大约束了，其与登记单位的一致性要求被凸显，即调查单位往往被要求与登记单位等同起来。

2. 调查方式的"可叠加性"

在传统的统计调查中，调查方式无非两类——全面调查和非全面调查。尽管传统统计调查可在同一个调查设计中兼顾全面调查和非全面调查，但两类方

---

① Wallgren A.，Wallgren B. Register-Based Statistics：Statistical Methods for Administrative Data [M]. London：John Wiley & Sons Ltd，2014.

式往往不可同时叠加。较一般的安排是，在全面调查之后，采用抽样调查获取相关信息对全面调查的数据质量进行评估，即先实施全面调查后采用非全面调查，进行事后质量评估。如我国在2006年开展第二次农业普查时，不仅制订了具体的普查事后质量抽查方案，还在此基础上制定了相应的数据质量评估办法。办法规定，事后质量抽样调查采取国家和省两级抽样的方法，对于抽中的普查区的农村住户逐一现场重新登记住户底册，再填写抽查表；对于抽中的普查区的农业生产经营单位则是在普查单位底册的基础上查缺补漏，填写单位抽查表。2013年的第三次经济普查也制订了较为细致的事后质量抽查工作方案，以分省为总体并采用三阶段的抽样设计，在控制调查样本企业数量规模前提下，达到既定的抽样设计要求。

而在行政记录调查中，全面调查是主要调查方式，基于基本行政记录库（base register）对所有登记单位展开调查是获取调查信息的主要途径。更为重要的是，在一个行政记录系统中，全面调查和抽样调查的同时叠加成为可能。一般地，为行政记录调查提供数据的是由多个行政记录库构成的行政记录系统（register system），该系统中存在一个或一个以上的基本行政记录库。当基本行政记录库数据资料不能覆盖全部调查内容时，经由识别编码（identity number）链接至其他行政记录库（也可被称为"辅助行政记录库"）采集登记单位的其他信息便成了必然的手段。由于辅助行政记录库的登记单位往往与基本行政记录库不一致，对辅助行政记录库的调查便可视为抽样调查。由此一来，对基本行政记录库的全面调查和对辅助行政记录库的抽样调查便在行政记录调查中"叠加"了。

3. 调查内容的"可拓展性"

在传统的统计调查中，调查内容往往已被事先设定，或存在于被设定的结构化调查问卷中，或包含于所设定的调查表中。即便传统的统计调查设置了开放性问题，但在开放性问题的主题不宜发散和问题个数不宜过多的原则约束下，调查内容不能被灵活拓展。如我国现行的年度劳动力调查既以户（包括家庭户和集体户）为调查单位，又以个人为调查单位。对家庭户和集体户的调查内容呈现于调查表，主要涉及户编号、户别、本户常住人口数、本户常住人口中16岁及以上人口数、本户常住人口中16岁以下人口数等5个项目；对劳动者的调查内容亦呈现于调查表，主要涉及姓名、与户主关系、性别、出生年月、户口登记状况、户口登记地情况、户口性质、受教育程度、婚姻状况、是否为取得收入而工作、工作单位或经营活动类型、就业身份、是否签订劳动合同、未工作原因、是否寻找工作、当前能否工作、不能工作或未找工作的原因、行业、职业、参加社会保险情况、目前的主要生活费来源等21个项目。

而当我们以公安部的人口户籍登记系统为基本行政记录库开展基于行政记录的劳动力调查时，人口户籍登记系统所能提供的信息主要包括姓名、性别、曾用名、民族、出生日期、监护人、出生地、住址、籍贯、宗教信仰、公民身份证编号、文化程度、婚姻状况、兵役状况、身高、血型、职业、服务处所、何时何因由何地迁来本市（县）、何时何因由何地迁来本址等。尽管人口户籍登记系统本身所涉及的劳动力信息并不多，但如果将人口户籍登记系统与卫生和计划生育委员会的全员人口信息登记记录系统相链接，有关常住人口、流动人口和户籍人口的基本信息便能获取；如果将人口户籍登记系统与人力资源和社会保障部的就业失业登记记录系统、医疗保险记录系统相链接，有关个人所在单位名称、职业、行业、失业原因、再工作情况、个人保险赔偿记录、医疗就医情况等信息便可获取；如果将人口户籍登记系统与地方税务局的个人纳税记录系统相链接，有关个人所在单位名称、职业和工资等信息便可获取；如果将人口户籍登记系统与海关总署的出入境记录系统相链接，有关个人出入境时间、原因、出境国家和人口迁移情况等信息便可获取；如果将人口户籍登记系统与教育部的学籍管理数据库相链接，有关个人入学年份、目前的学历水平、毕业年份和毕业院校等信息便可获取；等等。因此，行政记录调查的内容是可拓展的，拓展内容的广度和深度取决于基础行政记录库的链接能力，以及其所链接辅助行政记录库的类型与个数。

4. 数据获取方式的"统计生产性"

数据获取方式，也被称为数据采集方式、数据测量方式。在传统的统计调查中，较常用的数据获取方式包括问卷、填报、邮件、面访、观察等。后来随着数字信息和网络技术的普及，一系列计算机辅助采访技术（computer-assisted interviewing, CAI）相继面世并得到推广应用。根据访问者与被访问者之间的不同沟通方式，CAI可进一步分为计算机辅助电访（computer-assisted telephone interviewing, CATI）[1]、计算机辅助面访（computer-assisted personal intervie-

---

[1] CATI系统的工作形式是：访问员坐在计算机前，面对屏幕上的问卷，向电话对面的被访者读出问题，并将被访者回答的结果通过鼠标或键盘记录到计算机中去；督导在另一台计算机前借助局域网和电话交换机的辅助对整个访问工作进行现场监控。通过该系统，访问员可以用更短的时间和更少的费用获取更优质的访问数据。同时，基于CATI导出的数据能够被各种统计软件和其他应用软件直接使用。

wing，CAPI）[①] 和计算机辅助网访（computer-assisted web interviewing，CAWI）[②] 三种形式。但无论是调查者亲临现场借助纸笔媒介搜集数据，或是戴着耳机式电话坐在计算机终端机和微电脑前向被调查者读出问卷并在计算机中输入回答，抑或是由互联网将调研问卷传送给被访者、由被访者自行在电脑上完成访问并在线提交答卷，传统统计调查中的数据获取方式都存在三方面的特点。（1）不控制数据的形成。传统统计调查搜集的数据是已存在数据，即被调查者的数量特征，该数量特征是被调查者的自身属性，其数值大小并不受数据获取方式的影响。（2）不生产新的数据。获取被调查者的原始信息后，传统统计调查的组织者将开展一系列的数据预处理工作，如弥补缺失值、删除重复信息、调整不合理信息等，但往往不会基于原始信息变量重新"加工形成"新变量。（3）数据质量受非抽样误差和抽样误差共同影响。传统统计调查所获取的数据质量既受非抽样误差影响，如抽样框不完整、被调查者不合作、调查者粗心导致失误等，也受由于偶然性引起的抽样误差的影响。

而行政记录调查并不直接接触被调查者，其获取数据的本质是对一系列已存在数据系统的"数据再加工过程"。这种"数据再加工过程"同样具有三方面特征。（1）统计目的导向性。行政记录调查具有明确的统计目的导向性。由于行政记录的登记目的服从于行政管理，而行政管理目的与统计目的并非一致，因此，行政记录调查并非是简单地从诸多行政记录中筛选所需要的数据，而是通过对从一系列行政记录中筛选出来的数据进一步加工形成统计数据，即将"行政记录数据"加工形成"统计数据"，这一加工过程往往被称为"统计生产过程（statistical production process）"或"统计化操作过程（statistical op-

---

[①] CAPI的工作原理与CATI基本一致，主要区别是其表现形式较CATI丰富，如支持照片、图片、概念卡显示、声音问题播放、影音文件播放等。CAPI系统的工作形式是：问卷由计算机管理与呈现，访问员可依照计算机屏幕上的问题进行访问工作，并且将受访者回答的答案直接输入计算机中；若是受访者不愿通过访问员回答的话，亦可由受访者直接将答案输入计算机中以保障受访者的隐私。当访问结束或告一段落时，访问员通过互联网直接将问卷结果传回主办调研单位，主办单位可在接收到各调研结果后立刻进行结果分析。

[②] 目前文献对CAWI持两种观点。一种观点认为，CAWI系统的工作原理是通过modem或者互联网将调研问卷发送给被访者，由被访者在自己的电脑上完成访问而后在线提交答卷。被访者可以在自己最方便的时候完成答卷，不会受到访问员的影响，这有效地保护了被访者的隐私；同时，由于被访者有充裕的时间来完成访问，在回答开放题时可以仔细思量，这大大提高了调研数据的有效性和结果的客观性。另一种观点认为，CAWI系统的工作原理是将分散在不同地域的被调研者通过互联网视讯会议功能虚拟地组织起来，在主持人的引导下讨论调研问题，其原理与传统调研法中的专家调研法相似；不同之处是参与调研的专家不必实际地聚集在一起，而是分散在任何可以连通国际互联网的地方，如家中、办公室等。

eration process)"。（2）生产新数据且过程复杂。将"行政数据"加工形成"统计数据"不仅需要借助弥补缺失值、删除重复信息、调整不合理信息等传统统计调查的数据预处理技术，更要借助编辑、集成、分劈、合并、拓展、链接等行政记录调查特有的"统计生产"技术。与原有的行政数据相比，加工形成的统计数据往往是新的。（3）数据质量受"统计生产"技术影响。由于抽样调查并非是获取数据的主要途径，行政记录调查的数据质量便取决于抽样误差外的其他因素。一是行政数据质量，即行政记录的完整性、一致性、准确性和及时性。行政数据质量越高，则行政记录调查的数据质量越高；行政数据质量越低，则行政记录调查的数据质量也往往越低。二是"统计生产"技术的高低，即将"行政数据"向"统计数据"转化的技术的高低。若转化技术选择合理、运用得当，则行政记录调查的数据质量较高；反之，则数据质量较低。

5. 调查时间的"可连续性"

传统统计调查的调查时间往往是不连续的（一次性的），尤其是大规模的普查，其调查时间的间隔往往更长。传统统计调查时间的非连续性主要基于两点原因。

（1）由于需要付出巨大的成本代价，传统统计调查不宜经常实施。比如，我国实行"十年三项四次"周期性普查制度，其中，人口普查和农业普查10年各开展一次，由工业普查、第三产业普查、基本单位普查及建筑业普查合并形成的经济普查则隔5年调查一次。周期性普查需消耗大量的人力、物力、财力，其消耗不只是从普查标准时开始，还包括前期准备和后期数据整理，以及普查制度设计和统计方法技术研发费用，这些消耗归根结底都是国家财政的投入。因此，传统统计调查不宜经常开展，更谈不上实现调查的连续模式。

（2）由于缺乏实时记录的数据基础或生成统计数据的实时转化途径，传统统计调查不可能实现调查的连续模式。我国的传统统计调查无非两种组织形式：专门组织的各类调查（包括周期性普查、常规性抽样调查）和非专门组织的统计报表。对于前者，其所搜集的数据是一次性记录的，即只在专门组织的调查实施时被记录；对于后者，尽管统计报表的填报单位也有可能实时更新报表记录，但报表的报送、汇总直至将报表信息转化成统计信息的过程并非是实时的。因此，无论是专门组织的各类调查，还是非专门组织的统计报表，传统统计调查均无法实现调查的连续模式。

而行政记录调查却能实现调查的连续模式。

（1）行政记录调查相对低的成本为开展连续性调查提供了资金保障。开展连续性调查的一个基本前提是具有相对低的投入成本。行政记录调查的成本费用主要用于行政记录库数据建设、行政记录系统硬件设施建设、基于行政数据生成统计数据的技术攻关、行政记录数据质量投入等，尽管一次性投入成本可能较高，但一旦行政记录系统建设完成、技术攻关突破，行政记录调查的连续实施并不再需要额外的成本投入。同时，行政记录调查不需专门设计数据搜集方案、不需进行前期的排查准备工作、不需配备专门的数据搜集人员、不需专门从事数据搜集工作。因此，与传统统计调查相比，行政记录调查的"边际成本"相对较低，并且这种低成本优势将随时间的增加而不断显现。

（2）行政记录数据的实时性特征为开展连续性调查提供了数据保证。不同于传统统计调查数据，行政记录数据具有实时性特征，这主要是指行政记录系统是个开放的系统，一旦符合条件的登记单位出现，新的数据便可被采集、行政记录数据便被实时更新，行政记录数据的发送端和接收端几乎是同步的。这种同步性与连续性调查对数据性质的要求相匹配，行政记录数据的实时性特征为开展连续性调查提供了数据保证。

（3）技术的相对成熟为开展连续性调查提供了技术条件。行政记录调查的实施需要以相对成熟的数据处理技术和相对高的信息化手段为前提，而这些技术和手段同时又成为行政记录数据向统计数据实时转化的充分条件，为行政记录调查实现连续模式提供了技术条件。

二、植入行政记录的人口普查概念与特征

（一）植入行政记录的人口普查概念

根据行政记录调查的定义，我们将植入行政记录的人口普查（register-based population census）定义为"充分运用人口行政记录数据，或综合运用人口行政记录数据和已存在的人口统计数据以获取人口普查统计信息的调查方法"，其核心是人口行政记录的"统计化操作（register-statistical processing）"过程，即将人口行政记录数据转化为人口统计信息的过程。

根据人口普查统计信息的不同来源，植入行政记录的人口普查可分为两种模式：（1）完全基于行政记录数据的人口普查模式（totally register-based population census，简称"完全模式"）；（2）综合运用抽样调查和行政记录调查的人口普查模式（population census combined use of sample survey and register-based survey，简称"组合模式"）。相比而言，"完全模式"人口普查完全依赖于行

政记录资源和统计数据资源，而"组合模式"人口普查既依赖于行政记录资源和统计数据资源，又依赖于专门组织的抽样调查（或普查），因此，"组合模式"人口普查实施起来更为复杂。

（二）植入行政记录的人口普查特征

如果说传统人口普查具有"全面性""统一性""专门组织性""周期性"四项特征，那么植入行政记录的人口普查则具有"全面性和非全面性共兼""统一性和非统一性共存""专门组织和非专门组织共融""周期性和非周期性共生"四项特征，如表2-1所示。

表2-1　　　　传统人口普查与植入行政记录人口普查的特征比较

普查类型	传统人口普查	植入行政记录的人口普查
基本特征	"全面性" "统一性" "专门组织性" "周期性"	"全面性"和"非全面性"共兼 "统一性"和"非统一性"共存 "专门组织"和"非专门组织"共融 "周期性"和"非周期性"共生

1. "全面性"和"非全面性"共兼

传统人口普查需遵循"全面性"，即人口普查是对所有符合定义的人口单位开展全面调查的一种方法。从操作层面看，传统人口普查的组织者应事先编制一个完备的抽样框，而后对抽样框中所有抽样单位逐一进行调查。2010年我国第六次人口普查将普查对象定义为普查标准时点（2010年11月1日零时）在中华人民共和国境内的自然人以及在中华人民共和国境外但未定居的中国公民，不包括在中华人民共和国境内短期停留的境外人员。为实现全面调查，人口普查组织者在实施普查前要进行大规模的资料搜集工作，搜集的资料包括：（1）公安部门提供的经户口整顿的本普查区的户籍人口、流动人口、港澳台和外籍人员等资料；（2）计生、民政和卫生等部门掌握并提供的出生人口和死亡人口资料；（3）房管、物业部门掌握并提供的住房单元数及空房数资料；（4）村（居）委会掌握并提供的住户资料和出租房屋户的资料；（5）卫生、社保等部门掌握并提供的"新型农村合作医疗"资料等。基于这些资料，组织者对普查小区内的人口居住情况有了大致了解。进一步地，普查员要对《普查小区图》上所标明的各种建筑物及住房单元，逐一入户进行摸查，不仅要摸清普查小区内每座建筑物和住房单元是否有人居住、住了多少户、多少人、居住人口的户籍与国籍、每座建筑物和住房单元是否有户口寄挂、集体户口人口数，还要摸清普查小区内特殊户和特殊人员的大致情况。人口摸底工作的最终目的是编制较准确的《户主姓名底册》，以构成人口普查的抽样框。人口普查的实施便是基于《户主姓名底册》对所有家庭户（或集体户）和个人进行逐一调查。

而植入行政记录的人口普查兼具"全面性"和"非全面性"。从操作层面看，无论是完全基于行政记录数据的人口普查模式，还是综合运用行政记录数据和抽样调查的人口普查模式，人口行政记录系统中基本记录库的全部登记单位往往构成调查总体，调查数据则往往部分源自基本记录库、部分源自经链接而获取的辅助记录库，或部分源自基本记录库、部分源自经链接而获取的辅助记录库和专门组织的抽样调查。因此，"全面性"是基于构成人口行政记录系统基本记录库的全面调查而归纳的特征；"非全面性"则是基于构成人口行政记录系统辅助记录库的非全面调查而归纳的特征，或是针对专门组织的抽样调查而归纳的特征。

2. "统一性"和"非统一性"共存

传统人口普查需严格遵循"统一性"，这种"统一性"既体现在国家组织的统一、普查方案的统一、普查项目的统一、普查表的统一、普查时点的统一、数据获取方法的统一，又体现在工作步骤的统一、工作进度的统一等方面。所有的"统一性"均以普查个体的独立性与普查操作者的不唯一性为前提。比如，2010年第六次人口普查时，全国参与人口普查的普查员达600万人，如此庞大的普查操作者要对13亿普查个体的相关信息进行搜集，并期待获得相对准确的人口总体信息，必然要严格遵循统一性。任何的不统一便会导致普查信息的遗漏或重复，最终对人口总体信息的准确性带来极大的影响。

而在植入行政记录的人口普查中，"统一性"和"非统一性"共存。一方面，实施植入行政记录的人口普查要遵循"统一性"，这种"统一性"体现在需要由国家相关部门统一组织，需要制订统一的普查方案，最终需要获取具有统一标准时点、统一概念内涵的人口统计信息；另一方面，实施植入行政记录的人口普查要充分发挥"非统一性"，这种"非统一性"或体现在人口行政系统中基本记录库和辅助记录库之间"非统一"的登记项目，或体现在基本记录库与基本记录库之间"非统一"的登记个体和"非统一"的登记内容，或体现在辅助记录库与辅助记录库之间"非统一"的登记项目和"非统一"的统计生产技术，或体现在行政记录调查和专门组织的抽样调查之间"非统一"的工作步骤和"非统一"的调查内容，或体现在专门组织的抽样调查之间"非统一"的调查内容和"非统一"的数据估计方法等。

3. "专门组织"和"非专门组织"共融

传统人口普查往往由政府专门组织。比如，我国的人口普查由国务院专门组织，按照全国统一领导、部门分工协作、地方分级负责、各方共同参与的原则组织实施。国务院统一领导全国人口普查工作，研究决定人口普查中的重大问题。地方各级人民政府按照国务院的统一规定和要求，领导本行政区域的人口普查工作。

而在植入行政记录的人口普查中，"专门组织"和"非专门组织"共融。一方面，植入行政记录的人口普查仍需要由政府机关或其他单位专门组织，对人口行政记录进行专门的筛选、对人口行政记录系统进行专门的搭建、对人口行政记录数据进行专门的编辑与转换、对人口行政记录数据的"统计化技术"进行专门的研发等；另一方面，植入行政记录的人口普查同时具有"非专门组织"特征，如原始的人口行政记录并非是为人口普查而专门搜集的、人口行政记录系统并非是为某一次植入行政记录人口普查的实施而专门搭建（一般是为了周期性或连续性地实施植入行政记录人口普查而搭建）、对人口行政记录数据的"统计化技术"研发也应具有更一般的意义等。

4. "周期性"和"非周期性"共生

传统人口普查往往具有周期性特征。自1980年联合国统计委员会在世界人口和住宅方案的建议草案中提出6大类计19项优先普查项目和其他项目并建议各国在逢0与逢1的年份开展人口普查以来，大部分国家均建立了周期性的人口普查制度。其中，英国、美国、日本、新加坡、印度等国家的人口普查周期为10年，加拿大、澳大利亚、智利等国家的人口普查周期为5年。2003年8月11日，经国务院批准，国家统计局、国家发展改革委、财政部联合发布了《关于调整国家普查项目和周期安排的通知》。该通知规定，我国周期性普查每10年进行3项4次，即人口普查在年份尾数逢0的年份实施、农业普查在年份尾数逢6的年份实施、经济普查每10年进行两次，分别在年份尾数逢3、8的年份实施。

而在植入行政记录的人口普查中，"周期性"和"非周期性"共生。一方面，植入行政记录人口普查的实施需要匹配世界范围内周期性人口信息国际比较的节奏，如欧盟国家10年一次的人口信息国际比较、联合国组织的10年一次的人口信息国际比较，也需要遵循各国有关人口普查实施周期的法律规定；另一方面，实施植入行政记录的人口普查更为灵活，尤其是完全基于行政记录的人口普查，其实施周期可与人口行政记录系统的更新同步，甚至实现实施的连续模式。

三、植入行政记录的人口普查实施前提

（一）强有力的法律保障

强有力的法律保障是实施植入行政记录人口普查的基本前提。法律保障从两个层面为开展植入行政记录的人口普查提供保障。

（1）立法层面。国家立法权的行使者应制定相关法律或法规，如《统计法》《行政记录法》等，为科学有效地组织植入行政记录的人口普查工作，保障行政记录资料和统计资料的真实性、准确性、完整性和及时性提供法律规范。需要强调的是，法律应明确统计部门与其他行政部门之间的数据分享权利和义务，如明确统计部门具有分享其他行政单位原始行政记录的权利、具有检索其他行政单位原始行政记录信息库的权利、具有整合各类行政记录资源的义务、具有对各类行政记录保密的义务；明确其他行政机构具有分享统计部门相关数据的权利、具有向统计部门提供原始行政记录的义务、具有配合统计部门进行行政记录库建设的义务、具有及时更新行政记录的义务；法律还应明确广大居民、机构单位、产业单位等具有真实登记行政记录与及时更新行政记录资料的义务等。相关行政机构还应制定本部门在行政记录人口普查中权利和义务的相关规章，如明确规定其他部门使用本部门行政记录的方法与流程、明确行政记录数据传输过程中的保密问题、明确本部门共享其他部门行政记录应注意的问题、明确本部门共享其他部门行政记录资源而形成的信息产品的权属问题等。

（2）普法层面。《统计法》《行政记录法》等法律的执法者、各种统计规章的制定者还应该做好普法工作，使广大法律执行者与各类法规的践行者正确理解法律法规与各类规章含义，从而自觉遵守法律法规。普法要瞄准宣传对象，不仅要对统计部门与相关行政部门的领导干部进行普法、对统计部门与相关行政部门的基层工作人员进行普法，还要对广大公众进行普法。同时，普法更要创新宣传形式，充分发挥电视、广播、报纸、杂志、网络等主流媒体覆盖面广和影响力大的作用，并积极借助微博、微信等新媒体、新平台，大力宣传法律和规章，为更好地实施基于行政记录的人口普查提供法律保障。

（二）"信息导向"且"部门互动良好"的行政管理系统

"信息导向"且"部门互动良好"的行政管理系统是开展植入行政记录人口普查的重要保障。行政管理（administration management）是运用国家权力对

社会事务的一种管理活动。行政管理系统是一类组织系统，由所有参与行政管理活动的行政部门和涉及经济建设、文化教育、市政建设、社会秩序、公共卫生、环境保护等各个方面的社会经济活动构成。能较好地为基于行政记录的人口普查服务的行政管理系统应具备两项特征。

（1）"信息导向"。"信息导向"不仅要求行政部门在开展行政管理活动时关注管理对象的信息特征、将管理过程信息化以形成大量的管理信息记录，进而形成较完整的行政记录系统，还要求行政管理部门在可能的情况下及时将行政记录信息"电子化"。北欧国家的行政管理系统十分注重管理过程的"信息导向"，于20世纪60年代便将大量的纸质行政记录转化为计算机平面文件，为行政记录的统计应用提供了非常好的前提条件。目前，北欧国家已积累了大量行政记录资源且具有较高的行政记录数据质量。

（2）"部门互动良好"。"部门互动良好"不仅要求行政部门之间长期保持密切合作，尤其是统计部门与其他行政部门之间的密切合作，这将为实现行政部门之间的行政记录数据共享、统计部门对其他部门行政记录信息的"统计转化"搭建桥梁；更要求行政部门之间构建行政规则变化对行政记录数据影响的认知分享机制。行政记录登记规则因行政目的的变化而发生变化是十分客观的，一个"部门互动良好"的行政管理系统应构建有效的认知分享机制。当行政规则发生改变时，行政部门不仅应对自身行政记录的动态一致性做出判断和及时调整，还应通过认知分享机制将这种变化及对自身行政记录库信息的影响、对相关行政部门行政记录库信息的潜在影响进行交互认知。当然，有效的认知分享机制需以行政部门之间长期保持密切合作为基础，如德国联邦统计局与联邦财政部门、联邦劳动服务中心、联邦机动车管理局等部门之间长期保持密切合作，成立联邦统计咨询委员会，构建了有效认知分享机制的良好平台。

（三）"类型丰富"且"覆盖完全"的人口行政记录资源

"类型丰富"且"覆盖完全"的人口行政记录资源是开展植入行政记录人口普查的关键条件。首先，实施基于行政记录的人口普查需要类型丰富的人口行政记录资源。一般地，人口普查内容涉及人口的基本信息，如性别、出生日期、年龄、婚姻状况、国籍、合法居住地、主要语言、所属宗教、常住地等；人口的经济活动信息，如就业状态、所属行业、职业、工作场所、收入等；人口的教育信息，如最高学历、主修专业、掌握的技能、所受的培训等；人口的住房特征，如房屋性质、住房单元大小、房间数目等；人口的家庭结构信息，如家庭规模（成员数）、家庭成员的身份、家庭类型等；人口的迁移特征，如出生地、迁入本国时间及原始国家、获得本国国籍的年份和方式等。有些国家的人口普查内容还涉及人口的交通信息、夏季别墅信息等。由于需要从行政登记记录中获取全部或大部分信息，而每种行政记录因行政部门的权利局限往往仅能涉及一部分人口信息，因此，实施基于行政记录的人口普查必然需要不同类型涉及人口信息的行政记录资源。就目前各国实践来看，常用的人口行政记录类型包括人口户籍登记记录、社会保障登记记录、教育登记记录、建筑物或住房登记记录、人口流动信息登记记录等类别。其次，实施基于行政记录的人口普查需要覆盖完全的人口行政记录资源。所谓"覆盖完全"是指人口行政记录登记对象的完整性，即所有符合登记条件的个体均进行了登记、均有一条对应的行政记录信息。"覆盖完全"是高质量行政记录信息的基本要求，也是获得高质量人口普查统计信息的充分条件。一般地，当行政记录信息的提供能为登记个体带来利益时，行政记录登记对象的完整性会较高。一个较好的例子便是北欧国家的儿童福利行政记录系统。负责儿童福利的行政部门为获得所有规定年龄段儿童的信息，以便为儿童发放津贴，但规定津贴的领取需以父母在儿童福利行政记录系统中进行注册并提供他们自身及孩子的身份证等信息为前提。随着儿童福利行政记录系统信息的不断拓展与更新，该系统的人口信息已逐步覆盖北欧国家的所有人口，具有良好的"覆盖完全"特征。

（四）"可识别"且"可链接"的人口行政记录编码

"可识别"且"可链接"的人口行政记录编码是开展植入行政记录人口普查的核心条件。首先，人口行政记录需设置一套"可识别"的编码。编码设置是识别人口行政记录登记个体信息的前提，也是识别基于行政记录人口普查个体信息的前提。所谓"可识别"是指基于同类编码能实现行政记录库中不同行政记录之间的有效区分，也指基于不同编码能实现不同行政记录系统之间的有效区分。目前各国最常用的识别码是个人身份识别码（personal identity code，PI），基于 PI 可实现登记个体的识别和登记个体之间的有效区分。建筑物识别码（building identity code，BI）、住宅识别码（dwelling identity code，DI）、企业识别码（enterprise identity code，EI）、组织机构识别码（OLUIN）也是较常用的识别码。其次，人口行政记录需"可链接"，即不同行政记录系统之间可实现记录的匹配（matching）。这一方面要求不同行政记录能统一使用一种或几种识别码，如统一使用 PI、统一使用 BI 等；另一方面也要求识别码设置规则具有多重性，如一个行政记录系统中既可针对各条记录设置识别码，也可同时针对项目设置识别码，识别码的多重设置将大幅提高行政记录的

植入行政记录的人口普查方法与应用研究

链接机会，拓宽人口普查项目的行政数据来源。

（五）专业的信息技术手段

基于行政记录人口普查的实施还需要以专业的信息技术手段为前提。一般地讲，信息技术可以泛指利用电子计算机和现代通信手段获取信息、传递信息、存储信息、处理信息、显示信息、分配信息等各种相关技术。信息技术不仅包括有关信息的产生、收集、表示、检测、处理和存储等方面的技术，还包括有关信息的传递、变换、显示、识别、提取、控制和利用等方面的技术。

图2-1展示了"完全模式"人口普查的数据处理流程。从行政记录原始信息的输入到人口普查信息的最终输出，基于行政记录人口普查的实施离不开专业信息技术的支撑。（1）不同类型行政记录原始数据的搜集与更新离不开信息技术手段。（2）辅助记录库与基本记录库的记录链接、基本记录库之间的记录链接离不开信息技术手段，由辅助记录库和基本记录库构成的人口行政记录系统构建离不开信息技术手段，基于行政记录系统筛选记录变量离不开信息技术手段，对多来源项目、唯一来源项目、无来源项目的选择[①]、编辑和推断离不开信息技术手段。（3）对基于行政记录人口普查过程的质量评估离不开信息技术手段，对人口普查结果的质量评估离不开信息技术手段。（4）发布人口统计信息并开展各种主题的统计分析更离不开信息技术手段。

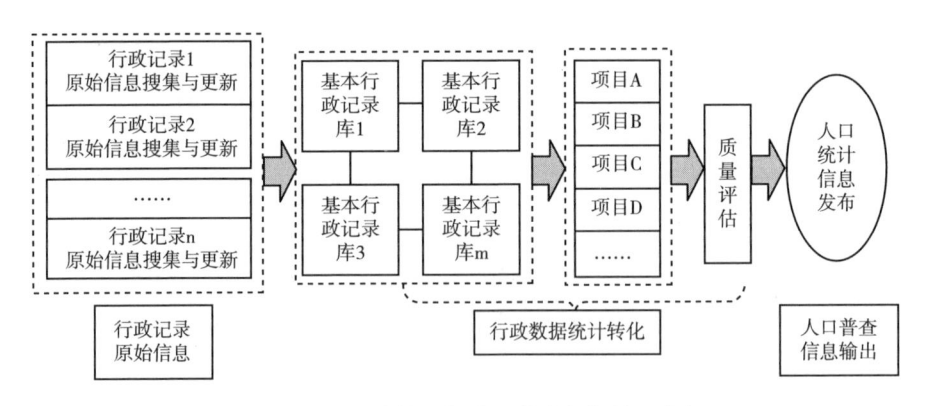

图2-1 "完全模式"人口普查数据处理流程

[①] 所谓多来源项目是指可由多种行政记录为其提供数据来源的项目；唯一来源项目是指仅有一种行政记录为其提供数据来源的项目；无来源项目是指没有行政记录为其提供数据来源的项目，该类项目需基于其他项目进行合成或推断得到项目值。

第二节 "完全模式"人口普查方法
实施步骤与技术难点探讨

一、"完全模式"人口普查基本框架透视

"完全模式"人口普查是指充分运用人口行政记录资源或已存在的人口统计数据以获取人口统计信息的普查方法。就 2005~2014 年国际人口普查实践而言，丹麦、芬兰、比利时、瑞典、挪威、奥地利、安道尔、斯洛文尼亚、冰岛等国家均选择"完全模式"人口普查以代替传统人口普查，积累了较丰富的实践经验。与"组合模式"人口普查相比，"完全模式"人口普查的最大不同是，人口普查信息完全源自人口行政记录资源，或源自人口行政记录资源与已存在的人口统计数据资源。由于人口行政记录资源和已存在的人口统计数据能提供估算人口普查统计信息的全部数据源，任何传统意义上的原始数据搜集工作就不需专门组织开展了。

就一个行政部门而言，如果将所有符合行政部门要求而需进行登记的个体（administrative object）的集合称为"行政登记对象（administrative object sets）"、每个个体的登记信息称为"一条登记记录（administrative record）"、每条登记记录中的登记项目称为"登记记录变量（administrative record variable）"，那么该行政部门的行政记录库（administrative register）数据便由登记对象所有登记记录的所有记录变量值构成。

"完全模式"人口普查的实现可形象地刻画为图 2-2，即由不同类型行政记录库构成的行政记录系统经过一个"统计化生产过程（statistical production processing）"，最终形成人口普查统计信息库的过程。统计化生产过程主要实现三个层面的转化与对接，即行政登记对象（administrative object sets）向人口普查总体（census population）的转化与对接、行政登记个体（administrative objects）向人口普查个体（census units）的转化与对接、行政记录项目（administrative record items）向人口普查统计变量（census statistical variables）的转化与对接。拓展至已存在的人口统计数据系统，"完全模式"人口普查方法的技术难点可大致归为五方面：（1）包含人口信息的行政记录与基本记录库的筛选；（2）人口行政记录系统的基本构建；（3）拓展的人口行政记录系统构建；（4）人口普查统计信息的"统计化生产"；（5）人口普查统计信息质量

评估。据此，"完全模式"人口普查方法的基本实施框架如图2-3所示。

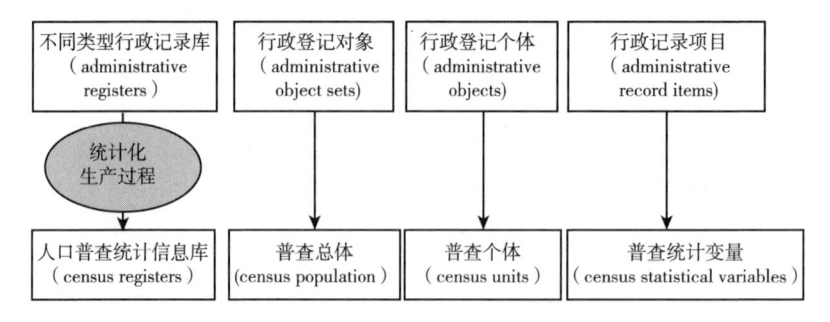

图2-2 "完全模式"人口普查实现图

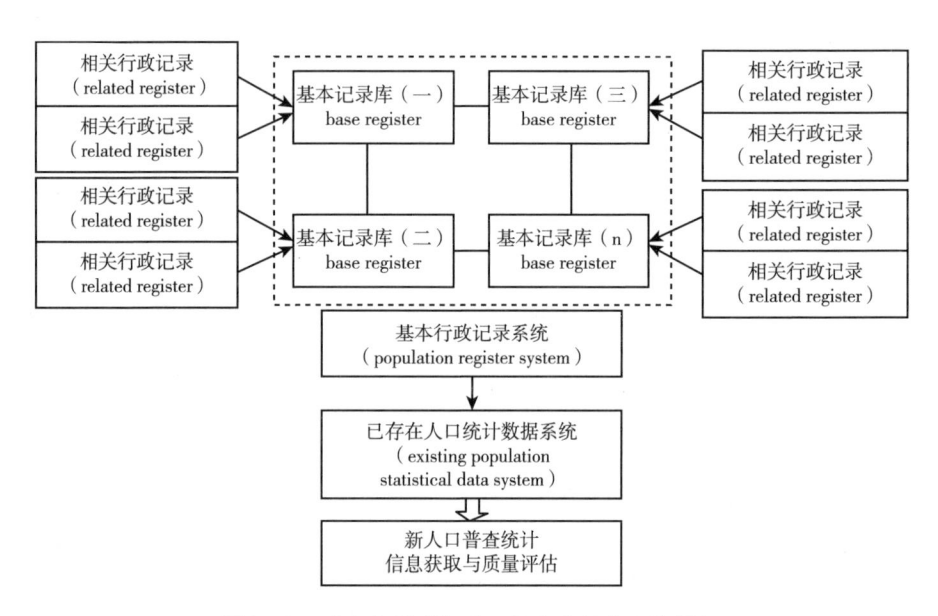

图2-3 "完全模式"人口普查的基本实施框架

二、包含人口信息的行政记录与基本记录库筛选

（一）包含人口信息的行政记录筛选

行政记录种类繁多、登记单位类型（administrative objects type）各异、记录登记项目纷杂，该如何选择可作为基于行政记录人口普查的信息资源的行政记录呢？我们认为，只要行政记录与人口普查单位和普查内容之间满足"准匹配关系"，均可成为基于行政记录人口普查的数据源。

"准匹配关系"的一层含义是"单位准匹配"。所谓"单位准匹配"是指行政记录登记单位类型与人口普查统计单位基本对应。一般地，人口普查的统计单位是"每一位常住居民"，那么所有以"居民个人"为登记单位类型的行政记录均符合成为基于行政记录人口普查信息来源的要求，而无论其登记单位类型是"每一位60岁以上的老年人""每一位有收入的居民""每一位在校生"，还是"每一位失业者"等。因此，公安部门的户籍人口登记记录、税务管理部门的税收登记记录、劳动部的求职者登记记录、养老保障机构的养老金登记记录、国防部的征兵登记记录、教育部的学位登记记录等均可构成基于行政记录人口普查的信息来源。

"准匹配关系"的另一层含义是"内容准匹配"。所谓"内容准匹配"是指行政记录登记项目与人口普查统计变量基本对应。人口普查不外乎搜集有关人口基本信息、经济活动信息、教育特征信息、人口迁移信息、家庭结构信息、家庭居住环境等方面的信息。只要行政记录的登记项目涉及上述内容，均可构成基于行政记录人口普查的信息来源，而无论其登记对象是人还是其他事物。因此，工商部门的企业登记记录、车辆管理所的车辆登记记录、通讯管理部门的电话号码记录、劳动就业部门的雇佣关系登记记录、住建部门的建筑物与住房登记记录、国土管理部门的土地使用登记记录等均可构成基于行政记录人口普查的信息来源。

（二）基本记录库选择

"完全模式"人口普查的行政记录系统以基本记录库为核心。基本记录库（base register）是包含较多人口信息的一类行政登记记录库，是对包含人口信息的行政记录进一步选择所形成的结果。从北欧国家的实施经验来看，中央人口登记记录库、住户登记记录库、住房登记记录库常被选择构成基本记录库。我们认为，尽管基本记录库与相关记录库同属包含人口信息的行政记录类别，但基本记录库却具有较特殊的功能。（1）基本记录库是构成人口普查信息的主要来源，大部分人口普查统计信息的获取将直接基于基本记录库；（2）基本记录库的数据质量将直接影响新人口普查统计信息质量；（3）基本记录库的登记对象和登记个体往往将实现人口普查对象和人口普查个体的统计转变；（4）基本记录库的登记对象一般被视为一个抽样框，用于质量评估的事后抽样调查可基于基本记录库的登记对象选择样本[①]。

[①] 评估基于行政记录的人口普查结果的质量具有多种方法，较常用的一种是"事后抽样调查法"，即从行政记录系统形成的抽样框中抽取部分个体构成样本，通过对样本单位的全面调查，将抽样调查结果与基于行政记录人口普查结果的比对来判断后者质量的方法。其中，行政记录系统形成的抽样框往往就是由基本记录库的全体登记对象所构成。

相较于相关记录库，基本记录库的选择标准更为严格：（1）覆盖面更广。基本记录库的登记对象应具有较广泛的覆盖面，当以人口登记记录库作为基本记录库时，往往要求人口登记对象能尽量覆盖人口普查对象。类似地，当以住户登记记录库作为基本记录库时，便要求住户登记对象能尽量覆盖所有住户，以至于覆盖所有住户中的个人；（2）可链接性更强。基本记录库的编码设置应更加灵活，当以人口登记记录库作为基本记录库时，编码设置往往要求既针对个人又针对项目，如存在针对个人的PIN、针对个人住所的BIN和HIN，编码的多重设置将极大地提高基本记录库的可链接性，使得相关行政记录经由编码链接与基本记录库记录实现匹配成为可能，这也在一定程度上拓展了基本记录库的信息容量；（3）包含系列分类变量。鉴于较多人口普查信息将直接源自基本记录库，基本记录库的登记对象亦能覆盖人口普查对象的全部（接近全部）范围，因此基本记录库设置的项目属性对人口普查信息的后续分析至关重要。一般地，基本记录库的登记项目应包含系列分类变量（classifications variables），以便组织者在发布人口普查整体信息的同时，能进一步地基于子总体（sub-populations）或感兴趣的领域（domains of interest）进一步开展人口普查信息的细化统计分析；（4）较高的更新频率。作为基本记录库的行政记录还需具有较高的数据更新频率，这不仅是行政记录具有较高数据质量的内在要求，更是缩短"完全模式"人口普查实施周期的前提条件。

（三）辅助记录库与基本记录库关系

辅助记录库（auxiliary register）是与基本记录库相对应的一个概念，是对除基本记录库之外其余包含人口信息的行政记录库的统称。辅助记录库与基本记录库之间主要存在两种关系。（1）互补关系。基于互补关系，辅助记录库经由链接编码与基本记录库相匹配，一并构成新人口普查信息的数据来源，并且辅助信息所提供的人口信息是基本记录库未涉及的。（2）比对关系。基于比对关系，辅助记录库经由链接编码与基本记录库相匹配，辅助记录库的相关信息并不构成新人口普查信息的数据来源，而是作为判断基本记录库信息质量高低的依据。

三、基本人口行政记录系统构建

人口行政记录系统（population register system，PRS）由基本记录库和辅助记录库构成[①]，其基本结构是指基本记录库数量、基本记录库关系、基本记录库与辅助记录库关系、基本记录库与辅助记录库的链接模式等一系列要素的综合状态。本质上看，人口行政记录系统并不具有固定的结构，其依赖于不同国家的人口普查内容、行政记录资源条件、数据传送规则等一系列因素。根据已有国家的实施现状，较常见的人口行政记录系统结构可分为三类，即独立结构人口行政记录系统、"多对一"结构人口行政记录系统、并行结构人口行政记录系统。

（一）"独立"结构人口行政记录系统

我们将由基本记录库直接构成的人口行政记录系统称为"独立"结构人口行政记录系统，如图2-4所示。所谓"独立"是指行政记录类型的单一性，而非指基本记录库个数的唯一性，如直接选择基本记录库中央人口登记记录库（CPR）作为人口行政记录系统；选择中央人口登记记录库（CPR）、住户登记记录库（HU）、就业登记记录库（SRE）、商业登记记录（BR）四个基本记录库构成人口行政记录系统；等等。就独立结构人口行政记录系统的内部链接规则来看，双向链接是较常见的链接模式，即基本记录库之间经由共同链接码实现记录的识别、匹配与合并。

从实践要求来看，独立结构人口行政记录系统对基本记录库的要求较高。只有当基本记录库的登记对象覆盖全部普查对象、基本记录库的登记个体与普查个体相匹配、基本记录库的登记项目满足普查内容需求时，基于独立结构人口行政记录系统的"完全模式"人口普查才可能具有较高的数据质量。

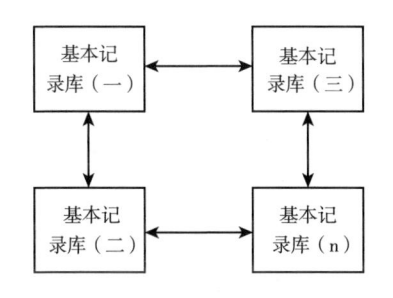

图2-4　"独立"结构人口行政记录系统

（二）"多对一"结构人口行政记录系统

我们将由基本记录库和多个辅助记录库共同构成的人口行政记录系统称为

[①] 当然，若将组织者选择的已存在统计数据库纳入人口行政记录系统，则人口行政记录系统便可称为广义的人口行政记录系统。

"多对一"结构人口行政记录系统,如图2-5所示。所谓"多对一"常常包含两层含义:一层含义是人口行政记录系统组织形式展现"多对一"的结构,即以一个基本记录库为中心、多个辅助记录库(甚至其他基本记录库)与其相链接;另一层含义是人口行政记录系统信息流向呈现"多汇一"的路径,即多个辅助记录库(甚至其他基本记录库)均单向地向某一基本记录库提供补充信息,人口行政记录系统的人口信息呈现"多汇一"的路径流向。就多对一结构人口行政记录系统的内部链接规则来看,单向链接是较常见的链接模式,即辅助记录库经由不同的链接码实现对基本记录库的信息补充。

从实践层面看,芬兰2000年人口和住房普查的人口行政记录系统是较典型的"多对一"结构人口行政记录系统,其以中央人口登记记录库(central population register, CPR)为核心,以税收登记记录(tax register, TR)、求职者登记记录(register of job applicants, RJA)、养老金登记记录(pension register, PR)、最低生活保障登记记录(minimum living security register, MLSR)、征兵登记记录(conscientious register, CR)、中央和地方公务员登记记录(civil service register, CSR)、车辆登记记录(register of car, RC)、不同私营部门雇佣关系登记记录(employment relations register in different private sectors, ERR)等30多种辅助行政记录为补充,经由个人身份识别码、建筑物识别码、住宅识别码、公寓识别码(household identity code, HI)、企业识别码、组织机构识别码等识别码的单向链接向CPR提供补充信息。

类似地,2011年斯洛文尼亚人口、住户和住房普查的人口行政记录系统也是较典型的"多对一"结构人口行政记录系统,其以中央人口登记记录库(CPR)为核心,以外国人登记记录(register of foreigners, RF)、空间单位登记记录(register of spatial units, RSU)、失业人员登记记录(unemployment persons register, UPR)、商业登记记录(business register, BR)、学生登记记录(student register, SR)、奖学金登记记录(register of scholarship, RS)、个人所得税登记记录(personal income tax register, PITR)、社会转移登记记录(social transfer register, STR)、一般职业文凭考试数据库(general and vocational matura examination database)、商会考试数据库(chamber's examination databases)、社会和健康安全数据库(social and health security database)、养老金受益人数据库(database on beneficiaries of pensions)、失业者数据库(unemployment database)等辅助行政记录和行政部门的数据库为补充,经由个人身份识别码、地址编码(address code, AC)、住宅识别码等识别码的单向链接向CPR提供补充信息。

相较而言,"多对一"结构人口行政记录系统对基本记录库的要求相对较低。一旦基本记录库的登记对象覆盖全部普查对象、基本记录库的登记个体与普查个体相匹配,便可尝试选择构建该结构的人口行政记录系统。当然,尽管"多对一"结构的人口行政记录系统并不要求基本记录库记录项目覆盖全部普查内容,但辅助行政记录库应提供相关信息。

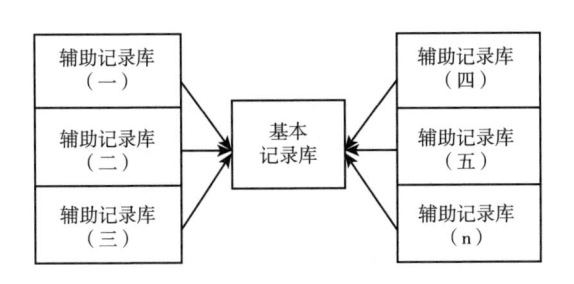

图 2-5 "多对一"结构人口行政记录系统

(三)"并行"结构人口行政记录系统

我们将由多个基本记录库和多个辅助记录库共同形成的人口行政记录系统称为"并行"结构人口行政记录系统,如图 2-6 所示。尽管"多对一"结构人口行政记录系统和"并行"结构人口行政记录系统均由基本记录库和辅助记录库构成,但辅助记录库的功能差异构成了两者的显著区别。对于"多对一"结构,辅助记录库往往能提供基本记录库并不包含的补充信息;而对于"并行"结构,辅助记录库并不经常提供补充信息,其主要功能是对基本记录库的信息提供比对,据此来判断基本记录库的数据质量。就"并行"结构人口行政记录系统的内部链接规则来看,单向链接是较常见的链接模式,即辅助记录库经由不同的链接码实现对基本记录库提供比对信息。

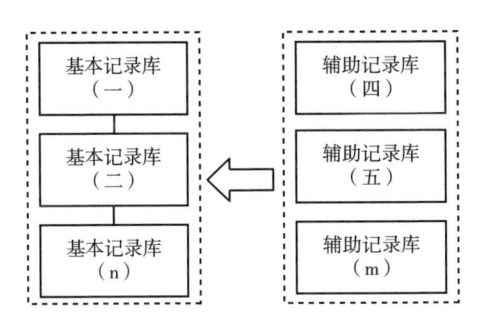

图 2-6 "平行"结构人口行政记录系统

从实践层面看，奥地利2011年人口、住房和企业普查所构建的人口行政记录系统便是较典型的"并行"结构人口行政记录系统。其中，基本记录库共计7个，分别是教育程度登记记录（register of educational attainment, EAR）、中央人口登记记录（central population register, CPR）、中央社会保障登记记录（central social security register, CSSR）、失业登记记录（unemployment register, UR）、税收登记记录（tax register of Austria, TR）、企业和当地就业单位登记记录（business register of enterprises and their local units, BRE）、建筑物和住房登记记录（housing register of buildings and dwellings, HR）；辅助记录库又被称为"比较记录库"，共计8个，分别是儿童津贴登记记录（child allowance register, CAR）、外国人中心登记记录（central foreigner register, CFR）、学生和入学学生登记记录（register of enrolled pupils & students, REPS）、联邦政府公务员登记记录（registers of public servants of the federal state and the länder, RPS）、汽车车主登记记录（register of car owners, RCO）、社会福利领取登记记录（register of social welfare recipients, RSWR）、征兵登记记录（conscription register, CR）和非正式民用服务登记记录（register of alternative civilian service, RACS）。从功能上看，基本记录库主要履行信息提供功能，2011年人口、住房和企业普查的所有项目信息均源自基本记录库。辅助记录库主要履行交叉检验（cross checks）和验证（validation）功能。当某一普查项目既可从基本记录库获取数据又可从辅助记录库获取数据，即具有多项数据源时，可用辅助记录库的数据与基本记录的数据进行比对与验证。

与"多对一"结构人口行政记录系统相比，"并行"结构人口行政记录系统对基本记录库的要求较高，其不仅要求基本记录库的登记对象能覆盖全部普查对象、基本记录库的登记个体与普查个体相匹配，还要求基本记录库的记录项目能基本覆盖全部普查内容。当然，与"独立"结构人口行政记录系统相比，"并行"结构人口行政记录系统对基本记录库的要求并不高。

四、拓展的人口行政记录系统构建

作为官方统计信息的发布者，国家统计机构往往建立了一套统计调查制度，存在常规的统计数据搜集系统，积累了较丰富的人口统计数据资源，汇聚于"已存在的人口统计数据库"之中。鉴于"已存在的人口统计数据库"亦可构成人口普查信息的数据来源，一旦人口行政记录系统扩展至已存在的人口统计数据库，由此构建的人口行政记录系统便可称为"扩展的人口行政记录系统"。

（一）行政记录库与统计数据库的差异

行政记录库与统计数据库存在较大差异，主要表现在五方面。（1）管理主体不同。统计数据库由统计局构建、管理与负责数据更新；行政记录库由统计局之外的其他行政部门构建、管理和负责数据更新。（2）构建目的不同。统计数据库基于统计目的，行政记录库基于行政管理目的，统计目的和行政管理目的的差异性致使登记项目的设计、登记项目内涵的界定、数据搜集方式的选择等具有较大差异。这种差异性也在一定程度上凸显了当行政记录库向统计数据库转化时，对行政记录库数据质量评估工作的重要性。（3）数据形成过程不同。行政记录库在行政部门的日常管理过程中形成，"登记"是行政记录库数据的主要获取途径，因此行政记录库往往以登记单位的原始信息保存；统计数据库则往往由统计部门通过专门组织和非专门组织的调查所形成，"抽样调查"是统计数据库数据的主要获取途径。从统计数据库的数据类型看，一般以基于原始调查数据处理而形成的次级数据或终极数据保存。（4）数据稳定性不同。行政记录库的数据搜集与更新主要满足行政部门的行政管理目的，而行政管理目的与国家或地区政府的政策密切相关。因此，政府政策的调整与废止将极大地影响行政记录库数据的稳定性，尤其当经济社会处于波动时期，政府政策的调整则更为频繁；而统计制度的相对稳定性使得统计数据库的稳定性较高。（5）数据功能不同。从最终形成的人口统计信息而言，行政记录库数据和统计数据库数据的功能有差异。一般地，统计记录库数据可直接与最终形成的人口普查信息对接，而行政记录库数据则往往需要经过一系列"统计化生产"技术的改造以实现与人口普查信息的对接。

（二）人口统计数据库基本类型

从已有的实践经验来看，可构成人口普查信息数据来源的人口统计数据库基本包括三种类型。（1）传统普查形成的人口普查数据库，即由历次传统普查所搜集数据构成的人口普查数据库。对于初次尝试完全模式人口普查的国家而言，该类数据库可提供较多人口信息。如在2011年斯洛文尼亚人口、住户和住房普查中，斯洛文尼亚统计局选择了"2002年人口普查数据库"以构成人口行政记录系统的辅助记录库。（2）常规抽样调查形成的统计数据库，即由年度、季度等常规统计调查搜集数据构成的统计数据库。如在2011年斯洛文尼亚人口、住户和住房普查中，斯洛文尼亚统计局选择了"年度移民数据库""年度出生统计调查数据库""季度人口统计调查数据库"三项常规抽样调查所形成的统计数据库构成人口行政记录系统的辅助记录库。（3）统计登记数据库，亦可称为统计登记记录库，即在统计机关行使职能过程中所形成的数据库。数据采集方式和采集时间的不同是其与调查形成的统计数据库的主要区别[①]。如在2000年芬兰人口和住房普查中，芬兰统计局构建的人口行政系统便囊括了三项统计登记数据库——"企业和机构登记记录库""完成教育与学位登记数据库""学生登记数据库"；在2011年斯洛文尼亚人口、住户和住房普查中，斯洛文尼亚统计局选择的由其管理与负责数据更新的"就业登记记录库"成为人口行政记录系统的基本记录库之一。

（三）人口行政记录库与人口统计数据库的对接模式

对接人口行政记录库和人口统计数据库可通过两种模式。（1）以"人口行政记录库为主"的对接模式。该模式是指将人口统计数据库的记录经由编码的识别和链接实现对人口行政记录库的匹配记录的编辑，进而形成一条扩展的人口行政记录。据此，人口统计数据库的相关记录将最终合并至人口基本记录库。（2）以"人口统计数据库为主"的对接模式。该模式是指将人口行政记录库中各记录经由编码的识别和链接实现对人口统计数据库匹配记录的编辑，最终将人口行政记录库中的全部（或部分）记录合并至人口统计数据系统。

在实际操作过程中，当基本记录库主要由人口行政记录库构成时，较适宜选择以"人口行政记录库为主"的对接模式；当基本记录库主要由统计数据库构成时，则较适宜选择以"人口统计数据库为主"的对接模式。就2011年斯洛文尼亚人口、住户和住房普查，2000年芬兰人口和住房普查，2011年奥地利人口、住房和企业普查而言，其人口行政记录库和人口统计数据库的对接模式均属于"人口行政记录库为主"的对接模式。

五、人口普查统计信息的"统计化生产"

（一）完全模式人口普查的"统计化生产"核心

在"完全模式"人口普查实施过程中，"统计化生产"过程主要实现三个

[①] 统计登记数据库的主要数据采集方式是登记，统计数据库的主要数据采集方式是调查。统计登记数据库的数据采集时间往往与登记事项的发生相关联，因此并不固定；统计数据库的数据采集时间往往是固定的，如月初、季初、年末等。

层面的转化与对接：行政登记对象（administrative object sets）向人口普查总体（census population）的转化与对接、行政登记个体（administrative objects）向人口普查个体（census units）的转化与对接、行政记录项目（administrative record items）向人口普查统计变量（census statistical variables）的转化与对接。

一般地，人口行政记录系统中的基本记录库能同时满足前两个层面的转化与对接要求。当基本记录库的数据质量较高时，其行政登记对象便可直接向普查总体转化，其行政登记个体亦可与普查个体直接匹配。据此，行政记录项目向人口普查统计变量的转化与对接是"统计化生产"的核心所在。

（二）记录链接与数据插补技术

在实现行政记录项目向人口普查统计变量的转化与对接过程中，记录链接技术（record linkage technique）、数据编辑与插补技术（data editing and imputation technique）是人口普查统计信息"统计化生产"的两种最关键的技术[1]。

1. 记录链接技术

记录链接技术（record linkage technique，RLT）是用来识别同一记录库中或不同行政记录库间的不同记录是否描述同一个体的数据处理技术（Fellegi and Sunter, 1969）[2]。1969 年，费莱基和松泰尔（Fellegi and Sunter）在 JASA 上发表的 A Theory for Record Linkage 一文掀开了理论研究的热潮，该文章系统阐述了 RLT 的数学基础和运用原理并提出了较著名的 Fellegi-Sunter 模型。此后，众多学者展开了一系列的研究（Jaro, 1989；Belin and Rubin, 1995；Blakel and Salmond, 2002；Winglee et al., 2005；Hammill et al., 2009；Tromp et al., 2011）。特别是美国统计学家 Winker 对 RLT 的基本理论与实践应用展开了长时间的持续研究，并于 2007 年出版了系统探讨 RLT 的专著 Data Quality and Record Linkage Techniques[3]。

RLT 的实质是利用统计学原理选择一个或多个字段作为识别字符，通过字符匹配原则以判断两条记录是否属于同一个个体的方法，其基本处理步骤一般可分为数据标准化（standardisation）、数据剖析（parsing）、数据分块（blocking）和记录链接（record linkage）四步。

---

[1] 谢惊时. 数据匹配问题中的记录链接模型［D］. 天津财经大学，2013.

[2] Fellegi I P., Sunter A B. A Theory for Record Linkage［J］. *Journal of the American Statistical Association*, 1969, 64 (328): 1183 – 1210.

[3] Herzog T N., Scheuren F J., Winkler W E. Data Quality and Record Linkage Techniques［M］. New York: Springer, 2007.

数据标准化的本质是把常用词语转化为标准形式或缩略词。通常地，记录链接过程中所使用的名字、地址等信息被称作字符串（characterstrings）。比较字符串的第一步就是识别常用词语，如××路、××街、××先生等。如果需要，这些常用词语会被转化成标准形式或缩略词。

数据剖析的本质是对字符串进行分割，即按字符串的构成将信息进行分割并一一放入可识别区域。在此，数据标准化的应用对字符串的剖析具有较大帮助。特别地，标准化语言可以作为常规剖析的关键词。例如，如果在字符串里找到"公司"这一词语，我们可能在处理一个企业名并希望利用计算机程序来解析企业的地址。进一步地，便可通过不同的邮编和不同的电话号码来确定该记录所代表实体的地理位置。

记录链接往往需要经过行政记录对的反复比较才得以成功。数据分块（也被称为"数据模块化"）则是一种有效减少记录链接过程所需比较记录数量的方案。在数据分块过程中，不同文件被分割成相互独立且详尽的模块，行政记录对的相互比较便被限制在每一个模块之中。据此，记录对的比较数量便显著降低了，匹配记录的比例也得到了较大幅度的提升。从实践应用角度看，数据分块通常被应用于基于一个或多个字段值来分割文件的情况。例如，针对两个均根据邮政编码来分类排序的文件，其不同模块的形成基于邮政编码的匹配。所有邮政编码一致的记录将被分在同一模块中，需要进行比较的记录对亦仅能从邮政编码一致的记录里产生，而所有邮政编码不一致的记录对被自动归类在非匹配组里。在人口普查研究中，这种归类变量经常被用来识别一个小的地理区域，这同时恰恰也是这个系统被称为"数据模块化"的主要原因。

根据实现的匹配模式，记录链接可分为确定性记录链接（deterministic record linkage，DRL）和概率记录链接（probabilistic record linkage，PRL）两种类型。其中，DRL被视为最简单的记录链接方法，其通过对可比数据集中记录识别符一致程度的判断来建立链接关系。如果经过确定性记录链接之后，两条记录的所有识别符或部分识别符（高于某个下限）是一致的，那么该两条记录被认为是匹配的。一般地，当各数据集中的个体有唯一确定的识别符或有几个质量相对高且较具代表性的识别符时，DRL是个不错的选择。当然，DRL对数据集记录的数据质量要求是非常高的。当发生以下三种情况时，DRL会遗漏较多真实的匹配记录：（1）数据集的记录中不包含唯一确定的识别符；（2）数据集中的记录以非标准化格式储存；（3）数据集非常大。当然，若对数据集进行严格的标准化处理、设定公共的唯一确定识别符、及时更新和定期维护数据，那么上述问题便可得到有效的解决。然而，由于行政记录数据的及时更新和定期维护需投入大量的时间和经费，人口行政记录的实际数据质量往往达不到 DRL 的实施要求。

PRL 有效弥补了确定性记录链接的不足之处，逐渐成为人口行政记录链接实务操作的主要方法之一。PRL 也被称为模糊匹配，其对潜在识别符的选取更为灵活。每个识别符的计算权重均根据其对正确识别匹配和非匹配的能力来确定，而将这些权重进行加总便得到了两个给定记录代表相同实体的概率。当记录对代表相同实体的概率高于某个临界值 upper 时，记录对被判定为匹配；当记录对代表相同实体的概率低于某个临界值 lower 时，记录对被判定为非匹配；当记录对代表相同实体的概率落在两个临界值 upper 与 lower 之间时，记录对则被判定为可能匹配，可以对其进行相应处理（如根据要求通过人工核查进行判定）。PRL 的实施需要基于一系列的复杂程序来满足其对数据的要求，当人工干预和数据处理过程较少时，PRL 往往能表现得很好。当然，确定匹配/非匹配的临界值是匹配过程中一项十分关键的工作。这往往需要在接受敏感度（或称为效度，被划为链接的记录对中真实匹配的比例）和误判率（或称为精度，被划为链接的记录对中实际为非匹配记录对的比例）之间寻求平衡。

2. 数据编辑与插补技术（data editing and imputation technique）

数据编辑与插补技术（data editing and imputation technique）是用来对错误的记录数据或缺失的记录数据进行插补的一种方法（Fellegi and Holt, 1976）[①]。尽管"编辑与插补"细化为编辑过程（editing process）和插补过程（imputation process），但前者主要实现对记录数据的准确性判断，而一旦记录数据被识别为"错误数据"则被归入"缺失值"，因此，对于存在错误数据的记录和存在缺失数据的记录而言，其处理目标往往是一致的，即插补替代值。插补的目的并不是预测单个缺失值，而是预测缺失数据所服从的分布。通过插补，一方面使得原来存在缺失数据的行政记录成为一条完整记录，减少了统计分析的不便；另一方面减少了由于数据缺失造成的估计量的偏差。

20 世纪 80 年代以来，有关缺失数据的插补技术吸引了较多关注，涌现了系列文献（Hidiroglou et al., 1986; Bankier, 1991; Bankier, 2000; Winkler, 1999; Bruni et al., 2001; Little and Rubin, 2002; Di Zio et al., 2004; Bruni, 2004; Andridge and Little, 2010; Hui and AlDarmaki, 2012）。

根据每个缺失值替代值的个数，插补法可分为单一插补法（single imputa-

[①] Fellegi I P., Holt D A. Systematic Approach to Automatic Edit and Imputation [J]. Journal of the American Statistical Association, 1976, 71 (353): 17–35.

tion methods）和多重插补法（multiple imputation methods）两大类。所谓单一插补法是指采用一定方式，对行政记录的每个缺失值构造一个合理的替代值，以形成一条完整的行政记录。根据获取插补值的原理不同，单一插补法又进一步细分为均值插补（mean value imputation）、随机插补（randomized imputation）、热卡插补（hot deck imputation）、冷卡插补（cold deck imputation）、演绎插补（deductive imputation）等不同方法。所谓多重插补法（multiple imputation methods）是基于单一插补法衍生而来，由 Rubin 在 1977 年首先提出，是指为行政记录的每个缺失值构造多个替代值以形成多条完整的行政记录，继而用相同的方法处理这些行政记录，最终用综合结果对目标变量进行估计的一种方法。与单一插补法相比，多重插补法构造多个插补值的目的是模拟一定条件下的估计量分布，并根据数据模式采用不同的模型随机抽取进行插补，使其能够反映在该模型下由缺失值导致的附加（额外）变异，提升估计的有效性。

六、"完全模式"人口普查数据质量评估

根据数据质量评估对象差异，我们将完全模式人口普查所涉及的数据质量评估工作分为三部分：人口行政记录数据质量评估、"统计化生产"过程质量评估、人口普查信息质量评估。其中，人口行政记录数据质量评估侧重于对"输入数据"，即对各类人口行政记录库数据质量进行评估；"统计化生产"过程质量评估侧重于对人口行政记录数据向人口统计信息的转化过程进行质量评估；人口普查信息质量评估则侧重于对"产出数据"，即基于人口行政记录数据形成的人口普查信息的质量展开评估。当然，在实际应用过程中，各国可根据需要选择不同部分开展人口普查数据质量的评估工作。

（一）人口行政记录数据质量评估

人口行政记录数据往往被视为完全模式人口普查的"输入数据（input data）"或"源数据（source data）"，据此，人口行政记录数据质量评估工作亦可被称为"输入数据质量评估"或"源数据质量评估"。

从已有的研究文献和实践操作来看，统计数据质量评估可供参考的评估维度主要分三套，分别是欧盟（EU）提出的"八维度"、联合国欧洲经济委员会（UNECE）提出的"六维度"和联合国统计司（UNSD）提出的"九维度"，如表 2-2 所示。尽管三套质量评估维度之间并不具有本质差异，但联合国统计司（UNSD）提出的评估维度相对更全面。

表 2-2　　　　　EU、UNECE 和 UNSD 提出的三套质量评估维度

欧盟（EU）	联合国欧洲经济委员会（UNECE）	联合国统计司（UNSD）
相关性（relevance）	相关性（relevance）	相关性（relevance） 完整性（completeness）
准确性（accuracy）	准确性（accuracy）	准确性（accuracy）
及时性（timeliness） 准时性（punctuality）	及时性（timeliness）	及时性（timeliness） 准时性（punctuality）
可访问性（accessibility） 清晰性（clarity）	可访问性（accessibility） 可解释性（interpretability）	可访问性（accessibility） 清晰性（clarity）
可比性（comparability） 一致性（coherence）	一致性（coherence）	可比性（comparability） 一致性（coherence）

行政记录数据与统计数据不同。较多学者一致表示不能用评估统计数据质量的一般维度和评估标准来评估行政记录数据质量，对于行政记录数据质量的评估维度和评估标准的讨论至今仍未形成一致意见。其中，2013 年，联邦机构间统计政策委员会（Interagency Council on Statistical Policy，ICSP）[1] 下设的"数据质量工作小组（data quality working group，DQWG）"提出的一个行政记录数据质量评估工具（data quality assessment tool for administrative data，DQAT-AD）较受推崇。

DQATAD 是 DQWG 基于澳大利亚统计局（Australia Bureau of Statistics）、加拿大统计局（Statistics Canada）、英国国家统计办公室（United Kingdom's Office of National Statistics）和欧盟统计局（Eurostat）提出的行政记录数据质量评估框架的系统分析而开发形成行政记录数据质量评估工具。DQATAD 基于数据使用者视角，建议对行政记录数据的相关性（relevance）、可访问性（accessibility）、一致性（coherence）、解释性（interpretability）、准确性（accuracy）和制度环境（institutional environment）6 个维度进行质量评估[2]，各评估维度、评估要点及所推荐评估角度如表 2-3 所示。

---

[1] 1995 年，美国白宫行政管理和预算办公室设立联邦机构间统计政策委员会，由 13 个主要联邦统计机构负责人和环境保护局统计部负责人组成。ICSP 的主要职责是制定和执行统计标准、提高联邦统计的数据质量、检查信息技术对获取机构数据的潜在影响等。

[2] Iwig W., Berning M., Marck P, Prell M. Data Quality Assessment Tool for Administrative Data [R]. 2013. https：//www.bls.gov/osmr/datatool.pdf.

表2-3　DQATAD推荐的行政记录数据质量评估维度与评估要点

评估维度	评估要点	评估角度
相关性 （relevance）	行政记录数据对使用者需求的满足程度	个人、家庭、住户、机构、公司等单位角度；数据定义和概念角度；总体覆盖面角度、时间周期和及时性角度等
可访问性 （accessibility）	行政记录数据文件从行政机构获取的难易性	数据文件传输形式或传输介质的适用性角度；数据文件传输的保密约束角度；数据文件传输成本角度等
一致性 （coherence）	行政记录数据与其他数据源的可比性，以及不同时间、不同空间的一致性程度	行政记录数据概念、分类、数据搜集方法、参考时期、目标人群等角度
解释性 （interpretability）	行政记录数据的清晰度，以确保行政数据的合理应用	行政记录数据搜集表格的清晰度角度；行政记录数据收集指令的清晰度角度等
准确性 （accuracy）	行政记录数据值与（未知）真值的接近程度	任何可导致误差产生的信息角度，如缺失记录角度、缺失值角度、问题误解角度、编码角度、重复误差角度等
制度环境 （institutional environment）	生产高质量、可靠的行政记录数据的行政机关公信力	行政部门的质量标准建设角度；执行质量标准的操作过程角度等

DQWG强调，基于DQATAD形成的评价结果并非是一个单一的数字测量值，也不是一个单一的质量指数，更不会形成对行政记录数据质量的整体判断，而是一系列问题和答案的呈现。这样设计的实用性在于基于对一系列较成熟（well-developed）的质量问题的考量，促使行政记录数据的使用者对数据质量关键属性进行充分判断。同时，针对不同需求，数据使用者亦可实现对行政记录数据质量评价维度权重的灵活分配，以凸显其所倚重的数据质量考察角度。

从整体架构看，DQATAD将用户对行政记录数据的使用过程称为"数据分享过程（data sharing process）"，并进一步将该使用过程细分为初始发现阶段（initial discovery phase）、初次获取阶段（initial acquisition phase）、再次获取阶段（repeated acquisition phase）三个阶段，每个阶段围绕6个质量评估维度中不同部分设置不同的问题。其中，初始发现阶段围绕相关性（relevance）、可访问性（accessibility）、解释性（interpretability）3个质量评估维度设置了12个质量评价问题；初次获取阶段（initial acquisition phase）围绕可访问性（accessibility）、一致性（coherence）、解释性（interpretability）、准确性（accuracy）和制度环境（institutional environment）5个质量评估维度设置了29个质量评价问题；再次获取阶段（repeated acquisition phase）则围绕一致性（coherence）、解释性（interpretability）、准确性（accuracy）和制度环境（institutional environment）4个质量评估维度设置了11个质量评价问题。由于部分问题被重复设置于三个阶段，DQATAD中的行政记录数据质量评价问题共计43个，如表2-4所示。当然，数据使用者可忽略其中不具有帮助意义的质量评价问题（由使用者自己判断和选择），也可根据问题提示将其认为具有帮助意义的其他质量评价问题纳入DQATAD。

除此之外，基于表2-2中不同的数据质量评估维度组合，众多学者为提出更有效的行政记录数据质量评估框架做出了各种尝试（Daas and Ossen，2009；Daas and Ossen，2011；Daas et al.，2008；Daas et al.，2010；Daas et al.，2011；Frost et al.，2010；Laitila T.，2011；Di Bella and Ambroselli，2014）。

表2-4　　　　　　DQATAD设计的43个质量评价问题

序号	各个阶段			问题（采用量纲）
	初始发现	初次获取	再次获取	
相关性（relevance）：行政数据文件（数据定义和概念、人口覆盖率、时间周期以及时效性）满足用户（人、家族、家庭、企业、公司等）需求的程度				
1	√			行政数据文件的一般内容是什么
2	√			在记录层面，行政数据文件代表了哪些实体（人、家庭、家族、职业等）
3	√			描述包含在行政数据文件中的记录范围（项目参与者、地理区域等）
4	√			行政数据可用的最早日期和最晚日期（包括存档）
5	√			项目部门多久收集一次数据（每日流量数据或者像4月1日这种特定的日期）
6	√			行政文件中数据资料采集的"参考时间段"是什么
7	√			在参考时段结束后多久可以提取数据文件
可访问性（accessibility）：从行政机构提取数据文件的容易程度，包括数据传输的形式，保密限制、成本				
8	√			描述一切对限制数据文件提取的法律、法规或行政规定
9	√			描述一切收集的但不能包含在提供给用户的数据文件中的记录或者字段（出于保密或者其他原因）

续表

序号	各个阶段 初始发现	各个阶段 初次获取	各个阶段 再次获取	问题（采用量纲）
10	√			分享数据的典型偿付款项是报告、数据产品，还是作为回报的货币费用
11		√		描述一切数据文件的安全控制方法或者其他确保数据的可信度的改良方法；来自机构部门的未修订数据是否会被提供给统计机构
12		√		数据文件提取将会如何转移给用户

解释性（interpretability）：信息的清晰度，确保行政数据以恰当的方式被使用。这包括数据收集表格、数据收集指令和数据字典的评估

序号	初始发现	初次获取	再次获取	问题（采用量纲）
13	√		√	描述行政数据文件上的每个变量并说明它们的有效值（参见数据字典的模板）
14	√			如果不能获取完整的数据字典，描述行政数据文件中的主要标识和响应字段，并且说明它们的有效值
15		√		如果不能获取完整的数据字典，描述初始发现阶段未记录的字段
16		√		向申请人提供数据收集的所有表格及说明的副本
17		√		描述原始数据重新编码的方法论，赋予新变量一个新的值
18		√		描述主要变量之间的数据结构和关系，例如，数据是存储在以一个人或者一个实体为一排的电子程序表格中、一个关系型的数据库里还是以其他形式存储
19		√		数据集是否包含那些被拒绝承认资格的项目或者福利的记录；这些记录如何被识别

一致性（coherence）：在时间和地域条件一致的情况下，行政数据与其他数据源的可比度，这包括评估数据的概念、分类、问卷调查的措辞、数据收集方法、文件提取阶段和目标人群

序号	初始发现	初次获取	再次获取	问题（采用量纲）
20		√		请描述所有用于分类或区分数据的分类系统，例如，关于种族问题的数据是否使用由管理和预算办公室定义的种族分类标准；关于行业分类数据是否使用北美行业分类体系
21		√	√	在文件提取期间（比如从2006年1月至2008年12月），是否存在因文件所涉及的地理区域的变化而导致一致性的中断
22		√	√	在文件提取期间，数据收集模式、分类代码、检索数据的查询系统等数据处理方式是否有变化

第二章 | 植入行政记录的人口普查方法基本问题研究

续表

序号	各个阶段 初始发现	各个阶段 初次获取	各个阶段 再次获取	问题（采用量纲）
23		√	√	在文件提取期间，地理界限是否有变化
24		√	√	简而言之，描述文件提取期间发生的重大变化、数据文件涉及的地理区域之间的差异
25		√	√	在文件提取期间是否有其他变化，文件所覆盖的地理区域的差异是否会导致一致性的中断？如果是的话，描述发生的变化及差异

准确性（accuracy）：行政记录数值与其（未知的）真实值之间的接近程度，这包含了在行政数据中任何已知的错误来源上的信息，如记录缺失、缺少个别项目的值、问题理解错误以及输入、编码和重复错误

序号	初始发现	初次获取	再次获取	问题（采用量纲）
26		√		已经进行了哪些数据质量特征调查或者分析，例如，美国政府问责署报告、美国劳工部监察长办公室审计、内部机构评审等
27		√		数据文件中未包含的合理值百分比是多少；对它们的特征有哪些认识
28		√	√	提取的数据文件中重复记录的比例是多少
29		√	√	每个字段缺失值的比例是多少
30		√	√	描述行政数据文件的其他元数据，如记录计数、值范围和响应频率
31		√		行政数据中已知的错误来源是什么（例如，无回应、输入、编码错误）
32		√		最常被误解的问题是什么
33		√		哪些项目需要通过编辑或更新数据值进行修订；哪些项目修改的次数最多
34		√		如果一个值是经修改而来，描述数据集中表明该值已更改的标志，并解释更改的原因

制度环境（institutional environment）：生产高质量且可信赖的行政数据的行政机构的公信力，这包括对机构的质量标准和过程的一个评价，以确保遵守标准

序号	初始发现	初次获取	再次获取	问题（采用量纲）
35		√		描述行政项目的设立目的
36		√		描述数据收集、编辑、修改、审查、校正、传播和保留的过程

续表

序号	各个阶段 初始发现	各个阶段 初次获取	各个阶段 再次获取	问题（采用量纲）
37		√		源数据访问的对象（自述、第三方面试）
38		√		如何收集源数据（纸质问卷调查、计算机辅助人访谈、计算机辅助电话采访、网络数据收集表格）
39		√		描述行政机构为确保生产过程中的数据质量和典型结果执行的审查
40		√		描述机构的质量标准
41		√		描述研究、评估或者审核中的纠正措施和结果，以评估您对质量标准的执行程度
42			√	描述为改进数据生产过程，提高数据质量而采取的纠正措施
43			√	在文件提取期间，描述数据获取后可能出现的新记录或修订

（二）"统计化生产"过程质量评估

"统计化生产"过程是由行政记录数据生成人口统计信息的过程，其质量可被称为"生产过程质量（production process quality）"（Laitila et al.，2011）①。与人口行政记录数据质量评估的侧重点在于"source"和"input"不同，"统计化生产"过程质量评估的侧重点在于"processing"和"throughput"。如果将"统计化生产过程"归为三个主要步骤：行政记录匹配与链接、行政记录编辑、行政记录数据插补，那么"统计化生产"过程质量评估便可相应地分为"行政记录匹配与链接质量评估""行政记录编辑质量评估""行政记录项目插补质量评估"三方面。

1. 行政记录匹配与链接质量评估

对"完全模式"人口普查而言，行政记录的匹配与链接主要体现在辅助记录库与基本记录库的不同记录之间。因此，三种类型的行政记录，即基本记录库中的记录（辅助记录库中不存在）、辅助记录库中的记录（基本记录库中不存在）、基本记录库中和辅助记录库中均存在的记录，便构成了匹配与链接的参与方。鉴于发生错误匹配的主要原因往往在于基本记录库或辅助记录库的

---

① Laitila T., Wallgren A., Wallgren B. Quality Assessment of Administrative Data [R]. Research and Development-Methodology Reports From Statistics Sweden，2011：2.

覆盖误差，莱蒂拉等（Laitila et al., 2011）提出该阶段的质量评估思路是，基于"精确性（accuracy）"维度考察基本记录库和辅助记录库的覆盖误差，并推荐了若干评估指标，如表2-5所示。通过对辅助记录库与基本记录库不同记录之间的链接质量评估，则可对行政记录的链接能力（record linkage ability）予以考察（Daas and Fonville, 2007）。

表2-5　莱蒂拉等（2011）推荐的记录匹配质量评估指标

序号	质量评估指标	质量评估要点
1	基本记录库"未涵盖"（under-coverage）	辅助记录库表明在参考期有效却未包含于基本记录库（或辅助记录库中）的记录比例
2	辅助记录库"未涵盖"（under-coverage）	基本记录库表明在参考期有效却未包含于辅助记录库（或基本记录库中）的记录比例
3	基本记录库"过涵盖"（over-coverage）	基本记录库和辅助记录库均包含，但辅助记录库未能提供任何经济活动信息的记录比例
4	辅助记录库"过涵盖"（over-coverage）	辅助记录库包含但与登记单位不具有统计相关性的记录比例

2. 行政记录编辑质量评估

欧盟委员会（European Commission, 2010）认为，在行政记录调查中，记录编辑（record editing）与项目插补（item imputation）具有一定差异。其中，记录编辑是基于保留记录的主要部分前提对记录数据予以检查和修改，使其尽可能合理的过程；项目插补是将一个虚拟但合理的信息插入具有缺失变量记录中的过程。更具体地说，项目插补往往尽可能去设置一个与该记录或记录库中其余记录相匹配的数值，而记录编辑常常通过删除不合理或超范围的值进而重新插补新值以实现编辑。

对于行政记录编辑质量评估，莱蒂拉等（2011）提出了若干较有代表性的质量评估指标，如表2-6所示。

表2-6　莱蒂拉等（2011）推荐的记录编辑质量评估指标

序号	质量评估指标	质量评估要点
1	关键项目（primary key）	具有无效识别编码的记录比例；关键项目应该具有正确格式和合理数值
2	外部项目（foreign keys）	具有无效外部项目的记录比例；外部项目应该具有正确格式和合理数值

续表

序号	质量评估指标	质量评估要点
3	重复信息源 (duplicates in the source)	出现一次以上的识别编码比例； 具有不同识别编码但是记录相同的比例
4	缺失值 (missing values)	具有缺失值的变量比例
5	错误值 (wrong values)	具有错误或不合理值的变量比例

3. 行政记录项目插补质量评估

与欧盟委员会（European Commission，2010）不同，钱伯斯（Chambers，2001）坚持认为记录编辑（record editing）与项目插补（item imputation）并不具有本质差异，两者均基于行政记录项目真值缺失前提且需要同样的处理方式，即均采用替代数据。以奥地利2001年人口、住房和企业普查对记录编辑与项目插补的处理方式为例，钱伯斯（2001）提出了5个用于评估行政记录项目插补质量的指标，分别是预测准确性、排序准确性、分布准确性、估计准确性和估计合理性[①]。各评估指标的评估标准如表2-7所示。

表2-7　钱伯斯（2001）推荐的行政记录项目插补质量的指标

序号	质量评估指标	质量评估要点
1	预测准确性 (predictive accuracy)	估计值与真值的接近程度
2	排序准确性 (ranking accuracy)	估计过程保持估计值排序（至少对定序变量）
3	分布准确性 (distributional accuracy)	估计过程保持数据真实值的分布
4	估计准确性 (estimation accuracy)	插补过程应体现真实值分布的较低阶矩（针对标量属性）
5	估计合理性 (imputation plausibility)	估计结果的合理性

---

① Chambers R. Evaluation Criteria for Statistical Editing and Imputation [J]. National Statistics Methodological, 2001 (28): 1-41.

（三）人口普查信息质量评估

人口普查信息数据往往被视为"完全模式"人口普查的"输出数据（output data）"或"统计产品（statistical product）"，因此，人口普查信息质量评估工作亦可称为"输出数据质量评估"或"统计产品质量评估"。

与人口行政记录数据质量评估和"统计化生产"过程质量评估类似的是，评估人口普查信息质量亦可遵循相关性（relevance）、准确性（accuracy）、及时性（timeliness）、可访问性（accessibility）、解释性（interpretability）、一致性（coherence）等评估维度，设计若干基于人口普查信息的质量评估指标，从而考察"完全模式"人口普查信息的整体质量。与人口行政记录数据质量评估和"统计化生产"过程质量评估不同的是，评估人口普查信息质量可基于另两种思路：一种是开展事后质量调查；另一种是用非专项调查数据与人口普查统计信息进行比对。我们称第一种思路为"事后质量调查评估法"、第二种思路为"数据比对法"。

1. 事后质量调查评估法

事后质量调查评估法是指以专门组织实施的事后质量调查结果对基于行政记录的人口普查信息质量进行评估的方法。所谓事后质量调查（post-enumeration survey）则是在人口普查之后专门组织的用来评估人口普查信息质量的专项调查。事后质量调查往往以传统抽样调查形式展开，其质量评估维度围绕"准确性"展开。

一般地，事后质量调查以基本记录库的记录清单为抽样框，运用随机原则选择部分单位构成样本，调查内容或覆盖人口普查全部项目或只选择其中部分项目，最终通过事后质量调查结果与基于行政记录的人口普查信息的比对，判断人口普查信息的质量高低。如为评估1990年实施的完全基于行政记录人口普查信息的质量，芬兰统计局专门组织开展了一项事后质量调查——广泛质量调查。芬兰统计局基于建筑物与住房登记记录库（dwellings and building register，DBR）提供的住宅抽样框，随机抽取了2%的住宅，最终样本由被选中房产中的23000幢建筑物、共45000户住户中的96000人构成。当然，事后质量调查并不具有统一的实施模式，其抽样设计完全依赖于组织者的需求。

2. 数据比对法

数据比对法是指以其他相关数据对基于行政记录的人口普查信息质量进行评估的方法。一般地，较常用的其他数据包括两类。（1）其他行政记录。根据独立于人口行政记录系统的其他行政记录信息开展总体参数的估计，进而对人口普查统计信息的相关变量进行比对，由此形成"行政记录比对评估法"。（2）常规调查数据。根据常规统计调查信息的估计结果对人口普查统计信息进行质量比较，由此形成"常规调查比较评估法"。如为评估完全基于行政记录人口普查信息的质量，芬兰统计局除专门组织开展了广泛质量调查之外，还将劳动力普查结果和同期劳动力调查（labour force survey，LFS）结果进行较充分的比对，以判断基于行政记录人口普查信息的质量高低。类似地，斯洛文尼亚统计局运用"常规调查比较评估法"，即运用劳动力调查结果对基于行政记录的人口普查结果进行质量评估。

第三节 "组合模式"人口普查方法实施步骤与技术难点探讨

一、"组合模式"人口普查方法基本框架透视

"组合模式"人口普查是指综合运用抽样调查和行政记录调查来获取人口信息的普查模式（population census combined use of sample survey and register-based survey）。与"完全模式"人口普查相比，"组合模式"人口普查信息不仅源自人口行政记录资源或已存在的人口统计数据资源，还源自专门组织的抽样调查（或普查）。因此，"组合模式"人口普查的实施过程更为复杂。就2005～2014年人口普查实践而言，巴林、爱沙尼亚、德国、以色列、拉脱维亚、荷兰、波兰、新加坡、西班牙、瑞士、土耳其等国家均选择"组合模式"人口普查来代替传统人口普查，在改革传统人口普查的工作进程中积累了较丰富的实践经验。

综合来看，"组合模式"人口普查的基本框架如图2-7所示。（1）组织者根据人口普查目的和行政记录资源条件开展行政记录调查方案和抽样调查方案设计。（2）组织者借助行政记录调查获取部分人口统计信息的估计值，同时形成实施抽样调查的抽样框。（3）组织者基于抽样调查对其余人口普查信息进行估计，对基于行政记录调查形成的人口统计信息估计值进行校准。（4）组织者对人口普查统计信息进行质量评估和最终发布。据此，"组合模式"人口普查的技术难点可大致归为四点：（1）人口行政记录调查设计与实施；（2）抽样调查设计与实施；（3）行政记录调查与抽样调查的信息匹配与对接；（4）"组合模式"人口普查数据质量评估。

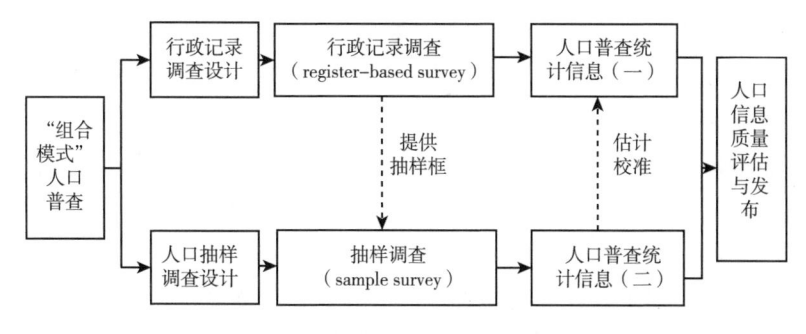

图 2-7 "组合模式"人口普查的基本实施框架

二、人口行政记录调查设计与实施

从人口普查方法的选择规律来看,"组合模式"人口普查往往是一个国家运用人口行政记录数据改革传统人口普查的尝试之选。因此,较大部分的人口统计信息仍需通过专门组织的抽样调查获取,借助行政记录调查所获取的人口统计信息往往较为有限。如在以色列 2008 年组合人口普查中,行政记录调查仅用来提供人口总数和人口地理分布的初步估计;在西班牙 2011 年人口普查中,行政记录调查除用来提供人口总数的初步估计之外,还提供诸如性别结构、年龄结构、出生地和国籍等基本人口统计信息的初步估计。相较而言,鉴于拥有相对丰富的人口行政记录资源,在瑞士 2010 年联邦普查中,人口和家庭的基本统计信息,如人口规模与结构、人口平衡、人口分布、未来人口发展趋势、人口迁移、出生与死亡、婚姻与合作关系、收养与父权确认、家庭规模与家庭构成等均由年度行政记录调查提供。

当然,行政记录调查的实施需借助较缜密的调查方案设计。一般地,行政记录调查方案设计需明确行政记录调查目的、定义行政记录调查对象和调查范围、阐释行政记录调查内容、罗列所涉及人口行政记录类型、确定人口行政记录"统计化生产"技术、规范行政记录调查组织实施等。人口行政记录调查的步骤亦如"完全模式"人口普查的相关步骤,包含人口信息的行政记录与基本记录库的筛选、人口行政记录系统的基本构建、拓展的人口行政记录系统构建、人口普查统计信息的"统计化生产"等,在此不再赘述。

三、抽样调查设计与实施

抽样调查是"组合模式"人口普查的另一主要数据源。一个全面有效的抽样调查方案是获取人口统计信息的必要前提。一般地，抽样调查方案设计需明确调查方案的一般要素，如抽样调查目的和组织实施，样本总量与样本划分、抽样调查标准时点、对象、内容和方式，抽样方法、抽样调查小区划分和绘图，抽样调查的宣传、试点和物资准备，调查指导员和调查员的借调、招聘和培训，调查摸底、登记，事后质量抽查，抽样调查数据的汇总等。

更为重要的是，基于"组合模式"人口普查前提，抽样调查方案还需对抽样调查与行政记录调查之间的内容衔接关系、调查工作的承接关系等予以明确规范。如在以色列2008年组合人口普查中，抽样调查设计针对区域抽样调查（sampling of field cells）和行政家庭抽样调查（sampling of administrative household）两项独立的调查展开。其中，区域抽样调查基于四级抽样设计获取最终样本，主要获取行政记录调查无法提供的人口社会经济活动特征信息，并对行政记录调查的"未涵盖误差（under-coverage error）"进行参数估计；行政家庭抽样调查基于简单随机抽样方式获取最终样本，主要对行政记录调查的"过涵盖误差（over-coverage error）"进行参数估计。在西班牙2011年人口普查中，尽管行政记录调查提供了较多人口和家庭的基本统计信息，但西班牙统计局仍专门组织实施了大型住宅抽样调查，用来搜集行政记录调查无法提供的人口和家庭经济活动特征信息、流动性特征等，也用来搜集对行政记录调查信息进行校准的信息依据。更值得一提的是，西班牙统计局还专门组织了建筑物普查，主要用来搜集住宅特征信息、建筑物特征信息和建筑物地理坐标。

四、行政记录调查与抽样调查的信息匹配与对接

在"组合模式"人口普查中，行政记录调查和抽样调查所提供的信息匹配关系一般可分为两种类型。一种类型可被称为"补充型关系"，即行政记录调查提供部分人口普查信息，抽样调查提供部分人口信息，两者的交叉信息主要为调查个体的基本信息；另一种类型可被称为"重叠型关系"，即行政记录调查提供部分人口普查信息，抽样调查提供部分人口信息，两者的交叉信息除调查个体的基本信息之外还涉及部分重叠的人口普查信息。

对于补充型关系，由于行政记录调查和抽样调查分别提供不同的人口统计信息，两者的信息匹配与对接并不直接发生于数据搜集层面，而是合成于人口普查信息的最终估计阶段。较一般的处理是，基于行政记录调查数据估计获取部分人口普查信息，基于抽样调查数据估计获取部分人口普查信息，两部分估

计信息共同合成人口普查的全部信息，进而开展人口信息质量评估与信息发布。"补充型关系"两类调查的信息对接关系如图 2-8 所示。

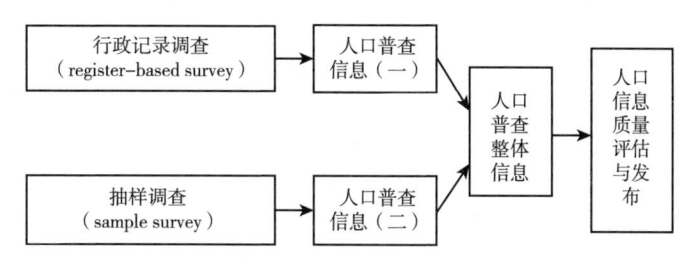

图 2-8 "补充型关系"两类调查的信息对接关系

对于重叠型关系，尽管行政记录调查和抽样调查分别提供不同的人口统计信息，但两者的信息匹配与对接在数据搜集层面已然发生。较一般的处理是，基于抽样调查所获得的人口基本信息，如身份证号码、家庭住址号码等，成为链接行政记录调查信息的辅助信息，进而通过抽样调查提供的重叠信息对行政记录调查信息进行筛选、校准和编辑，从而形成人口普查的整体信息。最后，开展人口信息质量评估与信息发布。"重叠型关系"两类调查的信息对接关系如图 2-9 所示。

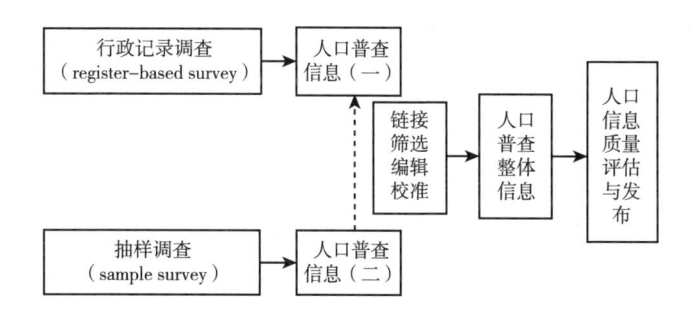

图 2-9 "重叠型关系"两类调查的信息对接关系

五、"组合模式"人口普查数据质量评估

根据质量评估对象差异，我们将"组合模式"人口普查所涉及的质量评估工作分为三部分：行政记录调查质量评估、抽样调查质量评估、最终人口普查信息质量评估。其中，行政记录调查质量评估工作不仅可采用如同"完全模式"人口普查的数据质量评估方法与思路，更可借助抽样调查来一并完成，如以色列 2008 年组合人口普查中实施的行政家庭抽样调查（sampling of administrative household)。在这种"组合模式"人口普查中，抽样调查不仅是搜集行政记录调查所未涉及的人口普查信息的途径，同时亦是行政记录调查的质量评估专项调查。同时，对抽样调查的质量评估亦可基于两种思路：其一是设计诸如相关性（relevance）、准确性（accuracy）、及时性（timeliness）、可访问性（accessibility）、解释性（interpretability）、一致性（coherence）等评估维度，来考察抽样调查的数据质量；其二以行政记录调查中相匹配个体的具体信息为参照，评估抽样调查的整体数据质量。当然，对最终人口普查信息的质量评估更可基于灵活的评估思路，事后质量调查评估法、数据比对法是较为常用的两种评估思路。

第三章
"完全模式"人口普查方法国际经验探索

第一节 "芬兰式"人口普查方法经验探索

一、芬兰人口普查:从传统调查到完全模式的渐变

(一)人口与住房普查方法演进

芬兰的人口登记制度始于几百年前,其最早的人口普查可追溯到1749年基于教会人口登记资料的人口总数估计。现代意义上的人口普查历史可从1938年颁布《人口普查法》(Population Census Act)算起,迄今历时80多年。《人口普查法》(Population Census Act)明文规定"人口普查由芬兰统计局(Statistics Finland, SF)负责,与住宅和建筑物普查合称为'人口和住房普查(population and housing census)',每10年组织调查一次"。遵循该法案,SF分别于1950年、1960年、1970年、1980年、1990年、2000年组织实施了6次人口和住房普查[①]。其间,SF基于其他法规规定分别于1975年和1985年组织实施了两次"临时人口普查(interim population census)"。

芬兰的人口和住房普查演进情况如表3-1所示。从1950年第一次实施传统的人口与住房普查,到1990年第一次实施完全基于行政记录的人口与住房普查、2001年起每年公布基于行政记录的人口与住房统计信息,芬兰的人口普查方法经历了"传统调查→'传统调查+行政记录'的组合模式→完全基于行政记录的'完全模式'"的升级转变。

[①] 由于第二次世界大战的影响,芬兰统计局被迫取消1940年的人口和住房普查计划。

表 3-1　　　　　　　　　　芬兰人口和住房普查方法演进

普查时间	基本情况	普查模式
1950 年	芬兰统计局组织实施的第一次全国范围内的"人口和住房普查",参与调查的普查员超过 10000 人。所有普查项目数据源于问卷调查,数据搜集工作和问卷处理工作由芬兰统计局负责。	传统调查
1960 年	芬兰统计局组织实施的第二次全国范围内的"人口和住房普查",各地人口登记机构对芬兰统计局的数据搜集工作提供帮助。所有普查项目数据源于问卷调查,问卷处理工作由各市人口普查办公室(the municipal census offices)负责。基于此次普查信息,中央人口登记记录库(central population register, CPR)被创建。	传统调查
1970 年	芬兰统计局组织实施的第三次全国范围内的"人口和住房普查",人口行政记录数据首次被纳入普查问卷。基于 CPR 信息,个人的姓名、地址、个人识别编码(personal identification codes)等信息被预先填入调查问卷。普查项目中的收入和宗教数据源于税收行政记录,其他普查项目数据源于问卷调查。基于这次普查信息,芬兰统计局建立了"完成教育和学位统计记录库(register of completed education and degrees)"。	传统调查+行政记录(组合模式)
1975 年	芬兰统计局组织实施的第一次"住宅和经济活动调查(survey of dwellings and economic activity)",也称"临时人口普查(interim population census)"。普查问卷中除就业数据、家庭数据(data on families)、住户数据(data on household-dwelling units)等需要被调查者填写之外,其余信息均源自行政记录并被事先填写。调查问卷被邮寄至被调查者住处,又由被调查者寄回至当地的人口登记机构,数据处理由芬兰统计局集中负责。	传统调查+行政记录(组合模式)
1980 年	芬兰统计局组织实施的第四次全国范围内的"人口和住房普查",人口行政记录数据首次被纳入普查项目。更多的人口普查项目数据源自行政记录。人口普查问卷被预先填好姓名、地址、身份证号码、教育水平、家庭成员、居住单元及一些大型城市的住宅数据,通过邮局寄至被调查者住处又由被调查者寄回至当地的人口登记机构。各地人口登记机构对芬兰统计局的数据搜集工作和问卷处理工作提供帮助。基于这次普查信息,人口登记中心建立了"建筑和住宅登记库(register of buildings and dwellings)"。	传统调查+行政记录(组合模式)
1985 年	芬兰统计局组织实施的第二次"临时人口普查(interim population census)"。普查问卷以邮寄方式寄至被调查者住处。被调查者仅需填写与工作和职业相关的信息,其余普查项目信息均源自行政记录。为缩短普查时间和降低数据处理成本,芬兰统计局将基于 1980 年普查获取的工作和职业信息预先填入普查问卷,被调查者仅需根据 1980~1985 年间工作和职业的变化情况对相应信息进行修改。由于超过一半的被调查者在这期间并没有发生工作和职业变动,"预先填入工作和职业信息"这一操作节约了近一半的成本费用。	传统调查+行政记录(组合模式)

续表

普查时间	基本情况	普查模式
1990 年	芬兰统计局组织实施的第五次全国范围内的"人口和住房普查",普查的所有项目信息完全源自行政记录,不需借助任何形式的问卷调查。这标志着芬兰统计局第一次实施完全基于行政记录的人口普查(totally register-based population census),实现了人口普查方法的升级与飞跃。	完全模式
1995 年	芬兰统计局组织实施的第二次完全基于行政记录的人口普查。	完全模式
2000 年	芬兰统计局组织实施的第六次全国范围内的"人口与住房普查",也是第三次实施完全基于行政记录的人口普查。	完全模式
2001 年以来	基于人口行政记录库系统的构建与完善,芬兰统计局不再专门组织全国范围内的"人口和住房普查",承诺每年发布有关人口和住房的统计信息。从某种意义上看,芬兰实现了人口普查的连续模式。	完全模式

资料来源：Harala R. From a Traditional Census Towards a Register-based Census in Finland [R]. Economic Commission For Europe Statistical Commission, Conference of European Statisticians, Fifty-fourth plenary session Paris, Item 6 of the provisional agenda, 13 – 15 June 2006.

（二）人口和住房普查项目的"行政记录"化过程

尽管会出现小范围的调整,芬兰的"人口和住房"普查内容基本覆盖人口基本信息、经济活动信息、完成教育与学历信息、住户与家庭基本情况、住宅情况、建筑物情况、经营场所情况、夏季别墅情况等方面,共计 40 多项普查项目。表 3 – 2 描述了 1950 年以来芬兰"人口和住房普查"中各项普查项目数据获取途径的动态变化。1950 年和 1960 年的人口与住房普查方法属于标准的传统模式,所有普查项目的数据均源于被调查者的问卷,由普查员上门从被调查者处面对面地获取信息。1960 年,中央人口登记记录库(central population register, CPR)的创建是芬兰"人口和住房普查"方法从传统模式向"完全模式"转变的关键一步。在 CPR 中,不仅每位芬兰公民的姓名、地址等基本信息被记录,属于每位公民唯一的个人识别码(PI)亦被创建并被推广至税收登记记录库、就业登记记录库等其他行政登记记录库。基于此,在 1970 年的"人口和住房普查"普查中,基于 CPR 的行政记录信息被首次运用于普查调查问卷,PI、姓名、地址等一些基本人口信息被预先填写。此后,SF 创建了建筑物和住宅记录库(register of buildings and dwellings, RBD),编制了有关房地产、建筑物、住宅的识别码并将其推广应用。在 1980 年实施的"人口和住房普查"和 1985 年的"临时人口普查"中,更多的行政记录信息被引入、更多的普查项目数据被预先填写,基于传统调查问卷获取的普查数据则被进一步压缩。随着 CPR、RBD 及"企业和机构记录库(register of enterprises and establishments,REE)"三大基本记录库的创建与进一步完善,SF 于 1990 年第一次完全脱离传统调查方式、实施了完全基于行政记录的人口普查(totally register-based population housing census),40 项普查项目的数据完全源于行政记录。至此,芬兰实现了人口普查方法的升级与飞跃。1995 年芬兰的"人口和住房普查"与 2000 年"人口和住房普查"同样不需要借助任何形式的问卷,其普查信息完全源于行政记录。凭借行政记录调查的"低成本、低负担、高质量、高效率"等多项优势,SF 于 2000 年宣称以后将每年发布有关人口统计信息和住房统计信息,不需专门组织实施全国范围内的"人口和住房普查"。从某种意义上看,芬兰实现了人口普查的连续模式。

迄今为止,芬兰统计局 96% 的统计产品均源于行政记录;芬兰是世界上最为成功运用行政记录进行官方统计的国家。

表 3-2　　　　　　芬兰人口和住房普查使用行政记录基本情况

	人口和住房普查项目	1950年	1960年	1970年	1975年	1980年	1985年	1990年	1995年	2000年	2001年以来
人口数据 (demographic data)	出生年月 (date of birth)	q	q	q	R	R	R	R	R	R	R
	性别 (sex)	q	q	q	R	R	R	R	R	R	R
	婚姻状况 (marital status)	q	q	q	R	R	R	R	R	R	R
	公民身份 (citizenship)	q	q	q	R	R	R	R	R	R	R
	母语 (mother tongue)	q	q	—	R	R	R	R	R	R	R
	宗教 (religion)	q	q	R	—	R	R	R	R	R	R
	常住地 (usual place of residence)	q	q	q	q	q	R	R	R	R	R
经济数据 (economic data)	活动类型 (main type of activity)	q	q	q	q	q	qr	R	R	R	R
	就业状态 (status in employment)	q	q	q	q	q	qr	R	R	R	R
	产业 (industry)	q	q	q	q	q	qr	R	R	R	R
	职业 (occupation)	q	q	q	q	q	qr	R	R	R	R
	工作场所 (workplace)	q	q	q	q	q	qr	R	R	R	R
	社会经济组织 (socio-economic group)	q	q	q	q	q	qr	R	R	R	R
	收入 (income)	—	—	R	R	R	R	R	R	R	R

续表

人口和住房普查项目		1950年	1960年	1970年	1975年	1980年	1985年	1990年	1995年	2000年	2001年以来
完成教育（completed education）	学历（degree）	q	q	q	R	R	R	R	R	R	R
	专业（subject）	q	q	q	R	R	R	R	R	R	R
住户和家庭数据（household and family data）	住户类型（household type）	q	q	q	q	R	R	R	R	R	R
	住户大小（household size）	q	q	q	q	R	R	R	R	R	R
	家庭类型（family type）	q	q	q	q	R	R	R	R	R	R
	家庭大小（family size）	q	q	q	q	R	R	R	R	R	R
住宅数据（dwelling data）	住宅单元大小（size of dwelling unit）	—	q	q	q	q	R	R	R	R	R
	房间数目（number of rooms）	q	q	q	q	q	R	R	R	R	R
	厨房设备（kitchen）	q	q	q	q	q	R	R	R	R	R
	污水处理及厕所（water, sewage, toilet）	q	q	q	q	q	R	R	R	R	R
	制热系统（heating system）	q	q	q	q	q	R	R	R	R	R
	住宅权属（tenure status）	q	q	q	q	q	R	R	R	R	R
营业场所数据（business premises data）	建筑面积（floor area）	—	q	q	—	q	—	R	R	—	—
	使用权基础（tenure basis）	—	q	q	—	q	—	R	R	—	—
	使用面积（use of floor area）	—	q	q	—	q	—	R	R	—	—
	预期用途（intended use）	—	q	q	—	q	—	R	R	—	—
建筑物数据（building data）	建筑类型（type of building）	q	q	q	q	R	R	R	R	R	R
	建筑年份（year of construction）	q	q	q	—	q	R	R	R	R	R
	建筑材料（construction material）	q	q	q	—	q	R	R	R	R	R
	建筑主要用途（main use of building）	q	q	q	—	q	R	R	R	R	R
	住宅单位数量（number of dwelling units）	q	q	q	—	q	R	R	R	R	R
	容量：立方米（capacity m³）	—	—	q	—	—	—	—	—	—	—

续表

人口和住房普查项目		1950年	1960年	1970年	1975年	1980年	1985年	1990年	1995年	2000年	2001年以来
建筑物数据 (building data)	加热系统 (heating system)	—	q	q	—	q	R	R	R	R	R
	层数 (number of storeys)	q	q	q	—	q	R	R	R	R	R
夏季别墅数据 (summer cottage data)	自有/租赁 (owned/rented)	—	—	q	—	q	—	—	—	—	—
	共同所有权 (joint ownership)	—	—	q	—	q	—	—	—	—	—
	建筑面积 (floor area)	—	—	q	—	q	—	R	R	R	R
	创建年份 (year of construction)	—	q	—	—	q	—	R	R	R	R
	适合全年使用状况 (suitability for year-round use)	—	—	—	—	q	—	q	—	—	—
	燃料 (fuel)	—	—	—	—	—	—	—	—	—	—
	桑拿 (sauna)	—	—	q	—	—	—	—	—	—	—
	最初用途 (original intended use)	—	—	—	—	q	—	—	—	—	—
建筑物地图坐标 (map co-ordinates of building)		—	q	R	R	R	R	R	R	R	R

注：q：表示由调查问卷获取数据；qr：表示调查问卷无回答而从行政记录中获取数据；—：表示未纳入当年人口和住房普查内容；R：表示从行政记录中获取数据。

资料来源：根据芬兰统计局网站官方发布的信息和相关文献整理。

二、2000 年人口和住房普查基本情况

2000 年，芬兰统计局基于《统计法》（Statistics Act）、《人口普查法》（Population Census Act）、《个人数据法》（Personal Data Act）、《数据保护法》（Data Protect Act）、《政府活动公开法》（Act on the Openness of Government Activities）五大法案的强大保障，于 2000 年组织实施了第三次完全基于行政记录的"人口和住房普查"，基本情况如表 3-3 所示。其中，普查标准时点为 2000 年 12 月 31 日零时；普查对象为所有登记于芬兰人口登记中心（population register centre）的永久居民（permanent resident），即"普查标准时点在芬兰人口登记中心（population register centre）的人口信息系统（population information system）中登记且拥有法定住所的所有居民，而不论其国籍"。同时，SF 对居住在芬兰的外籍人士做出规定："若居住时间超过一年（包括一年）则被纳入普查对象；寻求庇护的外籍人士不纳入普查对象；外国大使馆、贸易使馆和领事馆的工作人员及家庭成员均不纳入普查对象，除非他们是芬兰公民"。与 1990 年人口和住房普查内容基本一致，2000 年"人口和住房普查"内容涉及人口基本信息、经济活动信息、完成教育与学历信息、住户和家庭信息、住房条件信息、建筑物信息和夏季别墅信息 7 个方面。

表 3-3　　　　　　　　芬兰 2000 年人口和住房普查基本情况

普查名称	普查标准时点	普查对象	普查内容
人口与住房普查	2010 年 12 月 31 日零时	永久居民	（1）基本信息（包括性别、地区分布、婚姻状况、宗教、常住地等） （2）经济活动信息（包括经济活动主要类型、就业状态、行业、职业、工作场所、收入等） （3）完成教育与学历信息（包括最高学历和主修专业） （4）住户和家庭信息（包括住户种类和规模、家庭种类和规模） （5）住房信息（包括住房单元大小、房间数目、制热系统等） （6）建筑物信息（包括建筑物类型、建筑年份、建筑材料、建筑物主要用途等） （7）夏季别墅信息（包括修建年份、建筑物坐标、建筑面积等）

三、人口行政记录类型和基本记录库筛选

（一）人口行政记录类型选择

芬兰拥有十分充足的行政记录资源。为构建人口和住房普查的行政记录系统，芬兰统计局选择了 30 多种（包含人口、家庭、建筑物、住宅信息）行政记录资源。其中，遵循"单位准匹配"原则选择了税务管理部门的税收登记记录（tax register，TR）、劳动部的求职者登记记录（register of job applicants，RJA）、中央养老保障机构的养老金登记记录（pension register，PR）、国防部的征兵登记记录（conscientious register，CR）、社会保障机构的最低生活保障登记记录（minimum living security register，MLSR）、中央和地方公务员登记记录（civil service register，CSR）等行政记录类型；遵循"内容准匹配"原则选择了不同私营部门的雇佣关系登记记录（employment relations register in different private sectors，ERR)、车辆管理所的车辆登记记录（register of car，RC）等行政记录类型。不同类型行政记录提供不同的人口信息，如劳动部的 RJA 覆盖了所有通过就业交流平台申请工作的求职者，提供诸如求职者失业开始时间、求职者失业结束时间、求职者失业结束原因等有关失业的详细信息。

（二）基本记录库选择

构成 2000 年芬兰人口和住房普查行政记录系统的基本记录库有三个，分别是中央人口登记记录库（central population register，CPR）、建筑物与住房登记记录库（dwellings and building register，DBR）及企业和机构登记记录库（register of enterprise and establishment，REE）。其中，CPR 和 DBR 同属人口登记中心（population register centre）的人口信息系统（population information system，PIS），该系统综合了税务机关（taxation authorities）、国家财政部（the State Treasury）、中央养老保险机构（central pension security institute）、国家养老机构（national pension institute）、劳动部（Ministry of Labor）、司法部（Ministry of Justice）等部门的信息而创建。CPR 的登记对象覆盖了全芬兰居民，提供居民的个人基本信息、个人身份识别码和家庭的基本信息，其既是 PIS 的核心，也是芬兰实施完全基于行政记录的人口和住房普查的基本前提；DBR 基于 1980 年的人口和住房普查信息创建，主要提供芬兰所有建筑物与住房的基本信息，如建筑物识别码（BI）、住宅识别码（DI）和相关的地理坐标，对普查信息的区域分类具有十分重要的意义，其数据由市政建设当局负责更新；REE 是芬兰统计局的基础统计数据库之一，提供包括大型企业、小型企业、当地产业活动单位、集团企业、中央和地方政府机构单位的基本信息。三个基础记录库共同构成了 2000 年芬兰人口和住房普查的主要数据源，是 SF 成功实施基于行政记录人口普查的关键所在。

四、已存在统计数据库筛选

为进一步扩宽人口普查信息的数据来源，SF 选择了三项已存在的统计数据库，与行政记录系统一并构成 2000 年芬兰人口和住房普查的数据来源。某种意义上看，统计数据库是 SF 行政过程中形成的数据库，亦可被视为一种特殊的行政记录资源。SF 选择的三项统计数据库分别是企业和机构登记记录库（register of enterprises and establishments，REE）、学生登记数据库（student register，SR）、完成教育与学位登记数据库（register of completed education and degrees，RCED)。

（一）企业和机构登记记录库[①]

企业和机构登记记录库（register of enterprises and establishments，REE）也被称为商业记录库（business register，BR）。除作为基本记录库之外，REE也直接提供企业统计信息，包括大型企业、小型企业、当地产业活动单位、集团企业、中央和地方政府机构单位的基本信息。2006年以来，农户的经济活动信息也被纳入REE。REE的数据更新主要基于四方面资料：（1）税务文件，如芬兰国家税务局的客户登记信息、企业税务数据文件（会计数据）、增值税和所得税数据文件（每月）、年度工资数据文件（年度所得税登记信息）、芬兰银行税务文件、国家关税文件、国家专利注册和登记委员会税务文件、建筑和住宅登记记录、国库文件、地方政府养老金机构文件、芬兰邮局文件；（2）专项调查资料，如多个基层单位企业（enterprises with several local KAUs）的重点调查资料（8000家企业，共计40000个基层单位）、单个基层单位企业的抽样调查资料（8000家企业）、新建企业的抽样调查资料（15000家企业）、质量抽样调查资料（5000~10000家企业）、中央政府抽样调查（880家政府机构，共计3300家当地单位）；（3）芬兰统计局其他调查的反馈信息；（4）基于估计的相关信息。

（二）学生登记数据库

SR是SF创建与负责更新的数据库之一，其集结了三大数据库信息：（1）大学生数据库（register of university students），主要提供不同类型大学的秋季在校生和秋季入学大学生的信息；（2）学生学习援助数据库（register of study aid to students），主要提供当年（包括秋季学期和春季学期）大学生所接受的学习援助信息；（3）联合选择数据库（joint selection register），主要提供当年研究机构中高水平学生的研究信息。

（三）完成教育与学位数据库

RCED是芬兰统计局基于1970年人口和住房普查数据创建的数据库之一，主要记录芬兰公民所有在国内取得的学位和大部分在国外取得的学位信息，包

[①] Laukkanen T. Use of Administrative Data in the Business Register [R]. Seminar on the Use of Administrative Sources，Paris，4-6 October 2004.

括教育程度、取得学位时间、教育机构所在地、教育机构类型、教育机构代码等。SF根据不同教育机构提供的资料进行年度更新。其中，国家研究援助中心（the State Study Aid Centre）、国家福利和健康研究发展中心（National Research and Development Centre of Welfare and Health）负责提供芬兰公民在国外获取的学位信息。

五、人口行政记录系统结构及与统计数据系统的链接途径

（一）芬兰的编码系统构成

芬兰具有统一的编码系统，对基于person的身份识别码、基于real estate的房地产识别码、基于building的建筑物识别码、基于dwelling的住宅识别码等编码规则均具有统一的规定。

1. 个人身份码

芬兰的个人身份识别码（personal identity code，PI）由三部分构成：第一部分由出生月日和出生年份的最后两位数字构成；第二部分为对所有在同一天出生的人进行的连续编码（其中男性使用奇数、女性使用偶数）；第三部分为校正码，为PI前两部分数字序列除以31得到的余数。如果余数是一个从0至9的数字，那么校正码便为该数字，如果余数是10或更大的数字，那么将使用字母代替，如10用字母A代替，11用字母B代替，以此类推。同时，为了避免混淆，I和O等字母不作为校正码。除此之外，在出生日期和编码号码之间插入了标志，如用"+"表示19世纪出生的人、用"-"表示20世纪出生的人、用"A"表示21世纪出生的人。如170575-029F表示1975年5月17日出生的人，29是奇数，表示是男性。数字序列除以31得到的余数为15，故其校正码为F。

2. 房地产识别码、建筑物识别码和住宅识别码

芬兰的房地产识别码（real estate identity code，REI）由坐落城市的编号（AAA）、村庄或城镇的地区代码（BBB）、房地产编号（CCCC）和验证码（T）四部分构成；建筑物识别码（BI）是在相应房地产编码的基础上增加建筑物编号（DDD）构成；在BI中增加入口/楼梯编码（E）、层数号码（FFF）、分层的分隔编码（F）时，住宅识别码（DI）便形成了。DI不仅在建筑物与住房登记中保存，在CPR中也被详细地登记为个人住所编码。其中，对于特定的人群，如居住在机构里的外交官，其DI由一个特殊的数字代替；

对于无家可归的人们，其住所代码只显示他们的居住地而不包括建筑物或者住宅。

芬兰的 DI 可用来识别每一个住宅单元。其中，用于描述每一个居民寓所的公寓识别码（HI）是由一个连续的在 001~799 范围内的数字构成，在同一个房地产内的所有建筑物使用同一个房地产编码，在同一个房地产内的所有楼盘都使用同一个房地产和建筑物编码；同样地，对营业场所的编码具有相同的结构，但连续编码识别的前提是其在一个独立的范围之内，即从 800 至 999；别墅使用与建筑物相同的编码结构，但使用的数字不同于住宅建筑。

3. 商业身份码

芬兰相关法律规定，新成立的法人单位必须拥有商业身份码以作为开始经济活动的象征。商业身份码（business identity code，BIC）由一系列数据和一个校正码构成。校正码的计算是根据序列号的第一位数字（从右往左）乘以 2、第二位数字乘以 4、第三位数字乘以 8、第四位数字乘以 5、第五位乘以 10、第六位乘以 9、第 7 位乘以 7 计算出的所有数字相加除以 11 得到。如果余数为 0，那么校正码为 0；如果余数大于 1，那么校正码就是 11 减去余数得到的差；如果余数是 1，那么校正码将会闲置而不使用任何数字代替。

（二）行政记录系统与统计数据系统的链接

行政记录系统和已存在统计数据系统的结构如图 3-1 所示。总体上看，2000 年芬兰人口和住房普查的行政记录系统由"以 CPR 为主，TTR、RJA、RP、CR 等共计 30 余种行政记录为辅"的"多对一"结构的基本记录库、由 DBR 直接构成的独立结构基本记录库、由 REE 直接构成的独立结构基本记录库构成；已存在的统计数据系统由 CEDR、REE 和 SR 构成。

基于链接单元和各种识别码，行政记录系统内部及行政记录系统与已存在统计数据系统实现了链接。链接单元包括个人、家庭、住户、建筑物（包括夏季别墅）、住宅（包括经营场所）、企业和机构。识别码包括个人身份识别码（PI）、建筑物识别码（BI）、住宅识别码（DI）、公寓识别码（HI）、企业识别码（EI）、组织机构识别码（OLUI）。行政记录系统内部及其与已存在统计数据系统之间的链接结构如图 3-2 所示。

其中，"1"表示所有住宅都通过 BI 实现与建筑物的链接，BI 由人口登记中心维护并提供相应单元的地理坐标；"2"表示经营场所和建筑物通过 BI 实现链接；"3"表示芬兰统计局基于 DI 和 PI 识别住户和家庭，个人和住宅通过 DI 实现链接；"4""5"表示个人和企业、个人和机构通过 EI、OLUI 实现链

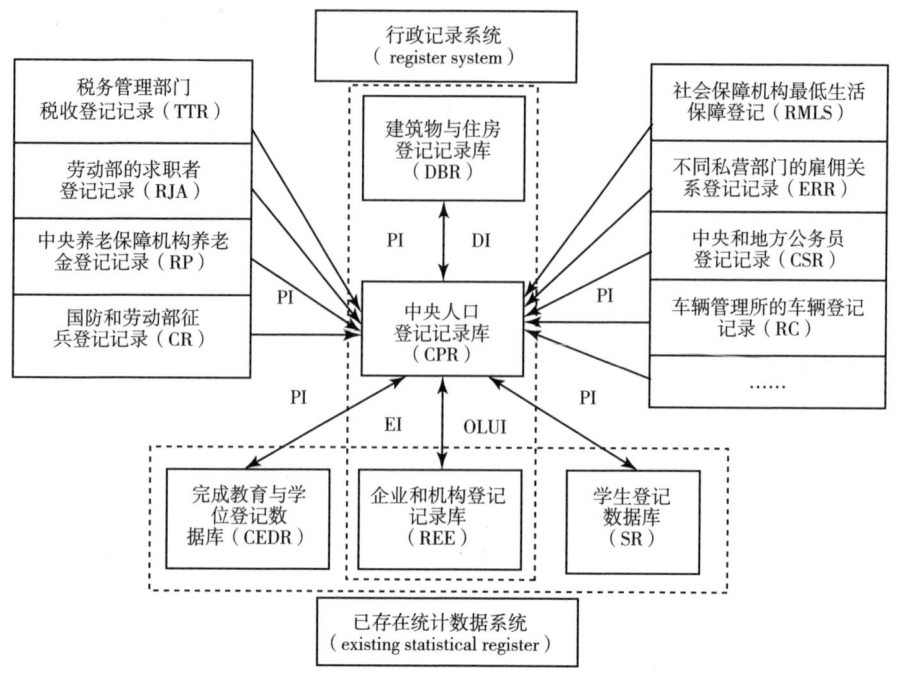

图 3-1 芬兰行政记录系统和已存在统计数据系统结构

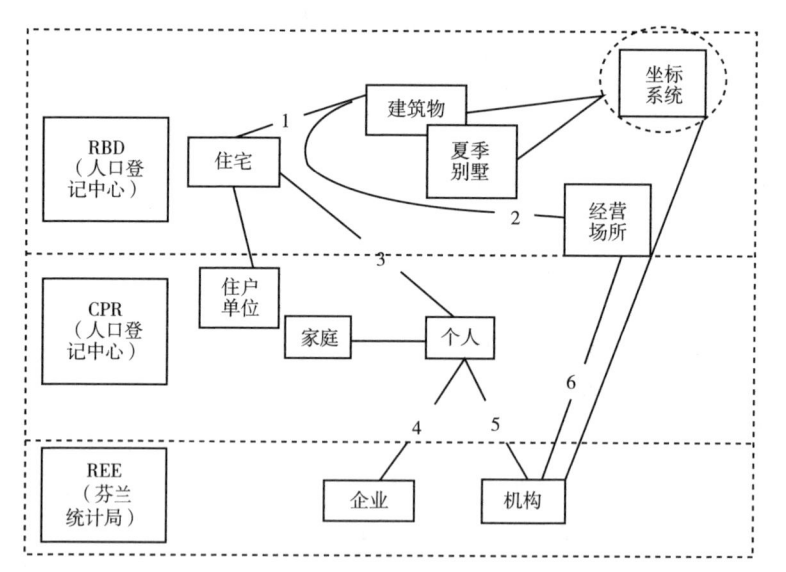

图 3-2 芬兰行政记录系统内部及行政记录系统与已存在统计数据系统之间的链接结构

接；"6"表示经营场所和机构通过 OLUI 实现链接。同时，通过居住地址和工作地址便能实现个人和建筑物、个人和企业的链接。另外，所有的链接单元都被设定了地理坐标，通过坐标定位可较轻松地形成区域人口和住房统计信息。

六、人口普查统计信息的获取与质量评估

表3-4描述了芬兰2000年人口和住房普查的各项数据来源。由于具有较充足的行政记录资源和较高的数据质量，2000年人口和住房普查的绝大部分数据直接源自CPR、DBR和REE三大基本记录库。其他行政记录库和统计数据库提供了部分经济数据、部分特殊身份居民的基本数据和居民的教育数据。

表3-4　　　　芬兰2000年人口和住房普查各项数据获取来源

普查项目	数据来源	数据所属部门及机构
人口基本数据	CPR	各地登记机构和人口登记中心
住房数据 建筑物数据 夏季别墅数据	DBR	各地登记机构和人口登记中心
经济数据	REE	芬兰统计局
完成教育数据	CEDR	芬兰统计局
个人收入数据	TR	芬兰税务管理部门 国家专利注册和登记委员会
失业者个人数据	RJA	劳动部 社会公共服务部门
退休职工基本数据	PR	中央养老保障机构 市养老机构 社会保险机构
参与服役和拒绝服役个人数据	CR	国防部和劳动部
教育机构学生数据	SR	芬兰统计局

（一）1970~1990年的普查质量评估

自1970年将行政记录数据引入人口和住房普查以来，SF一直致力开展普查过程的质量控制与普查结果的质量评估工作。较早期的普查质量评估主要针对普查结果，较常用的方法是"数据比对法"，即采用非普查数据与普查数据的比较来判断普查结果的质量高低。如针对1975年的第一次临时人口普查，

SF 运用"行政记录比对法"对普查覆盖范围进行评估。评估结果显示，临时人口普查存在"覆盖不全"的误差，CPR 的覆盖范围更广；针对 1980 年的人口和住房普查，SF 同样运用"行政记录比对法"对普查结果进行质量评估。SF 将基于普查的 20 个直辖市人口经济活动数据与基于行政记录的对应城市人口经济活动数据进行了较为详细的比对。结果表明，两者呈现惊人的一致性；针对 1985 年第二次临时人口普查，SF 运用行政记录数据填补普查数据中的缺失值，极大地减少了回访（call-backs）工作，有效扩大了人口普查的覆盖面，提升了普查数据质量。同时，基于全国、地区和城市三个维度，SF 就居民的主要活动类型和产业现状，对普查结果和行政记录数据展开了较为详尽的比较。另外，SF 还对劳动力普查结果和同期劳动力调查（labour force survey, LFS）结果进行了较充分的比对（见表 3-5）。二者之间较小的差异表明，1985 年临时人口普查的数据质量较高。

表 3-5　　　　1985 年临时人口普查劳动力数据与 LFS 数据比较

劳动力类型	男性 行政记录数据	男性 普查数据	差异（%）	女性 行政记录数据	女性 普查数据	差异（%）
劳动力（labour force）	1272532	1262641	0.8	1179719	1153350	2.3
被雇佣（employed）	1198532	1186833	1.0	1113524	1089988	2.1
工资和薪金收入者	1015546	991736	6.2	975337	964400	1.1
自雇佣者	182986	195097	-6.2	138187	125588	10
失业者（unemployed）	74066	75772	-2.3	66195	63332	4.5
非劳动力（outside the labour force）	618867	628824	-1.6	888065	914434	-2.9

资料来源：Statistics Finland. Quality Control in Finnish Censuses in 1970-2000 [R]. Economic Commission for Europe Statistical Commission, Conference of European Statisticians, Joint UNECE/Eurostat Meeting on Population and Housing Censuses, Item 2 of the provisional agenda, Eleventh Meeting Geneva, 13-15 May 2008.

（二）1990 年以来的人口和住房普查质量评估

1. 广泛质量调查（extensive quality survey）

1990 年以来，为评估完全基于行政记录人口普查结果的准确性，SF 开展了一项广泛质量调查。作为专门组织开展的质量评估调查，SF 基于住宅抽样框随机抽取了2%的住宅构成样本，最终样本由被选中房产中的23000幢建筑物、共45000户住户中的96000人构成。SF选择了劳动力活动类型数据对基于行政记录的普查结果和专项质量调查结果进行了比较，如表3-6所示。

尽管二者之间存在一定的差异，SF认为基于行政记录的人口普查结果可能更为准确。

表3-6　　　　1990年人口普查劳动力数据与抽样调查数据比较

劳动力活动类型（15~74岁）	1990年普查	抽样调查	差异
总数（total）	3751200	3751800	-600
被雇佣（employed）	2332200	2305700	26500
失业者（unemployed）	141000	148800	-7800
学生（student）	329000	362600	-33600
养老金领取者（pensioner）	757000	766200	-9200
征兵入伍者（conscript）	28000	24000	4000
其他	164000	144500	19500

资料来源：Statistics Finland. Quality Control in Finnish Censuses in 1970-2000 [R]. Economic Commission for Europe Statistical Commission, Conference of European Statisticians, Joint UNECE/Eurostat Meeting on Population and Housing Censuses, Item 2 of the provisional agenda, Eleventh Meeting Geneva, 13-15 May 2008.

2. 变化情况核查（checking for change）

由于较多行政记录信息采用年度更新，新更新的数据质量将会对行政记录系统的整体质量带来较大影响，SF还专门开发了一个核查系统（checking system），用于对行政记录系统的更新信息进行质量评估。核查系统的工作原理是对行政系统中的变量预先设置一系列判断标准，当新更新数据相对于原有数据的变化特征达到或超过设定标准时，系统便会发出核查通知（notification），以提醒SF进行数据准确性核查。比如，SF针对某个行业的从业人数设定了年度变化率不超过10%的标准，一旦核查系统发现经年度更新后的某个城市某个行业从业人员的增长率超过10%，便发出核查警告通知。接着，SF便需对该记录项目及相关的链接行政记录进行核查，对数据变化的原因进行分析。当因员工与企业的错误链接致使行政记录项目数据出现异常变化时，核查系统的重要性便被凸显。

3. 纵向数据文件（longitudinal data files）

SF 将所有基于年度更新的行政记录统一编纂成一个纵向数据文件（longitudinal data file），运用纵向数据文件内部的匹配关系对行政记录数据质量进行评估。较常用的匹配关系包括退休人员数与新增领取退休金人数、新增失业人数与新增领取失业救济金人数、休产假女性人数与转而从事家务劳动的女性人数等。SF 指出，纵向数据文件（longitudinal data file）是考察居民国际迁移平衡情况的良好依据，也是判断新移民进入劳动力市场数量的有效资料。

4. 常规劳动力调查

除开展广泛质量调查、变化情况核查、纵向数据文件比对外，SF 还通过每年一度的劳动力调查（labor force survey，LFS）对人口普查结果进行比较与评估，即我们所说的"常规调查比较评估法"。LFS 是 SF 开展的较大规模的年度抽样调查，通过比较普查就业数据和劳动力的调查数据可以评估基于行政记录人口普查的数据质量，因为两者对于劳动力的定义是一样的，而两者对于个人层面上的差异则源自数据收集方法的不同。同时，人口登记中心是 SF 调查地址数据的唯一来源，一年一度的 LFS 从 1998 年开始就涉及从人口登记中心获取的地址数据的质量问题。通过验证发现，1998 年 96.8% 的受访者表示其在人口登记中心登记的地址是正确的，2010 年这一比例则提升至 98.4%。

第二节　"斯洛文尼亚式"人口普查方法经验探索

一、独立后第一次普查：2002 年人口、住户和住房普查

斯洛文尼亚境内的第一次人口普查可追溯至 1857 年。其后，作为奥匈人口普查（Austria-Hungary population censuses）的构成部分，斯洛文尼亚分别于 1869 年、1880 年、1890 年、1900 年和 1910 年实施了五次人口普查。在两次世界大战期间，斯洛文尼亚分别于 1921 年和 1938 年开展了两次人口普查。第二次世界大战以后，作为南斯拉夫社会主义联邦共和国的一个加盟共和国，斯洛文尼亚分别于 1948 年 3 月 15 日、1953 年 3 月 31 日、1961 年 3 月 31 日、1971 年 3 月 31 日、1981 年 3 月 31 日、1991 年 3 月 31 日实施了六次人口普查。1991 年 6 月 25 日，斯洛文尼亚脱离南斯拉夫联邦共和国成为一个独立的

共和国，政权的独立引致了一系列改革，有关人口普查方法制度的改革也悄然拉开了序幕。

2002 年的人口、住户和住房普查（census of population, households and dwellings）是斯洛文尼亚成为独立主权国家后实施的第一次普查。与 1991 年普查相比，2002 年普查的相关法律规定和实施过程更为复杂[①]。（1）对人口普查对象进行了调整。2002 年的人口普查将所有暂时居住在斯洛文尼亚的居民纳入普查对象，排除了离开斯洛文尼亚一年以上的居民（不论其是否拥有斯洛文尼亚的永久居留权）。（2）增加对子总体的专项调查。2002 年普查增加了对所有农户的专项调查。（3）融资方式备受争议。根据 2000 年斯洛文尼亚颁布的《普查法》（Census Act），2002 年的普查费用将以融资的方式支付。以融资方式筹措普查实施费用的决议激起了广大公众对数据隐私泄露的担忧。（4）是否涉及敏感性问题争论激烈。2002 年普查项目是否需要涉及宗教信仰、民族/国家认同等敏感性问题，引起了政府各界和广大公众的激烈争论。（5）普查时间被迫延迟。受制于国内的政治条件和公众争议，本应于 2001 年实施的人口普查被迫推迟。

争论双方最终妥协，有关宗教信仰、民族/国家认同等敏感问题将被设置成非强制性问题（nonobligatory questions），并仅对 15 岁及以上居民提问。据此，为体现这些新变化和反映新要求，2000 年颁布的《2001 年斯洛文尼亚共和国人口、住户和住房普查法》（Act on the Census of Population, Households and Dwellings in the Republic of Slovenia in 2001）和 2001 年颁布的《国家统计法》（National Statistics Act）被一一修订。

2002 年普查分人口普查、住户普查和住宅普查三个子普查，由斯洛文尼亚共和国统计局（Statistical Office of the Republic of Slovenia, SORS）统一组织，于 3 月 31 日午夜同时开始实施，并独立进行数据的收集。具体来看，人口普查项目主要基于行政记录数据搜集，SORS 从中央人口登记册（central population register）、常住人口登记册（permanent population register）、空间单位登记册（register of spatial units）、就业统计登记册（statistical register of employment）、斯洛文尼亚商业登记册（business register of slovenia）、斯洛文尼亚就业服务登记册（unemployment register of the employment service of slovenia）、养老保险数据库（pension and disability insurance database）、学生和毕业生的统

[①] 1991 年人口、住户和住房普查是基于南斯拉夫联邦的统计制度和调查方法而实施。尽管当 SORS 处理普查数据时，斯洛文尼亚已宣布独立，但实施普查方法的改革显然为时已晚。

计调查数据（statistical survey data on students and graduates）及 1991 年人口普查数据（1991 census data）等 10 多种行政记录和统计调查数据中获取了人口基本信息并预先填入调查问卷。预先填写的普查项目包括：性别、出生地点、最后迁移、普查前一年居住地址，出生后的第一居住地、公民身份、婚姻状况、教育领域、教育程度、教育地点、就业状况、职业、工作岗位、工作时间和工作地点等[1]；住户普查和住房普查仍然基于传统的"面对面"的现场调查获取数据，针对不同问卷采用被调查者自填法（self-enumeration）和统计员代填法获取信息。

因此，从普查的组织方式上来看，2002 年斯洛文尼亚人口、住户和住房普查属于"行政记录调查+传统普查"的"组合模式"的普查。

二、2011 年人口、住户和住房普查基本情况

2011 年的人口、住户和住房普查是斯洛文尼亚独立后实施的第二次普查，也是其加入欧盟后实施的第一次普查。SORS 详细比对了传统模式普查和"完全模式"普查的特征，认为后者具有七方面的优势：（1）不需要大量的普查人员；（2）不存在受访者负担；（3）可显著节省财政预算（预计可节省 1000 万欧元的财政预算，成本约为传统模式的 10%）；（4）不需要雇佣额外人员（仅需统计专家和 IT 专家参与普查工作）；（5）更高的数据质量（能提供一个统一的、可控的质量控制方法）；（6）更短的数据处理时间（数据处理系统中的输入数据是预先设定的，可缩短数据处理时间，以更快的速度向用户提供数据）；（7）可大幅缩短普查周期（与每 10 年实施一次的传统人口普查相比，可大幅缩短普查周期）[2]。同时，基于 2008 年 7 月 9 日欧盟议会（European Parliament and the Council）的相关规定，SORS 决定尝试基于已存在的、不同类型的行政记录和统计数据"生产"有关 2011 年人口、住户和住房普查的全部信息，即开展"完全模式"的人口、住户和住房普查。至此，斯洛文尼亚成为欧盟国家中继丹麦、芬兰、荷兰、冰岛、比利时、瑞典、挪威和奥地利之后第 9 个实施"完全模式"普查的国家。

---

[1] Josipovič D. Slovenia and the Census: From the 20 Century Yugoslav Counts to the Register-based Census of 2011 [J]. *Contemporary Southeastern Europe*, 2015, 2 (2): 159–175.

[2] Dolenc D., Miklič E. Register-based Census of Population, Households and Housing, Slovenia, 1January 2011: Methodological Explanation [R]. 2014. http://www.stat.si/StatWeb/Common/PrikaziDokument.ashx? IdDatoteke = 8033.

根据《欧盟法规》(Regulation No 763/2008)、《国家统计法》(National Statistics Act)、《2008~2012年中长期统计调查计划》、《2011年度统计调查计划》、《个人数据保护法》(Personal Data Protection Act)的要求与保障，SORS组织实施了第一次完全基于行政记录的"人口、住户和住房普查"，其基本情况如表3-7所示。普查对象为"所有常住人口、住户和居民住房"。其中，常住人口是指在斯洛文尼亚居住（或打算居住）一年及以上的所有人口，而不论其是否具有永久居留权[①]；住户包括私人住户以及机构住户；居民住房包括居民住房、集体宿舍以及其他住房单位。普查标准时点为2011年1月1日零时[②]；整个普查被分为三个部分，即人口普查（census of population）、住户和家庭普查（census of household and families）和住房普查（census of household and dwellings）。其中，人口普查内容分人口特征、移民、经济活动、教育数据四个方面，涉及性别、年龄、法定婚姻状况、活着出生的孩子个数、国籍、常住地、出生地、是否曾经在国外居住、到达斯洛文尼亚的年份、之前的常住地、上一次搬迁的年份、父母的移民状况、移民背景、活动状况、就业状态、职业、行业、产业、规模等级、部门类型、工作场所、受教育程度及学历水平等项目；住户和家庭普查内容分住户和家庭两方面，涉及与户主关系、住户类型、住户规模、家庭类型、家庭规模、家庭状态、家庭地位等项目；住房普查内容分住房和共用住宅两方面，涉及住房类型、住房位置、住房安排、所有权类型、实际面积、房间数目、厨房、电力供应、管道煤气、供水系统、厕所措施、洗浴措施、污水处理、加热方式、建筑物类型、楼层数、电梯、建筑材料、建筑时间、公用住宅（如学生公寓及监狱等）占用情况、居住人数、户数、季节性或二次使用等项目[③]。

[①] 根据此定义，构成2011年斯洛文尼亚"人口、住户和住房普查"对象的居民包括三类：(1) 将永久住所登记在斯洛文尼亚且居住（或打算居住）一年及以上的居民；(2) 将暂时住所登记在斯洛文尼亚且暂住满一年及以上居民；(3) 将永久住所和临时住所均登记在斯洛文尼亚且住满一年及以上居民。同时，拥有永久居留权但离开斯洛文尼亚一年以上的居民被排除在普查对象之外。

[②] SORS将普查标准时间调整至1月1日零时（而不是传统的3月31日零时）是出于四方面考虑：(1) 传统人口普查选择于3月份实施是出于3月份天气较适宜开展面访调查的考虑；(2) 将普查时间调整成1月1日便于开展普查信息的年度比较；(3) 行政记录资源的更新时间往往设在日历年末；(4) 便于开展普查信息的国际比较，较多其他欧盟国家的普查时点设在12月31日零时。

[③] 需要指出的是，SORS在2011年人口、住户和住房普查中区分了家庭住宅（household dwelling）和房客（housekeeping）的概念。其中，前者是指一个家庭占用一个住房单位，而后者是指两个或两个以上家庭共享一个住宅。芬兰使用的是前一个概念；在斯洛文尼亚，很多家庭同住在同一个住宅（大部分是独立的房子）是较为普遍的现象，因此，SORS使用后一个概念。

表3－7　　斯洛文尼亚2011年人口、家庭和住房普查基本情况

普查名称	普查标准时点	普查对象	普查内容
人口、家庭和住房普查	2011年1月1日零时	所有常住人口	第一部分：人口 (1) 人口基本特征（demographic characteristics）：性别、年龄、法定婚姻状态（legal marital status）、事实婚姻状况（de facto marital status）、活产孩子（live born children）、国籍（citizenship）、常住地（usual residence） (2) 移民（migration）：出生地、是否曾经在国外居住、到达斯洛文尼亚的年份、之前的常住地、上一次移民的年份、父母的移民状况、移民背景 (3) 经济活动（activity）：活动状态、就业状况、职业、行业、产业、规模等级、部门类型、工作场所 (4) 教育（educational attainment）：受教育程度
		所有住户	第二部分：住户和家庭 (5) 住户（households）：与户主关系、住户类型、住户规模等 (6) 家庭（families）：家庭类型、家庭规模、家庭状况、家庭地位
		所有住房	第三部分：住房数据 (7) 住房（dwellings and equipment）：住房类型、住房位置、住房安排、所有权类型、实际面积、房间数目、厨房、电力供应、管道煤气、供水系统、厕所措施、洗浴措施、污水处理、加热方式、建筑物类型、楼层数、电梯、建筑材料、建筑时间 (8) 公用住宅：居住情况、居住人数、户数、密度标准、季节性或者二次使用

三、人口行政记录类型和基本记录库筛选

（一）人口行政记录类型选择

为构建人口、住户和住房普查的行政记录系统，SORS遵循"单位准匹配"原则选择了内政部（Ministry of the Interior）的中央人口登记记录（central population register，CPR）、外国人登记记录（register of foreigners，RF）和住户登记记录（household register，HR），测绘局（Surveying and Mapping Authority of the Republic of Slovenia）的房地产登记记录（real estate register，RER）、空间单位登记记录（register of spatial units，RSU）、公共法律记录和相关服务机构（agency for public legal records and related services）的商业登记记录（business register，BR）、斯洛文尼亚就业服务机构（Employment Service of Slovenia）的失业人员登记记录（unemployment persons register，UPR）、国家考试中心（National Examination Center）的学生登记记录（student register，SR）、奖学金登记记录（register of scholarship，RS）、斯洛文尼亚共和国税务局（Tax Administration of the Republic of Slovenia）的个人所得税登记记录（personal income tax register，PITR）、劳动、家庭和社会事务部（Ministry of Labor, Family and Social Affairs）的社会转移登记记录（social transfer register，STR）等10多种包含人口、住户、住宅信息的行政记录资源。同时，SORS选择了部分由行政部门管理的数据库[①]，如国家考试中心（National Examination Center）的一般职业文凭考试数据库（general and vocational matura examination database）和商会考试数据库（chamber's examination databases），养老金和残疾保险协会（Pension and Disability Insurance Institute）的养老金受益人数据库（database on beneficiaries of pensions），健康保险协会（Health Insurance Institute of Slovenia）的社会和健康安全数据库（social and health security database），斯洛文尼亚就业服务机构（Employment Service of Slovenia）的失业者数据库（unemployment database）等，共同构成普查信息的补充数据来源。

（二）基本记录库选择

构成2011年斯洛文尼亚人口、住户和住房普查行政记录系统的基本记录库有四个，分别是中央人口登记记录库（CPR）、住户登记记录库（HR）、房地产登记记录库（RER）、就业统计登记记录（statistical register of employment，SRE）。其中，前三个由内政部和测绘局管理并负责数据更新，而后一个由SORS管理并负责数据更新。

1. 中央人口登记记录库

斯洛文尼亚的CPR主要记录常住居民的基本人口信息，其可追溯至SORS于1946年创建的常住人口登记记录（register of resident population）。在1961年人口普查中，常住人口登记记录起到了较大作用，其法律基础地位亦于1965年被认可。1970年颁布的《中央人口登记记录法》（Act on the Central

---

① 该类数据库大多基于行政记录数据库创建，由相关行政部门负责管理并更新数据。

Population Register）通过了基于常住人口登记记录创建 CPR 的决议。1971 年，CPR 被正式创建。1980 年，个人身份识别码（PI）作为关键识别工具被引入 CPR。1983 年颁布的《社会信息法》（Law on Social Information）将 CPR 确认为斯洛文尼亚的基础记录库，将 PI 确认为标准识别码并推广至其他行政登记记录，如就业记录、养老保险和健康保险记录、医疗保健记录、税务记录等。1990 年，为保证人口数据的法律基础，一项十分严格的数据保护法案被采纳。1998 年，一项新的《中央人口登记法案》（Act on the Central Population Register）被通过并颁布。根据该法案，CPR 不仅纳入了一些新的变量，更将登记对象扩展至外国人。另外，CPR 还规定了更为严格的数据提供规则和数据使用规则。1998 年 8 月，根据《国家统计法》（National Statistics Act）要求，CPR 的管理权由 SORS 转移至内政部（Ministry of the Interior），SORS 仅保留 CPR 的数据使用权。

2. 住户登记记录库

斯洛文尼亚的 HR 由内政部管理和负责数据更新，主要提供有关住户和家庭的基本信息，如住户身份、住户类型、住户大小、家庭身份、家庭大小等。HR 包含四种识别码，分别是个人身份识别码（PI）、地址编码（AC）、住宅编码（dwelling number，DN）和住户编码（household number，HN）。对住户和家庭的识别可通过 HN 和 DN 的匹配来实现。事实上，斯洛文尼亚基于纸质媒介保存的住户登记信息已保留了较长时间，HR 是将 2007 年以来纸质媒介保存的住户登记信息"电子化"后形成的行政登记记录库。

3. 房地产登记记录库

斯洛文尼亚的 RER 基于 2002 年的人口、住户和住房普查数据创建，主要提供有关房地产的基本信息，如房地产的技术信息（如位置、形状、大小、土地使用等）、所有权和债权信息、价值和财务信息等。RER 由测绘局（Surveying and Mapping Authority of the Republic of Slovenia）管理和负责数据更新，目前仍在不断完善和建设中。

4. 就业统计登记记录库

斯洛文尼亚的就业统计登记记录库（statistical register of employment，SRE）是 SORS 基于常规统计调查和相关行政记录，综合统计调查数据和行政记录数据构建的统计数据库。自 1986 年起，SORS 根据健康保险协会（Health Insurance Institute of Slovenia）提供的养老金、残疾和健康保险数据予以月度更新。

四、已存在统计数据库筛选

SORS 选择了四项已存在的人口统计数据资料，与行政记录系统一并构成 2011 年斯洛文尼亚人口、住户和住房普查的数据来源。该四项已存在的人口统计数据资料包括年度出生统计调查数据（annual statistical survey on birth）、年度移民统计调查数据（annual statistical survey on migration）、季度人口统计调查数据（quarterly statistical survey on population）和 2002 年人口普查数据（census 2002）。年度统计调查是 SORS 组织实施的常规调查，其数据获取途径是传统问卷。

五、人口行政记录系统结构及与统计数据系统的链接途径

构成 2011 年斯洛文尼亚人口、住户和住房普查数据来源的行政记录类型均为"单位准匹配"型，且较大部分行政记录中所包含的链接码仅为唯一的"个人身份识别码（PI）"，因此，人口行政记录系统结构相对简单，由 HR 形成的单独结构基本记录库，REE 形成的单独结构基本记录库，RF、RJA、UPR、RPR、PITR、STR、SR、RS 等与 CPR 链接形成的"多对一"结构的基本记录库，SRE 形成的单独结构基本记录库组成。

同时，四个基本记录库中 CPR、HR 及 RER 皆涉及地址编码（AC）、住宅编码（DN），SRE 仅包含个人身份识别码（PI），如表 3-8 所示。因此，HR 和 RER 之间经由 AC 和 DN 实现链接，HR 和 CPR 之间经由 AC、DN 和 PI 实现链接，RER 和 CPR 之间经由 AC 和 DN 实现链接。人口行政记录系统与已存在的统计数据系统之间经由 PI 实现链接。特别需要指出的是，为保护居民个人隐私，斯洛文尼亚数据保护委员会在行政记录进行统计化处理之前对 PI 进行了加密处理，即将 PI 加密转化为难以识别的标识符（indefinable statistical identifier，SID）。在后续的数据处理过程中，SORS 将基于数据保护委员会提供的密匙对 SID 进行解密，而后对解密后的数据进行 SAS 处理。

2011 年斯洛文尼亚人口、住户和住房普查的行政记录系统和已存在统计数据系统结构如图 3-3 所示。

表 3-8　斯洛文尼亚行政记录中的链接编码

行政记录/统计数据类型	链接编码
中央人口登记记录（CPR）	PI、地址编码（address code）、住宅编码（dwelling number）
住户登记记录（HR）	PI、地址编码（address code）、住宅编码（dwelling number）、住户编码（household register）
房地产登记记录（RER）	地址编码（address code） 住宅编码（dwelling number）
就业统计登记记录（SRE）	PI
其他行政记录或统计数据资源	PI

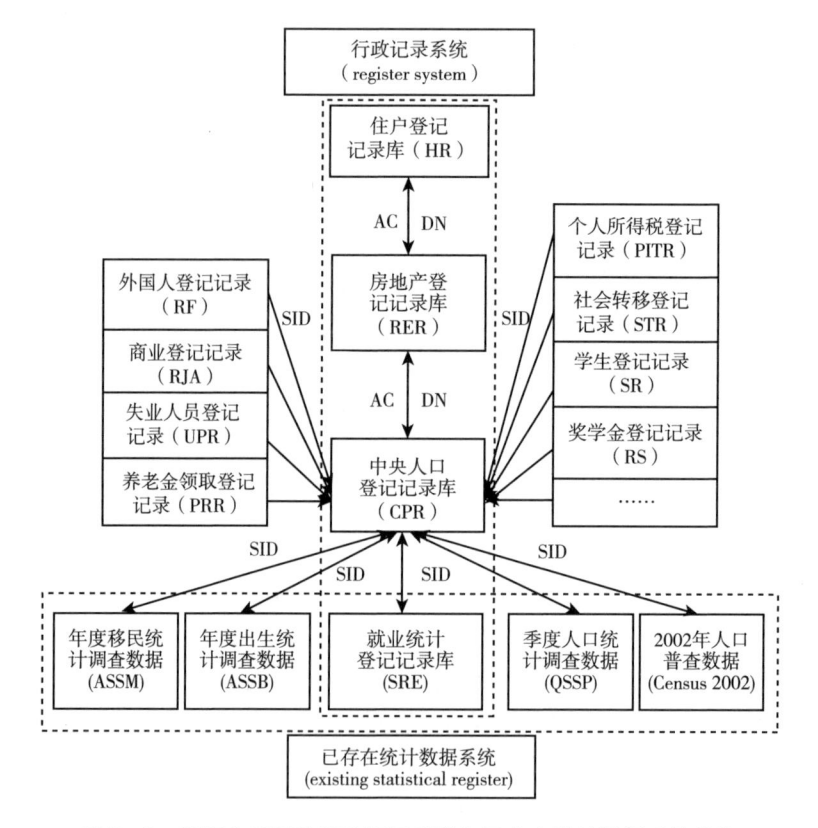

图 3-3　斯洛文尼亚的行政记录系统和已存在统计数据系统结构

六、人口普查统计信息的获取与质量评估

从 2011 年斯洛文尼亚人口、住户和住房普查的各项数据来源来看，住户

和家庭普查（census of household and families）的所有项目数据均源自 HR，住房普查（census of household and dwellings）的所有项目数据均源自 RER。相较来看，人口普查的数据来源相对分散，尤其是涉及人口的经济活动（activity）和教育（educational attainment）。表 3-9 表明，经济活动具有 8 项数据源、教育具有 9 项数据源。

对于具有多项来源的普查数据的获取，SORS 遵循层次方法（hierarchy methodology）原则，通过对不同数据源质量、及时性、可获取性、可比性的系统比对，确定不同数据源的优先级（priority），基于优先级来选择数据源。

表 3-9　斯洛文尼亚 2011 年人口、住户和住房普查各项数据来源

普查项目	数据来源
人口特征 （demographic characteristics）	1. 中央人口登记记录库（CPR） 2. 外国人登记记录（RF） 3. 2002 年普查数据 4. 年度出生统计调查数据
移民 （migration）	1. 2002 年普查数据 2. 年度出生统计调查数据（2002~2010 年） 3. 年度移民统计调查数据（2002~2010 年） 4. 季度人口统计调查数据
经济活动 （activity）	1. 就业统计登记记录库（SRE） 2. 失业登记记录 3. 学生统计调查数据 4. 奖学金统计调查数据 5. 养老金受益人数据库 6. 社会和健康安全数据库 7. 社会转移登记记录 8. 个人所得税登记记录
教育 （educational attainment）	1. 就业统计登记记录库（SRE） 2. 失业者数据库 3. 学生统计调查数据 4. 奖学金统计调查数据 5. 本科、硕士和博士研究生统计调查数据 6. 一般职业文凭考试数据库 7. 商会考试数据库 8. 中等学校入学注册数据 9. 2002 年普查数据
住户（households）	住户登记记录（HR）

续表

普查项目	数据来源
家庭（families）	住户登记记录（HR）
住房（dwellings and equipment）	房地产登记记录（RER）
公用住宅（public housing）	房地产登记记录（RER）

表3-10和表3-11分别描述了人口普查中构成个人"受教育程度（educational attainment）"和"活动状态（activity status）"数据源的优先级。按照规则，如果同一个人的教育数据存在于多个数据源中，那么最高学历便被认为是其受教育程度。同时，针对不能从8个数据源中获取受教育程度的剩余群体，其个人的受教育程度数据将源自2002年人口普查数据[①]。对于"活动状态"数据，SORS按"就业或失业人员、全日制或非全日制学生、奖学金领取者、养老保险金领取者、社会福利接受者、所得税纳税人、所有包含于健康保险系统的被保人及家庭"的顺序从8种数据源中获取。

此外，移民数据也基于优先级规则从4种数据源中获取，该4项数据源按照优先级排序分别是：（1）2002年人口普查数据；（2）年度移民统计调查数据（2002~2010年）；（3）年度出生统计调查数据（2002~2010年）；（4）季度人口统计调查数据（2010年1月1日）。妇女生育数据的4项数据源按优先级规则排序分别是：（1）中央人口登记记录（CPR）；（2）年度出生统计调查数据；（3）2002年人口普查数据；（4）户籍登记记录（HR）。

尽管存在许多数据资源，但是仍然存在缺失数据需要填补，如所有国外工作人口的职业和行业缺失数据（因为没有可供利用的资源）都要进行估算。对于缺失值的估算，SORS主要采用热卡插补法（hot-deck imputation）[②]。根据人口普查不同主题，SORS估算的数据比例分别为：活动状态（1.5%）、职业（就业人员3.9%）、职业（失业5.2%）、行业（就业3.7%）、行业（失业18.0%）、工作场所（3.8%）、教育程度（1.5%）。

[①] SORS认为，不能从8个数据源中获取受教育程度的对象往往是老年人群体，而2002年以后参与教育活动的老年人则相对较少。因此，基于2002年人口普查数据获取剩余群体的个人受教育程度数据是可行的，其数据往往是准确的。

[②] 热卡插补法（hot deck imputation）又称就近补齐，是指对于一个包含空集的对象，在完整的数据中找到一个与其最相近的值，然后用这个相似对象的值来进行填充。针对不同的问题选用不同的标准来对相似对象的值进行判定。这个方法概念简单，并且利用了数据之间的关系来进行空值估计，缺点在于难以确定相似标准，带有很大的主观性。

表 3-10　　　　　"受教育程度"数据源优先级排序

优先级	管理者	数据内容	时期
1	统计局	高等教育专业毕业生数据（本科、硕士和博士研究生统计调查数据）	1989~2010 年
2	国家考试中心	获得一般职业文凭的毕业生数据（一般职业文凭考试数据库）	2002~2010 年
3	商会（商务、工艺、贸易）	通过领班、主管职员或大师手工考试的职业中等教育数据（商会考试数据库）	2002~2010 年
4	统计局	高等教育学生入学数据（学生统计调查数据）	2003 年 3 月~2010 年 11 月
5	国家考试中心	第三个教育周期结束的国家考试数据（中等学校入学注册数据）	2006~2010 年
6	统计局	国家奖学金领取者数据（奖学金统计调查数据）	2006~2010 年
7	统计局	个人教育水平数据（就业统计登记记录库）	1986~2010 年
8	就业服务机构	失业人员教育水平数据（失业者数据库）	2011 年 1 月 1 日
9	统计局	最高教育水平或培训课程数据（2002 年人口普查数据）	2002 年 3 月 21 日

表 3-11　　　　　"活动状态"数据源优先级排序

优先级	管理者	资源内容	时期
1	统计局	就业统计登记库（SRE）：（1）包括在强制性社会保险当中的从事临时或临时合同工作的人、个体经营者和农民；（2）派遣工人（受雇于斯洛文尼亚，但派遣到国外工作或培训）；（3）在国外保险机构投保但包含于斯洛文尼亚医疗保障系统的雇佣者及个体经营者	2010 年 12 月 24 日~12 月 31 日
2	就业服务机构	失业登记记录	2011 年 1 月 1 日
3	统计局	学生统计调查数据：在职业和专业高等教育机构中的全日制和非全日制学生	学术年 2010 年/2011 年

续表

优先级	管理者	资源内容	时期
4	统计局	奖学金统计调查数据： 高中和高等教育中国家奖学金的领取者	2011年1月1日
5	养老保险和伤残保险协会	养老金受益人数据库： 老年、残疾、国家退休金领取者	2011年1月1日
6	健康保险协会	社会和健康安全数据库： 在健康保险中的投保人及其家庭成员	2011年1月1日
7	劳动、家庭和社会事务部	社会转移登记记录： 社会和其他援助和福利的领取者	2010年
8	税务局	个人所得税登记记录： 所得税纳税人	2010年

SORS 仅运用"常规调查比较评估法"即运用劳动力调查（labor force survey，LFS）对人口普查结果进行质量评估。与 SF 相比，SORS 所采用的质量评估方法相对单一。

第三节 "奥地利式"人口普查方法经验探索

一、奥地利人口普查：从传统调查到完全模式的突变

奥地利具有十分悠久的人口普查历史，其现代意义上的人口普查被认为始于 1869 年[①]。不同于以往普查的"军事目的"倾向和"财政目的"倾向，1869 年奥地利人口普查的实施初衷主要是满足政府的管理需求。因此，年龄、性别、宗教、婚姻状况、职业/活动等项目被纳入普查内容，诸如目前人口（present population）、缺席人口（absent population）、本地人口（native population）、外国人口（foreigner）等一系列统计概念也被详细界定与分类统计。此次普查由中央政府和地方政府合作展开调查，地方政府负责普查问卷的发放与回收，中央政府则负责数据的处理和普查结果的发布。在 1880 年、1890 年、1900 年和 1910 年实施的人口普查中，普查项目被不断拓展。同时，纸质调查

---

① 所谓"现代意义上的人口普查"是指在同一时点采用统一的原则对全国范围内的所有居民展开调查的组织形式。

问卷逐渐被带孔卡片取代,人工计数也逐渐被换成电子计数机(electric counting machines)计数,普查工作的整体效率不断提升。

由于第一次世界大战的影响,本应于1920年组织实施的人口普查被延迟至1923年。然而,由于未能搜集到有关战俘和在国外度假孩子的准确信息,此次人口普查结果被严重低估。1934年,奥地利实施了"一战"后的第二次人口普查,普查对象被调整成常住人口;由于被德国吞并,1939年实施的人口普查实属德国人口普查的一部分,因受不同经济分类标准和区域分类标准的影响,此次普查结果并不具有历史可比性。

1950年,奥地利颁布了《人口普查法》(Census Law),并于1951年实施了第二次世界大战爆发后的第一次人口普查。由于人口普查法并未涉及住户普查和住宅普查的相关规则,住户和住宅的相关信息并未纳入此次普查项目。在1961年的普查中,普查对象进行了拓展,"住户"和"住宅"被列为与"个人"并列的普查单位,诸如工作地点等反映居民活动状态的项目也被首次纳入普查内容。1971年的普查更是充分运用了当时的电子信息技术,不仅住户名单(household lists)被机器可读的个体形式(machine-readable individual forms)所替代,普查信息也被电子化处理并以电子文档方式储存。

1980年,奥地利议会颁布了新的普查法。在1981年的普查中,普查对象被进一步拓展,除"个人""住户""住宅"之外,"当地就业单位"也被覆盖;1991年,奥地利实施了新普查法颁布后的第二次普查。随着传统普查的缺点日渐凸显,奥地利政府决定尝试开展新的普查模式,在其批准2001年的普查经费预算之时便声称"2001年人口普查将是最后一次传统的普查形式"①。当然,尽管2001年的人口普查仍然遵循传统的普查模式,但扫描仪、识别软件等电子设备和先进技术的引入使得普查的整体效率得到提升。

为加快推进普查模式的改革,奥地利于2001年专门成立了植入行政记录人口普查(register-based census)的研究工作小组。工作小组认为植入行政记录的人口普查具有5项优势:(1)普查成本相对低;(2)普查结果可以较快获取;(3)普查对象没有任何回答负担;(4)普查项目可基于已存在行政记录资源获取;(5)普查周期可缩短为5年。工作小组基于对奥地利行政记录资源的充分分析后认为,2011年奥地利已具备实施完全基于行政记录人口普查的基本条件。2001年,奥地利颁布了专项法律《基于行政记录的普查法》

---

① Bauer A., Statistics Austria. Population Statistics IPUMS-Europe Country Report [R]. Austria, users. hist. umn. edu/~rmccaa/ipums.../austria_ipumsi_report. pdf.

(Register-based Census Law),为 2011 年实施完全基于行政记录的人口普查奠定了法律基础。2006 年 10 月 31 日,奥地利专门实施了基于行政记录人口普查的试普查(register-based test census,RTC),试普查的大获成功为 2011 年实施完全基于行政记录的人口普查奠定了实践基础。

二、2011 年人口、住房和企业普查基本情况

2011 年,奥地利统计局(Statistics Austria,SA)基于《国家统计法》(National Statistics Law)、《基于行政记录的普查法》(Register-based Census Law)、《电子政务法》(E-Government Law)、《数据保护法》(Law on Data Protection)四大法案的强力支撑,组织实施了奥地利历史上第一次完全基于行政记录的人口、住房和企业普查,其基本情况如表 3-12 所示。整个普查分三个主题开展,分别是人口普查(population census)、建筑物与住房普查[housing (buildings and dwellings) census]、企业与当地就业单位普查(census of enterprises and their local unit of employment)。其中,人口普查的标准时点是 2011 年 10 月 31 日零时;普查对象为奥地利所有常住人口(resident population),即在中央人口记录库中登记且具有主要居住地的居民[1]。与 2001 年人口普查内容相比,由于现有的行政记录资源尚未涉及口语(colloquial language)、宗教(religion)、种族(ethnicity)等部分人口基本特征信息,旅行持续时间(duration of the journey)、交通工具(means of transport)等部分人口出行特征信息,因此,2011 年人口普查的内容设置相对较少,主要包括人口基本特征信息、经济活动信息、完成教育与学历信息、家庭信息和住户信息 5 部分,共计 28 个项目[2]。

---

[1] 2001 年的人口普查对象被定为常住居民,即在中央人口记录库中登记且具有主要居住地的居民。"主要居住地"被解释成居民的生活中心而不论居民是否实际居住。因此,2001 年人口普查对象既包括在奥地利登记主要居住地但实际却居住在国外的居民,也包括非奥地利籍但在奥地利登记主要住所的外国人,但寻求庇护者被排除在普查对象之外。与此相比,尽管 2011 年的人口普查对象仍被定义成常住居民,但其统计内涵与 2001 年具有较大差异。2011 年奥地利人口普查将四类个体排除在人口普查对象之外,分别是:(1)普查标准时点已经死亡但仍存在于中央人口登记库的个体;(2)在中央人口登记库中有两个及以上主要居住地的个体(保留一个);(3)普查标准时点在奥地利拥有主要居住地但登记时间少于 90 天的个体;(4)仅存在于中央人口登记(其他行政记录中不存在)且无回应的个体。SA 对仅存在于中央人口登记库的个体邮寄问卷,如果 14 天内得不到回复,则将其从中央人口登记库中删除。

[2] 2001 年的人口普查项目包括年龄、性别、国籍、出生国、宗教、口语、活的出生儿童(children born alive)、住户位置、住户类型、家庭结构、活动状况、就业状况、职业、经济部门、最高教育程度、通常交通工具、一般通勤时间(general duration of commuting)等。

表3-12　奥地利2011年人口、住房和企业普查基本情况

普查名称	普查标准时点	普查对象	普查内容
人口、住房和企业普查	2011年10月31日零时	所有常住人口	(1) 人口基本特征信息：常住地、1年前居住地、6个月后居住地、另外居所、出生日期、性别、民族、出生国家、婚姻状况、孩子出生日期（dates of birth of children） (2) 经济活动信息：劳动参与情况（labour force participation）、就业状况（employment status）、全职或兼职（full-time, part-time employment）、临时就业（marginally employed）、产假（maternity leave）、从事农业的无酬家庭工人（unpaid family workers in agriculture）、工作地点（place of work / place of employment）、失业或寻找工作（unemployed, job seeking）、报名学生和学生、学习专业、学校地址（enrolment of pupils and students, field of study, address of school / university）、军方和非正式民用服务（military and alternative civilian service）、养老金领取者（pensioner） (3) 完成教育与学历信息：最高学历、主修专业 (4) 家庭信息：家庭规模、家庭成员、家庭状况 (5) 住户信息：机构住户/私人住户（institutional/ private household）、住户规模
		所有建筑物和住房	略
		所有企业和当地就业单位	略

三、人口行政记录类型和基本记录库筛选

（一）人口行政记录类型选择

为构建人口、住房和企业普查的行政记录系统，SA遵循"单位准匹配"原则选择了15种不同类型的行政记录，包括联邦内政部（Federal Ministry of the Interior）的中央人口登记记录（central population register，CPR）、社会保险运营商协会（Main Association of Social Insurance Carriers）的中央社会保障登记记录（central social security register，CSSR）、劳动市场服务办公室（Labour

Market Service Office）的失业登记记录（unemployment register，UR）、奥地利税务局（Austria Tax Authority）的税收登记记录（tax register of austria，TR）、奥地利统计局的教育程度登记记录（register of educational attainment，EAR）、学生和入学学生登记记录（register of enrolled pupils and students，REPS）等。另外，还选择了由其他相关行政部门和地方政府部门管理的多种行政记录，如儿童津贴登记记录（child allowance register，CAR）、外国人中心登记记录（central foreigner register，CFR）、联邦政府公务员登记记录（registers of public servants of the federal state and the länder，RPS）、汽车车主登记记录（register of car owners，RCO）、社会福利领取登记记录（register of social welfare recipients，RSWR）、征兵登记记录（conscription register，CR）和非正式民用服务登记记录（register of alternative civilian service，RACS）。

（二）基本记录库和比较记录库区分

SA将行政记录区分为两类：基本记录库（base registers）和比较记录库（comparison registers）。其中，基本记录库共计7个，分别是EAR、CPR、CSSR、UR、TR、企业和当地就业单位登记记录（business register of enterprises and their local units，BRE）、建筑物和住房登记记录（housing register of buildings and dwellings，HR）；比较记录库共计8个，分别是CAR、CFR、REPS、RPS、RCO、RSWR、CR和RACS。

基本记录库和比较记录库具有截然不同的功能。基本记录库除提供人口普查中的常住人口总数、建筑物与住房普查中的建筑物与住房总数、企业普查中的当地企业和就业单位总数之外，还将为三个普查几乎所有的普查项目提供数据来源。相比之下，比较记录库主要履行交叉检验（cross checks）和验证（validation）功能。当某一普查项目既可从基本记录库获取数据又可从比较记录库获取数据，即具有多项数据源时，可用比较记录库的数据与基本记录库的数据进行比对与验证。伦克（Lenk，2008）的研究表明，这种冗余原则（principle of redundancy）的运用将有助于提高普查数据质量[①]。同时，由于不同基本记录库之间可能存在信息的重复性，基本记录库也将充当其他基本记录库的"比较记录库"，提供交叉检验和验证功能。

[①] Lenk M. Methods of Register-based Census in Austria（Tech. Rep.）[R]，2008.

四、bPIN 与行政记录系统结构

（一）特定部门的个人识别码（bPIN）

奥地利成立了数据保护委员会（Data Protection Commission，DPC），专门负责个人数据在使用或传输过程中的隐私保护工作。与其他欧洲国家相比，奥地利对个人隐私的保护做得更加到位。为保护行政记录数据资源在电子政务系统的传输过程中不被泄露，DPC 基于行政管理部门的分工对 CSSR、UR、TR、EAR 等不同类型的行政记录分别设置了"特定部门的个人识别码（branch-specific PIN，bPIN）"，如 bPIN-CSSR 是 DPC 为中央社会保障登记记录设置的识别码、bPIN-UR 是 DPC 为失业登记记录设置的识别码、bPIN-TR 是 DPC 为税收登记记录设置的识别码等。

当不同行政部门向 SA 传输行政记录资源，以构建人口、住房和企业普查的行政记录系统时，SA 对不同行政记录数据资料使用权的获取过程就比较复杂了。首先，SA 和社会保险运营商协会、劳动市场服务办公室等行政部门一并向 DPC 发起识别码设置请求，即向 DPC 发送登记单位的姓名、出生日期、出生地点、地址等基本信息。其次，DPC 根据申请部门及登记单位基本信息形成具有加密程序的识别码 bPIN-OS*、bPIN-CSSR*、bPIN-UR* 等，并将具有加密程序的识别码发送回 SA、社会保险运营商协会、劳动市场服务办公室等相关行政部门[①]。需要说明的是，DPC 将 CPR 中的个人识别码设为原始识别码（source-PIN），bPIN-CSSR、bPIN-EAR 等特定部门的识别码均基于 source-PIN 和加密程序形成。再次，SA 将 bPIN-OS* 发送至社会保险运营商协会、劳动市场服务办公室等相关行政部门，并接受行政部门发回的具有加密程序识别码的行政记录，即 bPIN-OS* + bPIN-CSSR* + CSSR 和 bPIN-OS* + bPIN-UR* + UR。最后，SA 向 DPC 提请解密而最终获得 CSSR 和 UR 数据资料的使用权。SA 对不同行政记录数据资料使用权的获取过程如图 3-4 所示。

（二）行政记录系统结构

与芬兰和斯洛文尼亚相比，奥地利人口、住房和企业普查的行政记录系统

[①] bPIN OS 是 DPC 设置的专门用于统计目的的识别编码。在对不同行政记录的匹配过程中，SA 常将 bPIN OS 视为共同匹配变量。

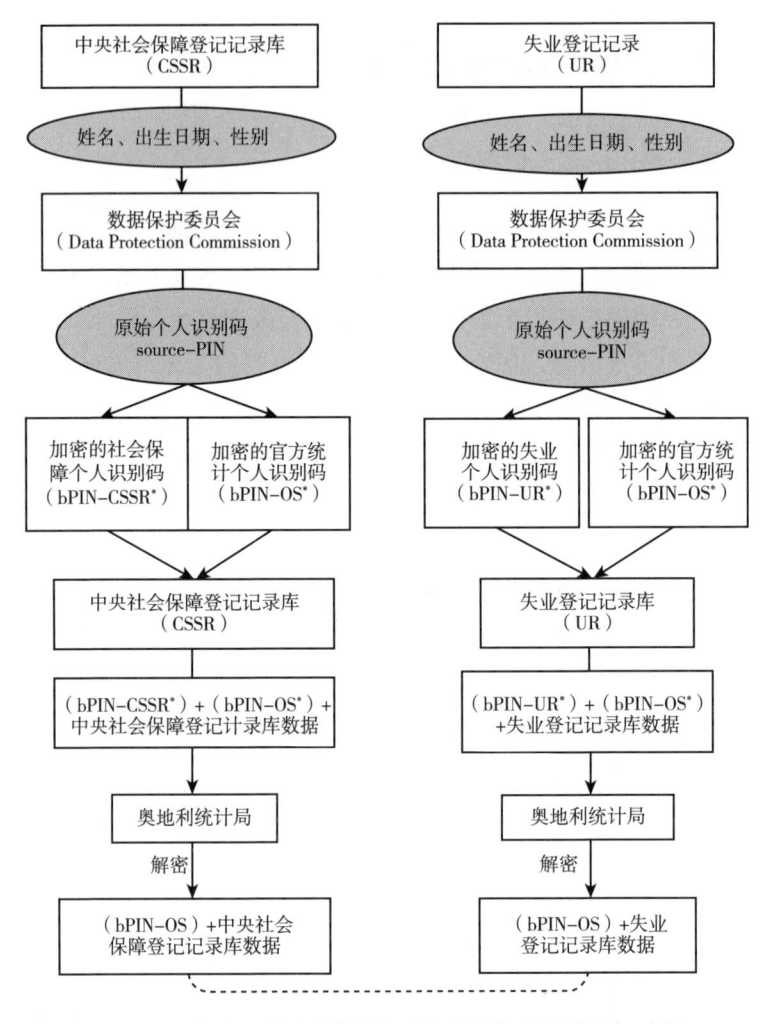

图 3-4 奥地利统计局获取行政记录数据资料使用权过程

结构相对简单。受制于更严格的数据隐私保护规则，行政记录系统除 HR 和 CPR 之间可经由"(source-PIN) + bPIN-OS*"实现双向链接、HR 和 BR 之间可经由"bPIN-BR* + bPIN-OS*"实现双向链接之外，其余基本行政记录库之间并不存在链接关系。同时，由 CAR、CFR、REPS、RPS、RCO、RSWR、CR 和 RACS 构成的比较记录库仅作为外部数据库存在，其不仅不与基本记录库存在链接关系，更不构成普查信息的直接数据源。奥地利人口、住房和企业普查的行政记录系统结构如图 3-5 所示。

90

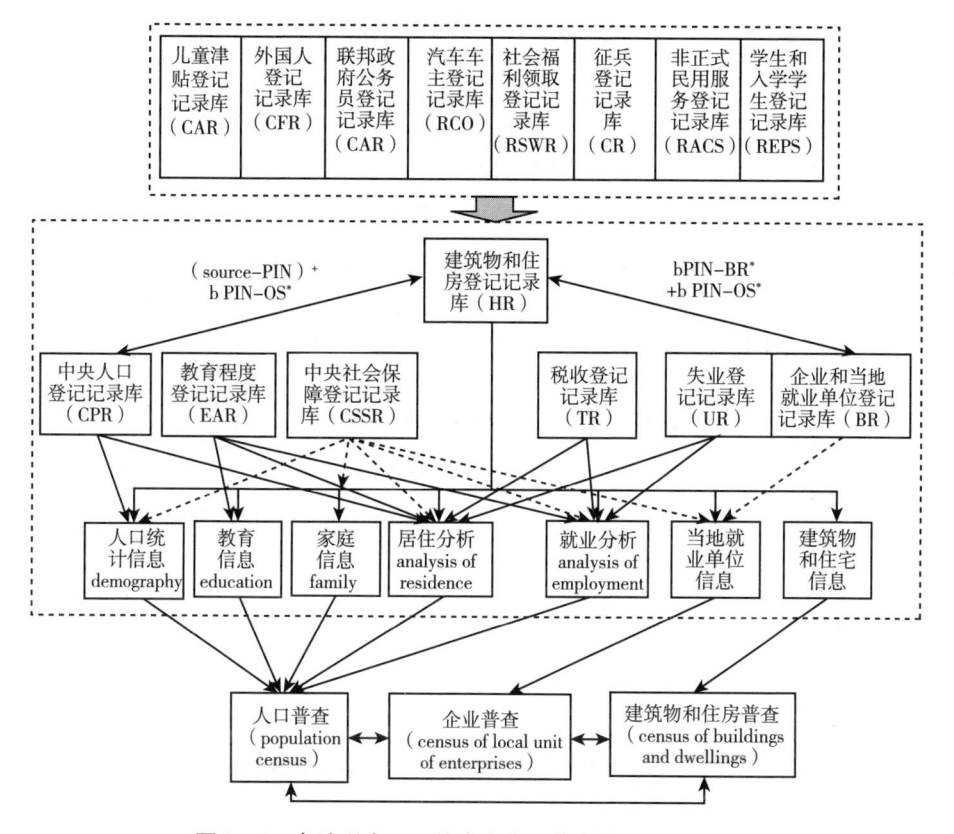

第三章 | "完全模式"人口普查方法国际经验探索

图 3-5 奥地利人口、住房和企业普查的行政记录系统

五、人口普查统计信息的获取

除刻画行政记录系统的结构之外，图 3-5 同时描述了构成奥地利人口、住房和企业普查项目的数据源及相互关系。表 3-12 中人口普查的五部分内容分别与图 3-5 中的人口统计信息（demography）、就业分析（analysis of employment）、教育信息（education）、家庭信息（family）和居住分析（analysis of residence）相对应。当然，居住分析（analysis of residence）的内容涉及范围大于表 3-12 中的"住户信息"涉及范围。因此，要开展人口的居住分析所需借助的行政记录类型将更多。

从人口普查所包括的 28 个普查项目来看，其数据来源如表 3-13 所示。人口基本特征信息所涉及的项目中，9 个项目的数据来源为 CPR、1 个项目的数据来源为 CSSR；同时，为人口基本特征 10 个项目提供交叉检验和验证的比

91

较记录库种类繁多，包括 CSSR、TR、UR、HR、RCO、CAR、CFR、RPS、CFR、SWR。经济活动所涉及的项目中，6 个项目的数据来源为 CSSR、3 个项目的数据来源为 TR，其余 2 个项目的数据来源分别为 UR 和 EAR；为经济活动 11 个项目提供交叉检验和验证的比较记录库包括 CSSR、TR、BR、RPS、CAR、CR、RACS 等。教育所涉及的两个项目的数据来源均为 EAR，且没有对应的比较记录库。CSSR 是构成家庭信息 3 个项目的唯一数据来源，TR 和 CAR 则构成家庭信息的比较记录库。住户所涉及的 2 个项目的数据来源均为 HR，也没有对应的比较记录库。

表 3-13　奥地利 2011 年人口、住房和企业普查各项数据来源①

普查项目	数据来源	基本记录库	比较记录库
人口基本特征（demographic characteristics）	常住地	CPR	CSSR、TR、UR、HR、RCO、CAR、CFR、RPS
	1 年前居住地	CPR	CSSR、TR、UR、HR、RCO、CFR、RPS
	6 个月后居住地	CPR	CSSR、TR、UR、HR、RCO、CFR、RPS
	另外居所	CPR	CSSR、TR、UR、HR、RCO、CFR、RPS
	出生日期	CPR	CSSR、TR、UR、HR、RCO、CAR、CFR、RPS
	性别	CPR	CSSR、TR、UR、HR、RCO、CAR、CFR、RPS
	民族	CPR	CSSR、TR、UR、HR、RCO、CAR、CFR、RPS
	出生国家	CPR	CSSR、TR、CFR、RPS
	婚姻状况	CPR	CSSR、TR、UR、CAR、CFR、RPS、SWR
	孩子出生日期	CSSR	/

---

① 表中并未列出有关建筑物和住房普查、企业和当地就业单位普查的相关项目。详细可参见 Lenk M. Methods of Register-based Census in Austria [R], 2008. https://www.researchgate.net/publication/265155437。

续表

普查项目	数据来源	基本记录库	比较记录库
经济活动（activity）	劳动参与情况	CSSR	TR、BR、RPS
	就业状况	TR	CSSR、RPS
	全职或兼职	TR	CSSR、RPS
	临时就业	CSSR	/
	产假	CSSR	RPS
	从事农业的无酬家庭工人	CSSR	/
	工作地点	CSSR	RPS
	失业或寻找工作	UR	/
	报名学生和学生、学习专业、学校地址	EAR	REPS
	军方和非正式民用服务	CSSR	CAR、CR、RACS
	养老金领取者	TR	/
教育（educational attainment）	最高学历	EAR	/
	主修专业	EAR	/
家庭（family）	家庭大小	CSSR	TR、CAR
	家庭成员	CSSR	TR、CAR
	家庭状况	CSSR	TR、CAR
住户（household）	机构住户/私人住户	HR	/
	住户规模	HR	/

六、一种较系统的质量评估方法："四维度"质量评估框架

与芬兰和斯洛文尼亚相比，奥地利人口、住房和企业普查的质量评估工作更为系统。基于达斯和丰维尔（Daas and Fonville, 2007）[①]、达斯等（Dass et

---

[①] Daas P., Fonville T. Quality Control of Dutch Administrative Registers: An Inventory of Quality Aspects (Tech. Rep.) [R]. Paper for the seminar on Registers in Statistics-methodology and quality, 2007: 21-23.

al.，2009）① 的研究和荷兰统计局的实际经验，拜尔考等（Berka et al.，2010，2012）② 创新性地提出一种基于"行政记录统计化过程"的质量评估方法——"四维度（four quality-related hyperdimensions）"质量评估框架（见图 3-6）。

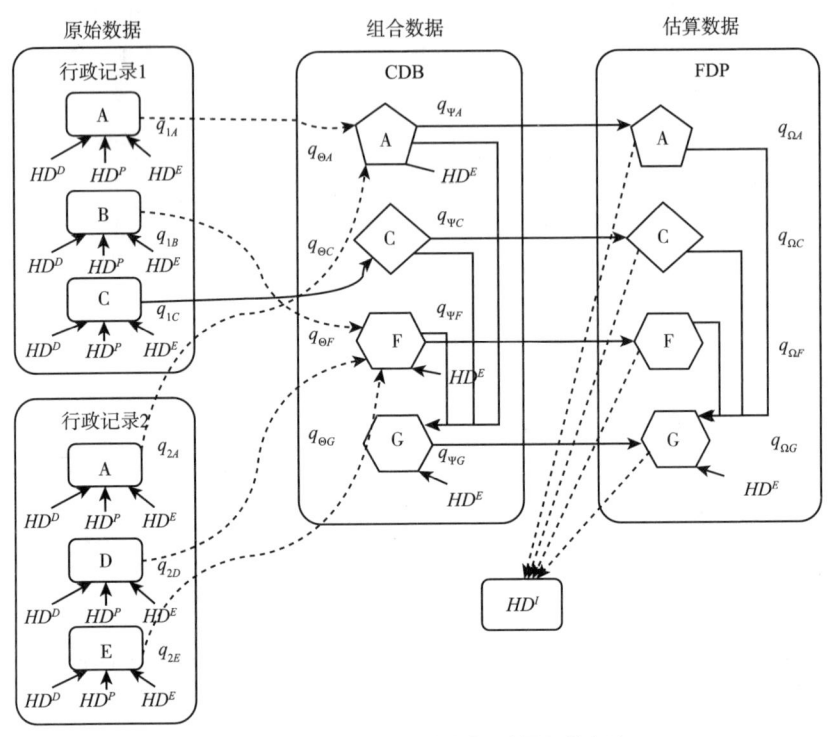

图 3-6　奥地利"四维度"质量评估框架

拜尔考等（2010、2012）将奥地利普查的整个"行政记录统计化过程"划分为三个层次的数据处理工作：（1）原始数据层次（raw data），主要指对各类行政记录的数据处理；（2）组合数据层次，主要指对中央数据库（central database，CDB）的数据处理；（3）插补数据层次（imputed dataset），主要指对最终数据池（final data pool，FDP）的数据处理。质量评估针对每个层次的

---

① Daas P.，Ossen S.，Vis - Visschers R.，Arends-Tóth J. Check List for the Quality Evaluation of Administrative Data Sources ［R］. Statistics Netherlands Discussion Paper（09042），2009：1 - 18.

② Berka C.，Humer S.，Lenk M.，Moser M.，Rechta H. Schwerer E. A Quality Framework for Statistics Based on Administrative Data Sources Using the Example of the Austrian Census 2011 ［J］. *Austrian Journal of Statistics*，2010，39（4）：299 - 308. Berka C，Humer S.，Lenk M.，Moser M.，Rechta H.，Schwerer E. Combination of Evidence from Multiple Administrative Data Sources：Quality Assessment of the Austrian Register-based Census 2011 ［J］. *Statistica Neerlandica*，2012，66（1）：18 - 33.

每个普查项目分别形成对应的四类质量指标（quality-indicator）——HD^D、HD^P、HD^E、HD^I。

（一）原始数据层面的质量评估

原始数据主要指 SA 接收并解密后的各类行政记录。我们以图 3－6 为例，行政记录 1 和行政记录 2 是 SA 接受并解密后的两类行政记录，A、B、C、D、E 是指行政记录中包含的项目（一条记录是针对一个登记单位的 record，一条记录包含若干个项目）。原始数据层面的质量评估针对行政记录中的"项目"，即针对 A、B、C、D、E，分别计算文档（documentation）质量指标 HD^D、预处理（pre-processing）质量指标 HD^P、外源（external source）数据比对质量指标 HD^E。

1. HD^D 计算方法

HD^D 用于测度行政记录中各项目的文档质量高低，其值越大，表明质量越高。SA 通过对行政记录管理部门的问卷调查，基于得分情况来计算管理部门对行政记录原始数据质量的信心（confidence）程度和可靠性（reliability）保证程度。一般地，问卷内容涉及行政记录数据历史编纂（data historiography）、项目定义（definitions）、数据管理目的（administrative purpose）和数据处理（data treatment）四方面，分别设置开放性问题或"是非"问题以搜集定序（量表）或定类（0 或 1）的回答。同时，为便于量化计算，SA 对每个问题设置了权数，如表 3－14 所示。

表 3－14　　　　　HD^D 调查问卷问题设置与权数分配情况

	问题设置	权数
数据历史编纂	我们可以检测到数据的历史变化吗？	1
	这是在截止日期获得的数据吗？	2
项目定义	项目定义与奥地利统计局的定义相匹配吗？	2
管理目的	项目设置与数据源负责人相关吗？	4
	项目设置具有法律依据吗？	1
数据处理	改变行政记录的编辑需要多长时间？	3
	数据输入需要验证吗？	2
	有没有应用输入检查技术？	2
	事后一致性检验等数据管理情况怎样？	4

资料来源：Berka C., Humer S., Lenk M., Moser M., Rechta H., Schwerer E. A Quality Framework for Statistics Based on Administrative Data Sources Using the Example of the Austrian Census 2011 [J]. Austrian Journal of Statistics, 2010, 39 (4): 299 – 308.
Berka C., Humer S., Lenk M., Moser M., Rechta H., Schwerer E. Combination of Evidence from Multiple Administrative Data Sources: Quality Assessment of the Austrian Register-based Census 2011 [J]. Statistica Neerlandica, 2012, 66 (1): 18 – 33.

HD^D 的计算针对不同行政记录和不同项目。我们以 i 项目为例,如表 3-15 所示。如果计 X_{11} 为第 1 种行政记录 i 项目的第 1 个问题得分,X_{12} 为第 2 种行政记录 i 项目的第 1 个问题得分,……,X_{1j} 为第 j 种行政记录 i 项目的第 1 个问题得分;X_{21} 为第 1 种行政记录 i 项目的第 2 个问题得分,X_{22} 为第 2 种行政记录 i 项目的第 2 个问题得分,……,X_{2j} 为第 j 种行政记录 i 项目的第 2 个问题得分;直至 X_{91} 为第 1 种行政记录 i 项目的第 9 个问题得分,X_{92} 为第 2 种行政记录 i 项目的第 9 个问题得分,……,X_{9j} 为第 j 种行政记录 i 项目的第 9 个问题得分,那么,HD^D_{i1}、HD^D_{i2}、HD^D_{i3}、……、HD^D_{ij} 分别为第 1 种、第 2 种直至第 j 种行政记录第 i 个项目的文档质量测度指标,其计算公式如(3-1)所示。

表 3-15　　　　　　不同行政记录 i 变量的 HD^D 计算依据

问题	HD	权数	行政记录 1	行政记录 2	行政记录 3	…	行政记录 j
1	检测变化	1	X_{11}	X_{12}	X_{13}		X_{1j}
2	截止日期	2	X_{21}	X_{22}	X_{23}		X_{2j}
3	定义	2	X_{31}	X_{32}	X_{33}		X_{3j}
4	相关性	4	X_{41}	X_{42}	X_{43}		X_{4j}
5	法律依据	1	X_{51}	X_{52}	X_{53}		X_{5j}
6	及时性	3	X_{61}	X_{62}	X_{63}		X_{6j}
7	管理控制	2	X_{71}	X_{72}	X_{73}		X_{7j}
8	技术控制	2	X_{81}	X_{82}	X_{83}		X_{8j}
9	数据管理	4	X_{91}	X_{92}	X_{93}		X_{9j}

$$HD^D_{ij} = 1 \times X_{1j} + 2 \times X_{2j} + 2 \times X_{3j} + 4 \times X_{4j} + 1 \times X_{5j}$$
$$+ 3 \times X_{6j} + 2 \times X_{7j} + 2 \times X_{8j} + 4 \times X_{9j} \tag{3-1}$$

2. HD^P 计算方法

HD^P 用于测度行政记录中各项目预处理的质量,其值越大,表明质量越高。SA 通过对行政记录中各条记录的识别码、无回答项目、项目值的合理性展开分析,以"好记录"的比例来衡量行政记录原始数据的质量高低[①]。

HD^P 的计算针对不同行政记录和不同项目。我们以 i 项目为例,如表 3-16

---

① 所谓"好记录"是指具有身份识别码(bPIN)、项目值未缺失(至少测度质量指标的那个项目值未缺失)且符合取值范围的记录。

所示。如果 M_j 表示第 j 种行政记录的记录数、P_{1j} 表示第 j 种行政记录中缺失身份识别码（bPIN）的记录数比例、P_{2j} 表示第 j 种行政记录中缺失项目值（针对 i 项目）的记录数比例、P_{3j} 表示第 j 种行政记录中项目值不合理（不符合要求、超过合理的取值范围等）的记录数比例，那么，HD_{ij}^P 即为第 j 种行政记录第 i 个项目的数据预处理质量测度指标，其计算公式如（3-2）所示。

表 3-16　　　　　　不同行政记录 i 变量的 HD^P 计算依据

行政记录类型	记录数（records number）	缺失 bPIN 比例（%）	项目无回答比例（%）	项目值不合理比例（%）	HD_{ij}^P
1	M_1	P_{11}	P_{21}	P_{31}	HD_{i1}^P
2	M_2	P_{12}	P_{22}	P_{32}	HD_{i2}^P
……	……	……	……	……	……
j	M_j	P_{1j}	P_{2j}	P_{3j}	HD_{ij}^P

$$HD_{ij}^P = 1 - P_{1j} - P_{2j} - P_{3j} \tag{3-2}$$

3. HD^E 计算方法

HD^E 用于测度行政记录中项目值与外源数据比对质量，其值越大，表明质量越高。SA 借助 2006 年的奥地利微型普查（Austrian micro-census）数据资料，通过考察外部数据资源与匹配记录之间项目值的一致性来衡量行政记录原始数据的质量高低。

HD^E 的计算同样针对不同行政记录和不同项目。同样以 i 项目为例，如表 3-17 所示。如果 N_j 表示第 j 种行政记录中与外部数据资源相匹配的记录数，A_j 表示与外部资源相匹配记录中存在项目值不一致的记录数比例，那么，HD_{ij}^E 即为第 j 种行政记录第 i 个项目的外源数据比对质量测度指标，其计算公式如（3-3）所示。

表 3-17　　　　　　不同行政记录 i 变量的 HD^E 计算依据

行政记录类型	匹配记录数（records number）	项目值不一致比例（%）	HD_{ij}^E
1	Q_1	A_1	HD_{i1}^E
2	Q_2	A_2	HD_{i2}^E
……	……	……	……
j	Q_j	A_j	HD_{ij}^E

植入行政记录的人口普查方法与应用研究

$$HD_{ij}^E = 1 - A_j \qquad (3-3)$$

4. 原始数据层面的质量评估

对于第 j 种行政记录第 i 个项目而言，其原始数据层面的质量指标是文档质量指标 HD^D、预处理质量指标 HD^P、外源数据比对质量指标 HD^E 的加权平均值，其计算公式如（3-4）所示。

$$q_{ij} = v^D \cdot HD_{ij}^D + v^F \cdot HD_{ij}^F + v^E \cdot HD_{ij}^E \qquad (3-4)$$

其中，q_{ij} 为第 j 种行政记录第 i 个项目的原始数据质量指标，V^D、V^F、V^E 分别表示 HD^D、HD^P 和 HD^E 的权重。

(二) 组合数据层面的质量评估

如图3-6所示，经原始数据层面的质量评估，将所有符合普查需求且具有较好质量的原始行政记录资源汇聚进入行政系统，形成一个行政记录类型复杂、记录项目繁多的组合数据库，也被称为中央数据库（CDB）。在CDB阶段的"行政记录统计化过程"中，不具有行政记录数据来源的项目将被合成、具有多种行政记录数据来源的项目将被识别。因此，CDB阶段的质量评估将基于不同的项目类型。

根据提供数据来源的行政记录数量，我们将不同项目分为三种类型。(1) 唯一来源项目（unique attributes），该类项目由唯一的行政记录为其提供数据，如"最高学历"和"失业或寻找工作"，前者仅可源自SA的教育程度登记记录（EAR），后者仅可源自劳动市场服务办公室的失业登记记录（UR），图3-6的 ◇C◇ 属于该类项目。(2) 无来源项目（none attributes），也可称衍生项目（derived attributes），该类项目没有行政记录为其直接提供数据，但可基于其他项目的合并或拆分而获取信息，如图3-6的 ⬡F⬡ ⬡G⬡ 属于该类项目。其中，⬡F⬡ 于B、D和E合并或拆分获取信息，⬡G⬡ 于A、C和F合并或拆分获取信息。(3) 多来源项目（multiple attributes），该类项目由多个行政记录为其提供数据来源。如"常住地"可源于CPR，亦可源于CSSR、TR、UR、HR、RCO、CAR、CFR、RPS；"出生国家"可源于CPR，亦可源于CSSR、TR、CFR、RPS。图3-6中的 ⬠A⬠ 属于该类项目。

对于衍生项目的质量评估，SA 基于证据理论（dempster-shafer theory，DST）[①]为该类项目计算质量指标，形成 CDB 层面的项目质量评估指标，即图 3-6 中的 $q_{\odot F}$ 和 $q_{\odot G}$；对于多来源项目的质量评估，SA 基于模糊证据理论为该类项目筛选数据来源并进一步形成 CDB 层面的项目质量评估指标，即图 3-6 中的 $q_{\odot A}$ 和 $q_{\odot G}$；对于唯一来源项目的质量评估，SA 遵循原始数据层面的质量评估方法和评估结果，不建议进行额外的质量评估，但同样形成 CDB 层面的项目质量评估指标，即图 3-6 中的 $q_{\odot C}$[②]。同时，为进一步考察项目质量，SA 基于 2006 年的奥地利微型普查（Austrian micro-census）数据资料，对项目 A、项目 F 和项目 G 进行外源数据比对形成 CBD 层面的 HD^E。进一步地，基于加权平均法计算 CBD 层面的各项目质量评估指标 $q_{\Psi A}$、$q_{\Psi C}$、$q_{\Psi F}$、$q_{\Psi G}$，其公式分别如公式（3-5）~公式（3-8）所示。

$$q_{\Psi A} = 0.75 \times q_{\odot A} + 0.25 + HD^E \qquad (3-5)$$

$$q_{\Psi C} = q_{\odot C} = q_C \qquad (3-6)$$

$$q_{\Psi F} = 0.75 \times q_{\odot F} + 0.25 \times HD^E \qquad (3-7)$$

$$q_{\Psi G} = 0.75 \times q_{\odot G} + 0.25 \times HD^E \qquad (3-8)$$

CBD 层面的质量评估还将形成每条记录的质量指标 $\bar{q}_\Psi^n$，其计算公式如（3-9）所示。

$$\bar{q}_\Psi^n = (q_{\Psi A} + q_{\Psi C} + q_{\Psi F} + q_{\Psi G})/4 \qquad (3-9)$$

（三）插补数据层面的质量评估[③]

如图 3-6 所示，经 CDB 层面质量评估后的记录将进入最终数据池（final data pool，FDP）。在该阶段，SA 运用 hot-deck 技术和逻辑回归方法（logistic regressions）对缺失的项目值进行插补，对缺失项目的记录进行相互匹配。尽管"对缺失的项目值进行插补"属于"项目插补（item imputation）"范畴[④]，

[①] 证据理论由 Dempster 于 1967 年提出，并由他的学生 Shafer 改进推广，因此被称为 D-S 理论。在证据理论中，证据是人们经验和知识的一部分，是人们对该问题所做的观察和研究的结果。根据这些证据建立一个新的初始分配，即确定证据对每一个命题的支持程度。如果有一批证据则可根据 D-S 理论中的证据结合准则，计算出它们共同作用对每一个命题的支持度。

[②] $q_C = q_{\odot C}$

[③] 有关 FDP 层面的质量评估方法可详见：Kausl, A. The Data Imputation Process of the Austrian Register-based Census [R]. Conference contribution at UNECEWork Session on Statistical Data Editing, Oslo, 24-26 September 2012.

[④] 项目插补（item imputation）是指对记录（record）的缺失项目插入非真实但合理的数据。

而"对缺失项目的记录进行相互匹配"属于"记录编辑（record editing）"，但在质量评估时，SA并未对这两种情况进行区分。

FDP层面的质量评估主要针对"插补（imputation）"开展，最终形成质量测度指标HD^I [1]。插补数据层面的质量评估基于两个角度：对估算模型输入数据的质量评估和对估算模型产出数据的质量评估。对于前者，由于输入数据均源自CBD，CBD层面的质量评估指标可以较好地衡量其数据质量；对于后者，SA推荐使用衡量插补技术拟合优度的一般指标——分类率Φ（classification rate）。分类率Φ的基本原理是运用插补技术对部分已存在数据进行插补，将插补结果与实际值进行比较，分类率也等于相匹配数据的比例。

对于定类变量（categorical variables），基于插补技术m的分类率计算公式如（3-10）所示。

$$\Phi^m = 1 - n^{-1} \sum_{j=1}^{N} I(\hat{Y}_j \neq Y_j^*) \qquad (3-10)$$

其中，n表示样本容量、N表示输入变量个数、I表示插补函数、$\hat{Y}_j$表示插补值、Y_j^*表示真实值。

对于定序变量（ordinal variables），分类率和插补值与真实值的距离有关。此时，基于插补技术m的分类率计算公式如（3-11）所示。

$$\Phi^m = 1 - n^{-1} \sum_{j=1}^{N} \left(\frac{1}{2} \left[\frac{|\hat{Y}_j - Y_j^*|}{\max(Y) - \min(Y)} + I(\hat{Y}_j \neq Y_j^*) \right] \right) \qquad (3-11)$$

对于定量变量（numerical variables），分类率计算公式既可参照公式（3-10），又可参照公式（3-11）。

据此，SA构造了FDP阶段每条记录的质量评估指标HD^{In}，如（3-12）所示。

$$HD^{In} = \Phi^m \cdot \underbrace{\frac{1}{N} \sum_{j=1}^{N} q_{\Omega j}^n}_{qInput} \qquad (3-12)$$

其中，N表示输入变量个数、m表示插补方法、Φ^m表示基于m的分类率。

---

① 记录编辑（record editing）是对记录数据进行调整和核对，使得整个记录数据合理且保留大部分信息。

第四章
"组合模式"人口普查方法国际经验探索

第一节 "以色列式"人口普查方法经验探索

一、以色列人口普查：从传统模式到组合模式的转变

以色列是一个位于西亚黎凡特（Levant）地区的国家，是世界上唯一以犹太人为主体民族的国家，也是中东地区经济最为发达的国家之一。自宣布独立以来，以色列分别于1948年、1961年、1972年、1983年、1995年、2008年实施了6次人口普查。由于并未出台有关人口普查的专项法律，也没有其他法规对人口普查的实施周期做出强制规定，以色列人口普查的实施频率便显得有点"随心所欲"。

1948年11月，以色列中央统计局（Israel Central Bureau of Statistics，ICBS）与内政部（Ministry of the Interior）联合实施了以色列独立战争结束后的第一次人口普查。此次普查具有两项任务，一项是对战后国家的人口数量特征进行统计，另一项是正式创建官方人口登记记录（population register，PR）系统，为颁发居民身份证做准备。为更准确地进行人口登记，内政部委派军事安全人员充当人口普查员并分两个阶段实施普查的登记工作。（1）初步登记阶段。普查员于11月初逐一走访居民家庭，搜集每个居民的年龄、性别、就业、阅读、写作能力、口头语言等基本人口信息。（2）正式登记阶段。为降低重复调查率，内政部于11月8日宣布了7个小时的家庭宵禁。宵禁期间，普查员返回其访问过的家庭，在核对初步登记信息的同时进一步确认居民身份。同时，采集每个居民的照片，为以色列居民身份证的制作提供信息。由于

战争，成千上万的居民逃离战争地或被赶出家园形成难民。尽管 ICBS 将人口普查期间不在家但仍留在以色列境内的难民统计为公民，也将人口普查期间不在家但在 1950 年之前回到以色列的难民统计为公民，但该两类难民的财产权和土地所有权却被剥夺了。

1961 年，ICBS 组织实施了以色列独立后的第二次人口和住房普查（population and housing census）。与第一次人口普查带有强烈的政治色彩相比，第二次人口普查的统计目的更为明确，因此被认为是以色列现代意义人口普查的开端。第二次人口普查的标准时点为 5 月 22 日零时，ICBS 率先引入了长短表技术，即所有居民填写短表以收集人口基本信息、20% 的住户填写长表以收集较为详细的人口社会经济信息。

1972 年，ICBS 组织实施了以色列第三次人口和住房普查。普查的标准时点为 5 月 20 日零时，普查对象分为三类：以色列的永久居民（permanent residents）、离开以色列不到 1 年的居民、居住在犹太地区的犹太人。与第二次人口普查类似，此次人口普查也借助了长短表技术，但在数据处理阶段首次借助了计算机。因此，第三次人口普查的整体效率大大高于第二次人口普查。

1983 年，ICBS 组织实施了以色列第四次人口和住房普查。普查标准时点为 6 月 4 日零时。与第三次人口普查对象略有不同，此次人口普查的对象既包括普查标准时点居住在普查地区的所有居民，也包括离开普查地区不到 1 年的居民。整个普查分两个阶段实施。第一阶段为居民自填问卷阶段。普查员于 6 月上旬逐一走访居民家庭并发放两种类型的问卷。其中，80% 的家庭收到人口普查短表，被要求自行填写居民个人基本信息和家庭基本信息；20% 的家庭收到人口普查长表，被要求自行填写居民个人基本信息和家庭基本信息，以及较为详细的人口社会信息和人口经济信息。第二阶段为普查员核查阶段。普查员于 6 月下旬或 7 月初返回之前发放问卷的家庭，在对调查问卷进行数据核查的同时尽可能填补问卷中的缺失值。尽管仍然是"面对面（face-to-face）"的传统人口普查模式，但数据搜集过程的改变使得普查员的负担大幅降低，"无回答现象"大幅减少，普查覆盖率和质量均得到了显著提升。

1995 年，ICBS 组织实施了以色列第五次人口和住房普查。普查标准时点为 11 月 4 日零时，普查对象包括以色列公民、无公民身份的永久居民、人口普查标准时点居住普查地区的潜在移民、离开普查地区不到 1 年的居民，还包括旅游者。尽管数据搜集过程与第四次人口普查类似，但计算机、地图绘制系统、光学读数系统等先进设施和先进数据接收技术的应用大幅提升了普查的整体效率。

然而，随着信息技术的日益发展、公众配合度的不断下降和普查成本的持续上升，ICBS 越来越意识到"面对面"的人口普查模式已不能满足社会需求，改革传统的人口普查模式已势在必行。同时，随着涉及年龄、性别、出生地、移民日期、种族/民族、婚姻状况、宗教、血缘等人口信息行政记录资源的不断丰富与完善，ICBS 决定尝试一种新的人口普查模式——"组合模式"人口普查，即基于行政记录数据和抽样调查数据估算人口普查信息的方法，并初步定于 2006 年组织实施。

二、2008 年组合人口普查基本情况

比预期晚了两年，ICBS 基于《人口普查规则》（The Census Order）、《统计条例》（The Statistics Ordinance）、《统计条例修订案》（Amendment to the Census Ordinance）三大法律规范的保障，于 2008 年组织实施了以色列历史上的第一次"组合人口普查（integrated census）"。普查标准时点为 2008 年 12 月 27 日零时。普查对象为全部常住人口（de jure population），其由三类居民构成：（1）在普查标准时点居住在以色列的居民（包括居住在犹太地区和撒玛利亚地区的居民）；（2）出国不足 1 年的以色列居民；（3）在以色列居住超过 1 年的游客、外国居民（非以色列籍或没有身份证）和外国工人。普查内容涉及当前住宅的户主信息、人口基本特征信息、教育与工作特征信息、住房条件 4 个方面，具体情况如表 4-1 所示。

表 4-1　　　　以色列 2008 年组合人口普查基本情况

普查名称	普查标准时点	普查对象	普查内容
the integrated census	2008 年 12 月 27 日零时	全部常住人口	（1）户主信息：户主姓名、身份证号码、与户主关系 （2）人口基本特征：性别、身份证号码、驾驶证号码、出生日期、出生国家、父母出生国家、移民日期、父母姓名、宗教、婚姻状况、孩子数量、身体是否有残疾等 （3）教育与工作特征：教育水平、资格证书类型、工作类型（全职或兼职）、工作场所、所属部门、公司规模、之前的工作场所、上下班方式、主要活动类型、收入总额、是否购买保险等 （4）住房条件：修建年份、所有权类型（租赁或自有）、房间数量、浴室数量、是否拥有其他住宅、电视、太阳能热水器、手机、车辆拥有情况等

除提供全国及各区域层面的最新人口统计信息之外，此次普查还具有另外四个目的（Zadka and Fienstien, 2012）[①]：（1）提供所有地理水平（all geographic levels）的"社会—经济—人口"数据（socio-economic-demographic data）；（2）为未来相关专项调查提供抽样框；（3）尽可能与其他个人信息资源建立链接；（4）为未来相关研究提供详细的数据来源。

三、2008年组合人口普查框架透视

2008年以色列组合人口普查的基本框架如图4-1所示。总体来看，人口普查的统计信息基于两方面数据估算得到：改进的中央人口登记记录（improved central population register, ICPR）数据和专项抽样调查数据。其中，ICPR由中央人口登记记录（CPR）经其他行政记录数据的调整与补充形成，主要基于登记对象的基本信息开展人口总数和人口地理分布的初步估计。为纠正ICPR本身缺陷所引致的人口信息的低估（under-count）和高估（over-count）问题，并进一步获取人口社会经济信息，ICBS专门组织了两个较大规模的独立抽样调查——区域抽样调查（sampling of field cells）和行政家庭抽样调查（sampling of administrative household），样本覆盖全国17%的家庭。进一步地，ICBS对人口总数和人口地理分布的初步估计进行校准，对人口社会经济特征进行估计，最终对人口统计信息质量进行评估与发布。

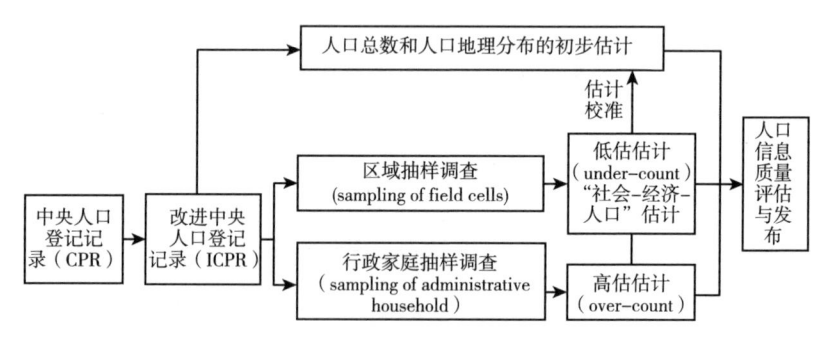

图4-1 以色列2008年组合人口普查基本框架

[①] Zadka P., Fienstien Y. The 2008 Integrated Census in Israel and Future Censuses [R]. United Nations International Seminar on Population and Housing Censuses: Beyond the 2010 Round, 27–29 November 2012 Seoul, Republic of Korea.

四、行政记录调查基础：从 CPR 到 ICPR

（一）中央人口登记记录（CPR）

以色列的中央人口登记记录（CPR）基于 1948 年的第一次人口普查数据创建，由 ICBS 负责管理和数据更新。CPR 的登记对象是以色列永久居民（permanent residents），主要包含的登记项目有年龄、性别、地址、出生地、移民日期、种族/民族、婚姻状况、宗教、血缘关系等。在 CPR 中，每一个以色列永久居民都有一个唯一的身份识别码（unique identity number, UIN）。

ICBS 认为，尽管 CPR 包含了较多人口基本信息，但并不能满足人口普查的所有信息需求，更不足以支撑人口普查的"完全模式"，其主要原因有[①]：(1) CPR 的登记对象与人口普查对象有差异。CPR 的登记对象是永久居民，人口普查对象是常住居民。CPR 中约有 12% 的居民长期生活在国外，其属于永久居民却不该纳入人口普查范围；(2) CPR 中的地址信息质量较低。ICBS 发现，CPR 中较多登记单位的地址信息或不完整或已经过时，这不利于人口总数与人口地理分布的准确估计；(3) CPR 并不涉及详细的家庭信息。尽管 CPR 包括正式家庭关系（formal family relation）的登记项目，但并没有对家庭类型进行具体描绘；(4) CPR 并未涉及人口普查所需的住房和人口社会经济特征信息。

（二）改进的中央人口登记记录（ICPR）

针对永久居民和常住居民的统计口径差异和 CPR 中地址信息质量较低的现象，ICBS 基于"单位准匹配"原则选择了社会保障登记记录（social security register, SSR）、个人所得税登记记录（personal income tax register, PITR）、政府津贴登记记录（government allowances register, GAR）、边境管理登记记录（border control register, BCR）、学生登记记录（student register, SR）、电表登记记录（electricity meter register, EMR）、非居民档案（non-residents file, NF）、房地产购买税记录（real-estate purchased tax register, RPTR）等多种行政记录，根据"内容准匹配"原则选择了车辆登记记录（vehicle register,

---

[①] Zadka P., Fienstien Y. The 2008 Integrated Census in Israel and Future Censuses [R]. United Nations International Seminar on Population and Housing Censuses: Beyond the 2010 Round, 27 – 29 November 2012 Seoul, Republic of Korea.

VR）等行政记录。其中，SSR、PITR、GAR、BCR、SR、EMR、RPTR 等经由 UIN 与 CPR 实现链接，一方面可基于登记个体的活动线索或迁移线索来判断其是否符合常住居民的定义，以此从永久居民中剔除已离开以色列国境超过 1 年的居民群体，另一方面亦可基于相关行政记录的地址信息对 CPR 中的地址信息进行补充与更新。同时，NF 信息直接汇入 CPR，以此将不具有以色列国籍但已在以色列居住超过 1 年的居民群体纳入普查对象。经调整后的 CPR 被称为改进的中央人口登记记录（ICPR），如图 4-2 所示。ICPR 构成了 2008 组合人口普查的主要行政记录资源。

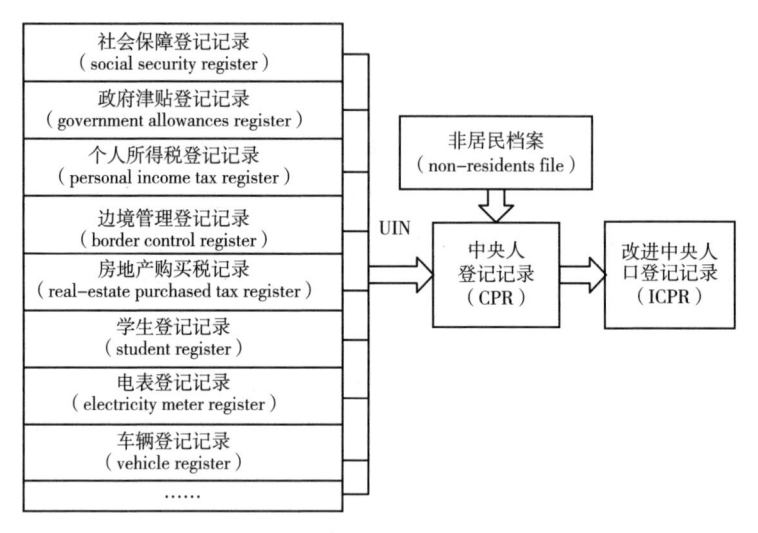

图 4-2　以色列 2008 年组合人口普查：从 CPR 到 ICPR

五、两个较大范围的独立抽样调查设计

（一）区域抽样调查设计

区域抽样调查（sampling of field cells），是 ICBS 为获取"未涵盖参数"（under-coverage parameter）和人口社会经济特征信息而专门组织的抽样调查，也被称为"未涵盖评估调查（under-coverage evaluation survey，UES）"。

ICBS 基于四级抽样设计来选取 UES 的最终样本。（1）划分"行政区（locality）"。基于 ICPR 的地理信息，ICBS 将全国划分为 50 个不同的行政区（locality）。（2）划分"统计区（statistical area）"。ICBS 将行政区进一步划分成不同的统计区（statistical area），每个统计区平均包含 10000 个居民。（3）划分"普查区（enumeration areas）"。ICBS 将统计区进一步划分成不同的普查区（enumeration areas），每个普查区平均包含 50 个具有相邻地址的家庭，普查区为最终抽样单位（sampling cell）。（4）形成样本。ICBS 在每个统计区随机抽取 20%的普查区，对抽中普查区中实际存在的家庭展开全面调查。

所有 18 周岁以上的居民接受计算机辅助面访调查（CAPI），调查内容包括 CPR 尚未涉及的教育、工作特征等社会经济方面的详细信息，调查时间约为 20~30 分钟。

（二）行政家庭抽样调查设计

行政家庭抽样调查（sampling of administrative household），是 ICBS 为获取"过涵盖参数"（over-coverage parameter）而专门组织的抽样调查，也被称为"过涵盖评估调查（over-coverage evaluation survey，OES）"。

为编制行政家庭抽样框，ICBS 基于居民个人的家庭关系和地址信息专门开发了一种用来识别 ICPR 中"行政家庭（administrative family）"的算法。ICBS 本应随机抽取 OES 的最终样本，但为提高工作效率转而采用了一种更灵活的操作手段。（1）将 UES 样本纳入 OES 样本。ICBS 将 UES 中的家庭（个人）地址信息（已经调查过）与抽样框中的地址信息进行比对，以此识别抽样框中的个人地址与实际地址相匹配的记录。一旦当抽样框存在未被识别的记录时，ICPR 便被认为存在"潜在过涵盖（potential over-coverage）"的风险。（2）随机抽样样本。对于诸如阿拉伯城（Arab Towns）等没有街道名称和编号的行政区（locality），ICBS 基于抽样框随机抽取样本。进一步地，对样本家庭开展计算机辅助电话调查（CATI），以判断其是否实际存在或属于当前普查区，那些实际不存在或不属于当前普查区的记录信息将被用来估算"过涵盖

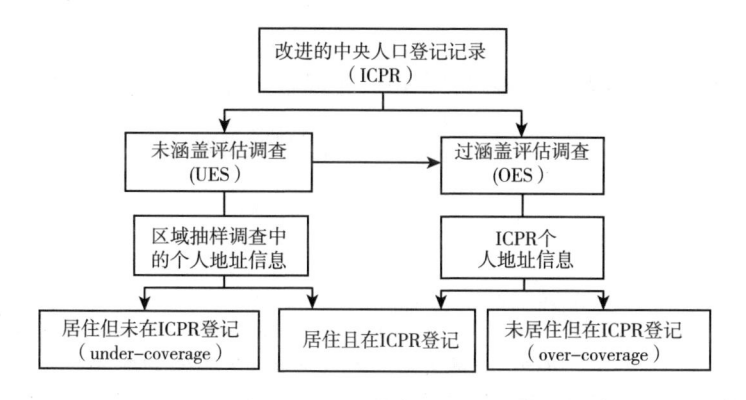

图 4-3 以色列 2008 组合人口普查：UES 和 OES

估计参数"。据此，ICBS 便获得三部分记录的信息：实际居住在普查区且在 ICPR 进行登记的记录数、实际居住在普查区但未在 ICPR 进行登记的记录数、实际未居住在普查区却在 ICPR 进行登记的记录数。

六、行政记录与抽样调查的信息对接：一个双系统估计模型

ICBS 借助"捕获—再捕获模型（capture-recapture model）"中的"双系统估计模型（dual system estimation model）"，运用抽样调查信息对基于 ICPR 获得的人口总数及其地理分布的初步估计进行校准。

双系统估计模型的基本思想是：对于一个给定的统计区，ICPR 的未涵盖（under-coverage）误差由居住在该区域但未在 ICPR 登记的居民数量衡量，ICPR 的过涵盖（over-coverage）误差由在 ICPR 登记但未居住在该区域的居民数量衡量。ICBS 分别借助"未涵盖参数（under-coverage parameter）"和"过涵盖参数（over-coverage parameter）"对人口总数及其地理分布的初步估计进行校准。

在 i 统计区的抽样调查中，令 $U_{11}(i)$ 为居住在该区并在该区进行登记的人口数、$U_{12}(i)$ 为居住在该区但未在该区进行登记的人口数、$U_{21}(i)$ 为未居住在该区但在该区进行登记的人口数。未涵盖参数 $P_{1+}(i)$、过涵盖参数 $\lambda(i)$ 和人口数估计量 $N(i)$ 的计算公式分别如公式（4-1）～公式（4-3）所示。

$$P_{1+} = \frac{U_{11}(i)}{N(i)} \qquad (4-1)$$

$$\lambda(i) = \frac{U_{21}(i)}{N(i)} \qquad (4-2)$$

$$N(i) = \frac{U_{11}(i) + U_{21}(i)}{P_{1+}(i) + \lambda(i)} \qquad (4-3)$$

由于 $U_{11}(i)$ 与 $U_{21}(i)$ 之和为 ICPR 记录数之和（人口总数初步估计值），未涵盖误差和过涵盖误差对人口总数初步估计值的影响便由 $\omega = \dfrac{1}{P_{1+}(i) + \lambda(i)}$ 来体现[1]。

---

[1] 有关双系统模型的具体估计情况可详见以下两篇文章：

(1) Glickman H., Nirel R., Ben-Hur D. False Captures in Capture-Recapture Experiments with Application to Census Adjustment [J]. *Bulletin of the International Statistical Institute*, 2003: 413-414.

(2) Nirel R., Glickman H., Ben-Hur D. A Strategy for System of Coverage Sample for an Integrated Census [C]. Proceedings of Statistics Canada Symposium 2003: Challenges in Survey Taking for the Next Decade, 2004.

区域抽样调查和行政家庭抽样调查的主要目的之一是获得 $P_{1+}(i)$ 和 $\lambda(i)$ 估计值 $\hat{P}_{1+}(i)$ 和 $\hat{\lambda}(i)$。如表 4 - 2 所示，在 i 统计区的抽样调查中，令 $\hat{U}_{11}(i)$ 为该区实际调查地址信息与 ICPR 相匹配的记录数、$\hat{U}_{21}(i)$ 为在 ICPR 进行登记但行政家庭调查发现未居住在该区的记录数、$\hat{U}_{12}(i)$ 为区域抽样调查发现居住在该区但未在 ICPR 进行登记的记录数。那么，$P_{1+}(i)$ 估计量 $\hat{P}_{1+}(i)$ 的计算公式、$\lambda(i)$ 估计量 $\hat{\lambda}(i)$ 的计算公式、ω 估计量 $\hat{\omega}$ 的计算公式分别如公式（4 - 4）~公式（4 - 6）所示。

$$\hat{P}_{1+}(i) = \frac{\hat{U}_{11}(i)}{\hat{U}_{11}(i) + \hat{U}_{21}(i)} \quad (4-4)$$

$$\hat{\lambda}(i) = \frac{\hat{U}_{21}(i)}{[\hat{U}_{11}(i) + \hat{U}_{21}(i)]/\hat{P}_{1+}(i)} \quad (4-5)$$

$$\hat{\omega} = \frac{1}{\hat{P}_{1+}(i) + \hat{\lambda}(i)} \quad (4-6)$$

表 4 - 2　以色列 2008 年组合人口普查中基于抽样调查获得的三部分记录数

ICPR	区域抽样调查/行政家庭调查	
	实际调查（enumerated）	未实际调查（not enumerated）
登记	$\hat{U}_{11}(i)$	$\hat{U}_{12}(i)$
未登记	$\hat{U}_{21}(i)$	/

ICBS 按统计区进行人口总数初步估计值的校准。根据不同的统计区，ICPR 中的每条记录被赋予 0.5 到 2 之间的权重（同一统计区内的记录所赋的权数是相同的），基于权重计算各统计区的人口总数，进而汇总得到全国总人口数。同时，ICBS 对人口的社会经济特征指标也进行了校准。

七、2008 年组合人口普查质量评估

按照初步规划，2008 年组合人口普查的质量评估主要借助两项专门组织的事后抽样调查（post enumeration surveys，PES），既用来评估区域抽样调查和行政家庭抽样调查的数据质量，又用来评估 ICPR 的数据质量[1]。然而，

---

[1] Israel Central Bureau of Statistics. Evaluating the Integrated Census in Israe [R]. Conference of European Statisticians Joint UNECE/Eurostat Meeting on Population and Housing Censuses, Eleventh Meeting, Geneva, 13 - 15 May 2008.

ICBS 很快便意识到，两项额外增加的 PES 可能会受普查工作的时滞影响而无法取得良好的质量评估效果，还将进一步增加调查家庭的回答负担。据此，ICBS 最终放弃了基于 PES 来评估组合人口普查数据质量的计划，决定另辟蹊径。

根据德·弗里斯（De Vries，2002）①、利奥等（Leo et al. , 2002）② 提出的数据质量评估所需遵循的"覆盖面（coverage）、准确性（accuracy）、一致性（consistency）、完整性（completeness）、可靠性（reliability）、有效性（validity）"六方面建议，欧洲统计学家会议于 2003 年提出的"准确性（accuracy）、及时性（timeliness）、可访问性（accessibility）、一致性（coherence）、解释性（interpretability）"五方面建议③，ICBS 分"地理基础设施质量评估""区域抽样调查质量评估""行政家庭抽样调查质量控制"三个层次对以色列 2008 年组合人口普查展开数据质量评估。

(一) 地理基础设施质量评估

针对 2008 年组合人口普查，地理基础设施质量（geographic infrastructure quality）主要指构成区域抽样框的地理空间信息的完整性与实时性，即抽样单元地址的覆盖面与更新情况。抽样单元地址的覆盖面越广、信息更新越及时，表明地理基础设施质量越高。ICBS 通过三方面操作提升地理基础设施的质量。

(1) 新定位工具的开发。在 UES 实施的前 12 个月，ICBS 针对阿拉伯城等没有地址信息的行政区专门开发了一款改进的定位工具（improved orientation tool）。借助新定位工具，ICBS 将行政区的土地标识（land marks）添加到计算机化的"建筑和街道层（building and street layer）"。

(2) 建筑物覆盖面评估。在 UES 实施的前一个月，ICBS 组织实施了建筑物覆盖面评估。覆盖 50 个行政区的 3694 个土地标志以"地理坐标（geographic coordinators）"的方式被添加至计算机化的"建筑和街道层"。同时，900 个土地标识被手动添加至相关的纸质地图。

(3) 建筑物样本更新。鉴于 UES 的建筑物样本源自 15 个月前便被冻结的数

---

① De Vries W. Dimensions of Statistical Quality [C]. Inter-agency Meeting on Coordination of Statistical Activities, 2002. http：//docplayer. net/17506677-Dimensions-of-statistical-quality. html

② Pipino L L., Lee Y W. , Wang R Y. Data Quality Assessment [J]. Communications of the ACM, 2002, 45（4）：211 – 218.

③ Eurostat. Quality Assessment of Administrative Data for Statistical Purposes [R]. Contribution for the Working Group "Assessment of Quality in Statistics", Luxembourg, October 2 – 3, 2003.

字地理数据库（digital geographic database），因此并不包含最近两年间建造的建筑物信息。ICBS 在 UES 实施前对建筑物信息进行了更新——共计 9032 幢建筑物（约占样本量的 5%）被更新纳入样本，样本覆盖面得到了较大幅度的提升。

（二）区域抽样调查质量评估

ICBS 运用五种方法对区域抽样调查数据进行质量控制与质量评估[①]。

（1）实际调查覆盖面（enumeration coverage）与预期覆盖面比对。为获取并确定调查数据，ICBS 规定每个住宅至少被访问 5 次才能确定其最终状态。最终比对结果表明，实际住宅数量比预期数量少了 5% 左右，不同行政区的实际住宅数量与预期数量的差异基本居于 [-21%，+6%]。

（2）重复调查（re-enumeration）。为评估调查员所搜集数据的可靠性（reliability），调查员的上级工作人员（interviewer's superior）对约 5% 的样本家庭进行电话回访以验证其是否接受了面访。回访结果表明，区域抽样调查数据的可靠性较高。

（3）在线一致性测试（online consistency tests）。区域调查以计算机辅助面访调查（CAPI）形式开展，为较好地控制计算机录入问卷的数据质量，一个组合一致性检验（integrated consistency tests）程序被写入 Blaise 软件。组合一致性检验设置了两类参数：一类是警告类参数，要求调查员听到报警声并确认后才可继续录入调查数据，如"同性配偶作为被调查者，请验证"或"请确认孩子的年龄"等；第二类是提示错误类参数，用来阻止调查员继续录入调查数据，如"移民年份早于出生年份，请检查你的问卷"等。

（4）有效性和可靠性的在线评估（online assessment of validity and reliability）。为进一步检验调查员搜集数据的有效性和可靠性，ICBS 开发了一套"在线审计（online auditing）"程序。在区域调查实施阶段，每个调查员被要求按进度进行调查数据的传输（一般要求每天将调查数据传至指定数据库）。"在线审计（online auditing）"程序通过运用一组预先定义的查询（pre-defined queries），对调查员是否存在"故意减少家庭成员""未从被调查者处获取信息""跳填问题""缺失关键变量"等行为做出判断，较常用的查询及相应的行为判断标准如表 4-3 所示。一旦程序判断不当行为发生，程序立即向调查

[①] Israel Central Bureau of Statistics. Quality Assessments of the 2008 integrated census-Israel [R]. Conference of European Statisticians, Group of Experts on Population and Housing Censuses, Twelfth Meeting, Geneva, 28 – 30 October 2009.

员上级和总部进行信息反馈。

（5）匹配数据搜集。为评估 ICPR 的数据质量，区域抽样调查还负责搜集 ICPR 的相匹配数据。ICBS 基于所搜集数据的识别参数对 ICPR 的数据质量进行验证。匹配结果表明，98.3% 的家庭住户被成功匹配，95.8% 的机构住户被成功匹配，这也同时证明区域抽样调查所获得的识别信息质量是足够高的。

表 4-3　以色列 2008 年组合人口普查"在线审计"程序常用的查询类型

查询类型 (type of query)	参数 (parameter)	验证类型 (verification type)	操作定义 (operational definition)
故意减少 家庭成员	家庭规模	家庭规模与相邻地区家庭平均规模比较	超过平均规模 1 个标准差
	家庭成员 频繁更新	频繁删除家庭名单上的人	2%～5%（怀疑） >5%（不可能）
未从被调查者 处获取信息 (information not obtained from interviewee)	重复的 ID	同一个调查员提供的具有相同 ID 的记录数	5%～10%（怀疑） >10%（不可能）
	合法的错误 ID	未在 ICPR 中登记的 ID 或者属于无效个人 (inactive person) 的 ID	<5%（怀疑） >5%（不可能）
	出生日期的 不规则分布	出生日期每个组成部分的分布	30%～40%（怀疑） >40%（不可能）
跳填问题 (skipping questions)	"没有研究"或 "从未研究"的频率	回答人数	10%～20%（怀疑） >20%（不可能）
	"不知道"或 "拒绝回答"的频率	回答人数 (4 个及以上问题)	10%～20%（怀疑） >20%（不可能）
缺失关键变量 (missing critical variables)	缺失"名"	缺失该变量的人数比例	1%～5%（怀疑） >5%（不可能）
	缺失"姓"	缺失该变量的人数比例	1%～5%（怀疑） >5%（不可能）
	缺失"年龄/ 出生日期"	缺失该变量的人数比例	1%～5%（怀疑） >5%（不可能）

（三）行政家庭抽样调查质量控制

行政家庭抽样调查的数据质量主要针对电话访谈信息的可信度和有效度。为此，ICBS 组织开展了三个评估程序。（1）信息可信度初步判断程序。第一个评估程序由总部人员选择一个访谈的样本录音进行聆听，对计算机辅助电话调查（CATI）数据质量的整体可信度进行初步判断。（2）信度与效度评价程序。第二个评估程序由总部的专业人士匿名跟进一个电话访问样本，进而对 CATI 数据质量的效度与信度进行评价。（3）区域抽样调查缺失样本数估计程序。第三个评估程序由总部人员基于电话访问信息对区域抽样调查样本中缺失的家庭数与人数进行估计。估计结果表明，99% 的行政家庭调查样本既参与了 OES 电话调查又参与了 UES 实际面访，而 1% 的区域调查样本在 UES 实际调查中被忽略了。

第二节 "瑞士式"人口普查方法经验探索

一、瑞士人口普查：从传统模式到组合模式的演化

1850 年，在联邦议员弗朗西斯尼（Franscini）的倡议和指导下，瑞士组织实施了历史上第一次人口普查。第一次人口普查不仅仅统计居民数量，还涉及居民性别、年龄、婚姻状况、职业、宗教等人口基本特征。然而，当第一批原始数据采集完毕，瑞士议会（Parliament）和联邦委员会（Federal Council）却拒绝继续对普查进行财政资助。为完成普查数据统计，弗朗西斯尼在其私人秘书的帮助下亲自开展原始数据的评估与普查结果的统计工作。1860 年，瑞士颁布了《全国人口普查联邦法》（Swiss Federal Law on the National Census），正式规定了人口普查的实施周期为 10 年[①]。据此，1860～2000 年，瑞士联邦统计局（Federal Statistical Office，FSO）基本保持每 10 年组织实施一次人口普查的节奏。例外的两次是 1888 年人口普查和 1942 年人口普查，由于为选区边界调整提供依据（revision of the constituency boundaries）和开展大规模的军队动员工作，本应于 1890 年和 1940 年组织实施的人口普查分别被提前两年和滞后两年开展。1992 年 10 月 9 日，瑞士颁布的《统计法》（Statistics Act）为周期性人口普查的实施奠定了坚实的法律基础。

20 世纪 90 年代中期以来，为加快实现人口普查的现代化目标，FSO 提出了"增加行政记录数据统计使用"的基本要求。1999 年 8 月 18 日，全面修订通过的宪法对行政记录的统计使用进行了规范，其第 65 条（Art. 65 Statistics）

---

① 1988 年，瑞士联邦议会对《全国人口普查联邦法》进行了第一次修订；1998 年，对该法进行了全面修订。

明文规定：（1）联邦政府应搜集和编制有关反映瑞士人口、经济、社会、教育、研究、土地、环境等方面的现状和趋势的统计数据；（2）尽快出台有关协调使用和维护官方行政记录的法律条例，以降低统计数据的采集成本[1]。

根据宪法要求，瑞士议会于2002~2006年起草并颁布了《行政记录协调法》（Law on the Harmonization of Registers，LHR），旨在确保全国、州、市等不同层级的人口行政记录之间保持登记对象范围、登记内容、项目口径等要素的一致性。基于LHR规定，FSO继而开发了一个中央IT平台（安全数据交换平台），不仅用于单向接收各州市向其传输的人口行政记录数据，也为不同层级行政部门之间的安全数据传递搭建了桥梁。更为重要的是，LHR还将新社会安全码（new social security number，NSSN）引入各级人口行政记录的登记项目，使其如同基于统计应用目的的身份识别码（PI），为行政记录的识别和匹配搭建了桥梁。NSSN的统一使用无疑为行政记录数据的统计使用和行政部门之间的数据资源共享奠定了基础。

为进一步加快官方统计的现代化进程，瑞士议会于2007年6月22日颁布了一部经完全修订形成的《联邦人口普查法》（2008年1月1日生效）。新普查法明文规定，FSO每10年组织实施一次的传统人口普查将被一个基于已有人口行政记录、年度常规调查和年度抽样调查的"组合统计系统（integrated statistical system，ISS）"所替代。这标志着瑞士"10年一次、全国范围、面对面采集数据"的传统人口普查时代已一去不复返，而跨入了"普查结果年年发布、行政记录数据与抽样调查相结合"的"组合模式"人口普查新时代。

ISS旨在提供包括人口、住户、建筑物和住宅的年度统计信息。与传统人口普查相比，ISS具有多项优势[2]。

（1）能提供更具分析价值的数据。不同于传统人口普查所提供的间隔10年的静态数据，ISS提供的年度数据不仅使动态考察人口、住户、建筑物和住宅的数量发展趋势和结构变化成为可能，更能满足人们对社会经济的快速发展进行分析、对重要政治问题和社会文化问题进行监测的数据需求。

（2）能大幅降低普查成本。由于仅对5%的居民展开调查，ISS将极大降低被调查者的回答负担，也将大幅降低普查成本。据FSO估计，ISS的普查成

---

① Swiss Federal Statistician Office. The Swiss Census System: A Comprehensive System of Household and Person Statistics [C]. Conference of European Statisticians, Sixtieth Plenary Session, Paris, 6-8 June 2012.

② Swiss Federal Statistical Office. The Swiss Census 2010: Moving Towards a Comprehensive System of Household and Person Statistics [R]. Federal Statistical Office, 2008.

本比传统人口普查低至少1亿瑞士法郎。

（3）数据系统更为灵活与开放。与传统人口普查相对固定的普查内容和相对单一的数据搜集方法相比，ISS具有较强的内容拓展功能和较大的数据搜集方法选择余地。其中，专门组织的年度抽样调查——年度结构调查（annual structural survey，ASS）、年度主题调查（annual thematic survey，ATS）和年度综合调查（annual omnibus，AO），不仅融合了"面对面"纸笔调查（paper-and-pencil interviewing，PAPI）、计算机辅助电话调查（CATI）、计算机辅助网络调查（CAWI）等多种数据收集方法，其对普查内容的设置也更为灵活。鉴于年度综合调查内容可基于政府的实时需求而不局限于固有模式，FSO可通过年度综合调查主题的不同选择与调查项目的实时调整实现联邦普查内容的灵活扩展[1]。

（4）能进一步促进行政部门之间的密切合作。ISS不仅基于行政部门之间的合作关系产生，更能通过不同行政部门对ISS数据的协同使用而进一步增进部门间的合作关系，提升整体行政效率。

二、2010年联邦普查概况

2010年，FSO基于《统计法》（Statistics Act）、《联邦人口普查法》（Federal Census Act）、《数据保护法》（Data Protection Act）、《行政记录协调法》（Law on the Harmonization of Registers）四大法案的强力支撑，组织实施了瑞士历史上第一次组合模式的联邦普查。联邦普查是人口普查、住户普查、建筑物和住宅普查的"三合一"结合体，其普查对象分为三类：（1）所有常住居民（permanent resident population），即所有在瑞士具有主要居住地的瑞士公民、所有持有居留权或永久居留权超过12个月的外国公民、所有持有短期居住证并已居住超过12个月的居民；（2）所有私人住户（private households），居住在同一私人住宅中的人构成住户单位，但并不包括如行政记录协调条例（register harmonization ordinance）定义的机构住户（institutional households）；（3）所有有人居住的建筑物和住宅（inhabited residential buildings and their dwellings）。普查标准时点为2010年12月31日零时，普查内容较多、涉及面较广，相关信息如表4-4所示。联邦普查将提供瑞士全国、州、市三个层面的所有有关人口和家庭的统计信息以及有关建筑物和住宅的统计信息。

---

[1] 年度综合调查是ISS中最为灵活的组成部分，其调查主题与调查内容并不具有固定格式，可依赖普查组织者的现实需要进行灵活拓展。当然，整个联邦普查的基本内容大体是保持不变的。

表 4-4　　　　　　　　瑞士 2010 年联邦普查基本情况

普查名称	普查标准时点	普查对象	主要普查内容
联邦普查（the federal census）	2010 年 12 月 31 日零时	所有常住人口	（1）人口空间特征：主要居住地、第二居住地等 （2）人口基本特征：性别、出生日期、年龄、婚姻状况、国籍（第一/第二）、居住许可类型等 （3）人口自然增长特征：活产孩子、死产孩子、死亡时间等 （4）迁移特征：出生国家（国外出生）/出生市（本国出生）、迁入本国年份与来源国、获得瑞士公民身份年份与获得模式 （5）婚姻和注册合伙关系特征：结婚时间、结婚前国籍、配偶年龄、配偶国籍、注册合伙关系时间、合伙者年龄、合伙者国籍、注册合伙关系前国籍等 （6）离婚和解除注册合伙关系特征：离婚时间、离婚判断类型、未成年孩子数量、未成年孩子抚养、解除合伙关系时间、解除类型、合伙关系持续时间等 （7）劳动与社会经济特征：劳动市场状况、就业状况、职业身份、工作时间占比、目前职业、雇主（工作地点、规模、法律地位和经济分公司）、社会职业类别 （8）教育特征：最高教育水平
		所有私人住户	（9）住户基本特征：住户规模、住户类型
		所有有人居住的建筑物和住宅	（10）建筑物基本特征：建筑物类型、面积、建造年限、加热系统、供水系统等 （11）住宅基本特征：房间数、住宅面积等

三、2010 年联邦普查基本框架

本质上看，瑞士 2010 年联邦普查是一个综合统计系统（integrated statistical system，ISS），是针对全国、州、市三个层面的人口、家庭和住宅统计信息的数据采集系统。

ISS 由三类独立实施的调查构成，其基本结构如图 4-4 所示。

第一类是行政记录调查。FSO 自 2010 年起组织实施了年度行政记录调查（annual register survey，ARS），主要基于已存在的行政记录对全国、州、市三个层面的人口、家庭和住宅基本信息进行估计。第二类是专门组织的抽样调查，即为获取普查信息而专门组织实施的非全面调查。FSO 自 2010 年起专门组织实施年度结构调查（ASS）、年度主题调查（ATS）和年度综合调查

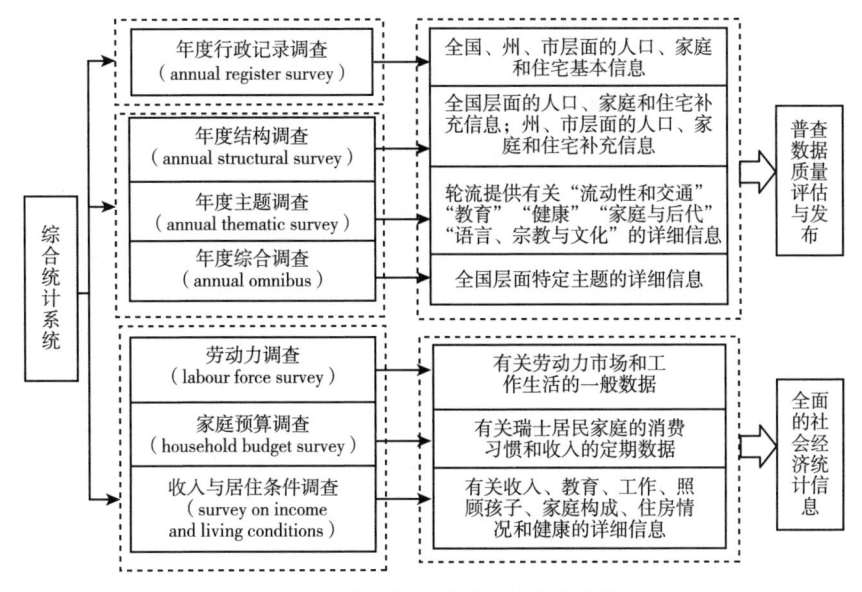

第四章 | "组合模式"人口普查方法国际经验探索

```
综合统计系统
├── 年度行政记录调查（annual register survey） → 全国、州、市层面的人口、家庭和住宅基本信息
├── 年度结构调查（annual structural survey） → 全国层面的人口、家庭和住宅补充信息；州、市层面的人口、家庭和住宅补充信息
├── 年度主题调查（annual thematic survey） → 轮流提供有关"流动性和交通""教育""健康""家庭与后代""语言、宗教与文化"的详细信息
├── 年度综合调查（annual omnibus） → 全国层面特定主题的详细信息
│   ⇒ 普查数据质量评估与发布
├── 劳动力调查（labour force survey） → 有关劳动力市场和工作生活的一般数据
├── 家庭预算调查（household budget survey） → 有关瑞士居民家庭的消费习惯和收入的定期数据
└── 收入与居住条件调查（survey on income and living conditions） → 有关收入、教育、工作、照顾孩子、家庭构成、住房情况和健康的详细信息
    ⇒ 全面的社会经济统计信息
```

图 4-4　瑞士综合统计系统基本结构

（AO）三项专项调查，对全国、州、市三个层面的人口、家庭和住宅的基本信息进行补充估计（对行政记录调查所获信息之外的基本信息进行估计）。第三类是常规抽样调查，即并非为获取普查信息而专门组织实施的非全面调查。FSO 将三项常规抽样调查，即劳动力调查（labor force survey）、收入与居住条件调查（survey on income and living conditions）、家庭预算调查（household budget survey）纳入 ISS，以获取涉及劳动市场与工作、居民收入与消费习惯、教育、儿童护理、家庭构成、住房状况、健康等方面的详细信息。尽管常规抽样调查能为联邦普查提供信息补充，但将其纳入 ISS 的主要原因正如 FSO（2008）所认为的那样，"是为了创建一个全面的社会经济统计图景"[①]。进一步地，FSO 对各类调查的数据质量进行评估，按时对各类调查结果进行发布。

四、年度行政记录调查与提供的统计信息

年度行政记录调查（ARS）是 FSO 为获取人口、家庭和住宅基本统计（basic statistics of persons and households）信息而组织实施的年度调查。FSO 基于"单位准匹配原则"选择了联邦个人数据登记记录（federal person data reg-

---

① Federal Statistical Office (FSO). Data Collection Programme of the Federal Census [R], 2008. http://www.bfs.admin.ch/bfs/portal/en/index/news/02/03.Document.202364.pdf

isters，FPDR)、州市人口登记记录（population registers of the municipalities and cantons，PPMC)、全国建筑物和住宅行政登记记录（national register of buildings and dwellings，NRBD）三类行政记录，基于"内容准匹配原则"选择了商业登记记录（business register，BR），作为人口和住宅基本统计信息的主要来源。

四类行政记录均作为基本记录库，共同构成 ARS 的行政记录系统。与其他国家相比，瑞士 ARS 的行政记录系统结构较简单，链接途径也较单一。基于 LHR 规定，PPMC 和 FPDR 均包含针对居民个人设置的新社会安全码（NSSN）项目，也包含居民所居住住宅的住宅编码（EWID）项目和建筑物编码（EGID）项目；NRBD 包含住宅编码（EWID）项目和建筑物编码（EGID）项目；BR 包含针对商业企业设置的建筑物编码（EGID）项目。据此，PPMC 与 FPDR 之间通过 NSSN 实现链接，NRBD 经由 EWID、EGID 与 FPDR 实现链接，BR 与 NRBD 之间通过 EGID 实现链接，其链接结构如图 4-5 所示。

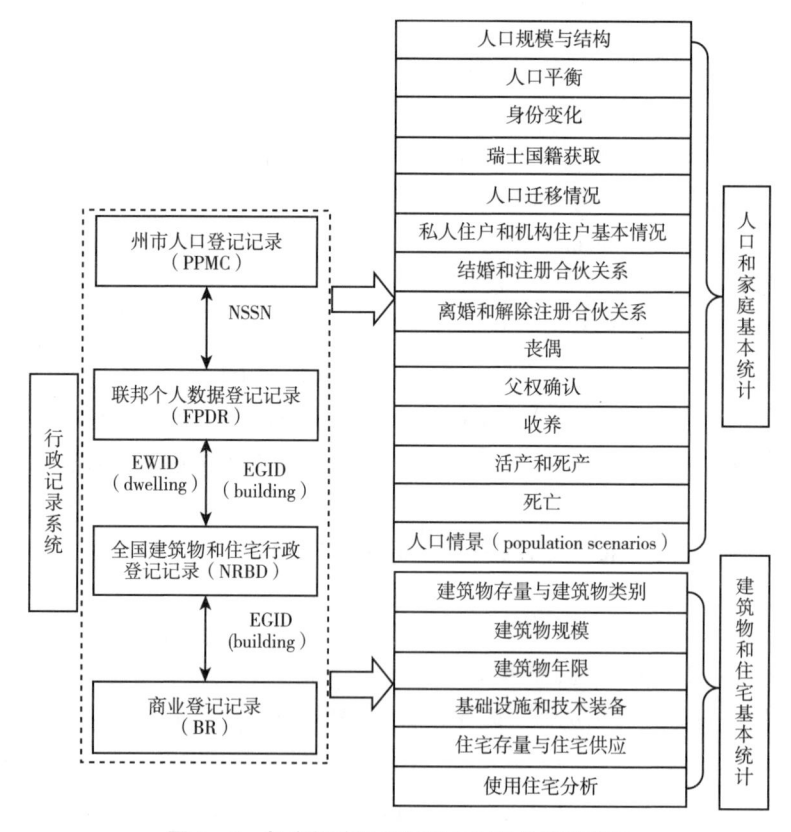

图 4-5 年度行政记录调查与提供的统计信息

ARS将提供全国、州、市三个层面的人口、家庭和住宅的基本统计信息①。其中，人口和家庭的基本统计信息涉及人口规模与结构、人口平衡、人口分布、未来人口发展趋势、人口迁移、出生与死亡、婚姻与合作关系、收养与父权确认、家庭规模与家庭构成等方面，具体内容如表4-5所示②；建筑物和住宅的基本统计信息则涉及建筑物与住宅存量、建筑物与住宅建造年份、最近改造年份、住宅供给、住房环境与能源、住宅使用分析等方面，具体内容如表4-6所示。

表4-5　　　　年度行政记录调查提供的人口和家庭基本统计信息

涉及面	详细统计信息
人口规模和结构	按年龄、性别、婚姻状况、国籍、出生地、居留许可类型（外籍人士）、移民原因、逗留时间分类的常住人口数
人口平衡情况	(1) 按年龄、性别和国籍分类的常住人口年度平衡情况（包括活产婴儿、死亡、出生人口超过死亡人口数，迁入与迁出，净迁入、获得瑞士国籍或其他公民身份） (2) 按年龄、性别、婚姻状况和国籍分类的常住人口年度平衡情况（包括婚姻状况变化、死亡变化、迁入与迁出变化，净迁入变化、获得瑞士国籍公民身份人口变化）
身份变化情况	(1) 按年龄、性别、婚姻状况和国籍分类的永久外国常住人口的身份变化情况 (2) 按年龄、性别、婚姻状况和国籍分类的非永久外国常住人口转变为永久外国常住人口情况 (3) 按年龄、性别、婚姻状况和国籍分类的永久外国常住人口转变为非永久外国常住人口情况
瑞士国籍获取情况	(1) 按获取方式、年龄、性别、先前国籍分类的瑞士国籍获取人数 (2) 按先前国籍、性别、婚姻状态、配偶国籍分类的瑞士国籍获取人数 (3) 按先前国籍、出生地、在瑞士逗留时间分类的瑞士国籍获取人数

---

① 将行政记录数据转化为有关人口、家庭和住宅的基本统计信息，是一个极为复杂的过程，也是行政记录调查最难实施的步骤之一。经多方检索，我们未能获取有关瑞士年度行政记录调查中"行政记录数据统计化"操作的相关资料。因此，我们并未对这部分内容展开探讨。
② Federal Statistical Office (FSO). Data Collection Programme of the Federal Census [R], 2008. http：//www.bfs.admin.ch/bfs/portal/en/index/news/02/03.Document.202364.pdf.

续表

涉及面	详细统计信息
迁移情况	内部迁移： （1）按年龄、性别、婚姻状况、国籍和居住许可类型（外国人）分类的常住人口内部迁移（包括州内迁移和州际迁移） （2）按年龄、性别、婚姻状况、国籍分类的常住人口内部净迁移（包括州内净迁移和州际净迁移） 国际迁移： （1）按年龄、性别、婚姻状况、国籍、出生国家、居住许可类型（外国人）、原始国和目的地国分类的常住人口迁移（包括迁出和迁入） （2）按年龄、性别、婚姻状况、国籍、出生国家、居住许可类型（外国人）分类的常住人口国际净迁移 （3）按年龄、性别、婚姻状况、国籍、居住许可类型（外国人）、出生国家和在瑞士逗留时间分类的常住外国人口的迁出情况 （4）按年龄、性别、婚姻状况、国籍、居住许可类型（外国人）、出生国家和在瑞士逗留时间分类的常住外国人口的迁入情况
私人住户	（1）按家庭规模分类的私人住户 （2）按成员年龄、性别、婚姻状况、国籍、出生国家、宗教、居住许可类型（外国人）和在瑞士逗留时间分类的私人住户 （3）按家庭规模和家庭类型（住户成员特征归类）分类的私人住户
机构住户	按住户规模和住户构成分类的机构住户
结婚	（1）按年龄、性别、婚姻状况、婚前国籍和宗教分类的结婚人数 （2）按配偶年龄、性别、婚姻状况、婚前国籍和宗教分类的结婚人数 （3）按月份分类的结婚数
注册合作伙伴关系	（1）按年龄、性别、婚姻状况、合伙前国籍和宗教分类的注册合伙人数 （2）按合伙人年龄、婚姻状况、合伙前国籍和宗教分类的注册合伙人数 （3）按月份分类的合伙关系注册数
离婚	（1）离婚、分居、婚姻宣告无效的数量 （2）按判断理由分类的离婚数 （3）按年龄、性别、婚前国籍和婚后国籍分类的离婚人数 （4）按婚姻持续时间分类的离婚数 （5）按月份分类的离婚数 （6）按对未成年子女的抚养分类的离婚数 （7）按未成年子女的数量和年龄分类的离婚数
解除合作伙伴关系	（1）按解散理由分类的合作伙伴关系解除数 （2）按年龄、性别、合作前国籍和合作后国籍分类的前合作伙伴（ex-partners）数 （3）按合作伙伴年龄、性别、合作前国籍和合作后国籍分类的前合作伙伴（ex-partners）数 （4）按伙伴关系维持时间分类的合作伙伴关系解除数 （5）按月份分类的合作伙伴关系解除数

续表

涉及面	详细统计信息
丧偶	(1) 按年龄、性别和国籍分类的丧偶者数 (2) 按前配偶年龄、性别、国籍分类的丧偶者数 (3) 按婚姻持续时间分类的丧偶者数 (4) 按存活配偶（surviving spouse）性别、未成年子女数量和年纪分类的丧偶者数
父权确认 (recognitions of paternity)	(1) 按孩子年龄和确认类型分类的父权确认数 (2) 按月份分类的父权确认数
收养	(1) 按收养人（继父、继母，已婚夫妇，单身）的年龄、性别、国籍分类的被收养者数 (2) 按收养时年龄、性别和被收养前国籍分类的被收养者数 (3) 按月份分类的收养数
活产	(1) 按性别和国籍分类的活产数 (2) 按母亲年龄、婚姻状况、国籍分类的活产数 (3) 按父亲年龄、国籍分类的活产数 (4) 多胎分娩数 (5) 按月份分类的活产数 (6) 按已婚妇女年龄、国籍、婚姻持续时间和生产顺序分类的活产数
死产	(1) 按性别分类的死产数 (2) 按母亲年龄、婚姻状况、国籍分类的死产数 (3) 按月份分类的死产数
死亡	(1) 按年龄、性别、婚姻状况和国籍分类的死亡人数 (2) 按性别和国籍分类的出生1个月内死亡人数 (3) 按月份分类的死亡人数
人口情况 (population scenarios)	对于每一个规划年份，下列每一种情况均按年龄、性别和国籍分类统计： (1) 12月31日零点的常住人口数 (2) 按母亲年龄分类的出生人数 (3) 死亡人数 (4) 迁出人数 (5) 迁入人数 (6) 获取瑞士国籍人数
人口统计指标	(1) 人口结构指标（年龄、性别、婚姻状况） (2) 生育指标：总生育率、不同年龄的生育率、生育人口的完成生育率（completed fertility rate of the birth cohorts）、产妇平均年龄 (3) 死亡率指标：婴儿死亡率、死亡概率、年死亡率表、世代死亡率表、每一个年龄的预期寿命 (4) 婚姻指标：结婚率、平均结婚年龄 (5) 离婚指标：离婚率、平均婚姻持续期限 (6) 移民指标：总迁入率、总迁出率、净迁移率、国内总人口迁移率

表 4-6　年度行政记录调查提供的建筑物和住宅基本统计信息

涉及面	详细统计信息
建筑物存量/建筑物类型	（1）用作住宅的建筑物数量 （2）单一家庭住宅（独栋别墅） （3）双家庭住宅 （4）多家庭住宅 （5）混合用途建筑物
建筑物规模	（1）建筑物层数 （2）建筑物中的住户数
建筑物年限	（1）建筑年份 （2）建筑物改造年份
建筑基础设施和技术设备	（1）供热方式 （2）加热电源 （3）热水供应 （4）热水电源
住宅存量/住宅供应	（1）住户数 （2）房间数 （3）居住面积 （4）占有密度（OCC/房间） （5）住户人数 （6）每个成员建筑面积
住宅分析使用	住宅使用（随时间变化）

五、年度抽样调查与提供的统计信息

年度结构调查（annual structural survey，ASS），也被称为瑞士人口抽样调查（swiss population survey），是 FSO 为进一步获取有关人口、家庭与住宅统计信息所专门组织实施的年度专项调查。ASS 的调查结果具有三项用途。（1）补充行政记录调查内容。ASS 的调查内容涉及行政记录调查内容并不涵盖的人口经济文化特征，如工作特征、流动性特征、教育特征、语言特征、宗教和文化特征等，这些信息将对行政记录调查内容形成良好补充。（2）为监测社会经济发展现状提供年度数据。ASS 将提供超越基本统计信息范畴的人口、家庭与住宅的深度信息，展现重要的人口结构发展现状与变化过程，为瑞士政府开展社会经济发展现状的监测提供信息。（3）为评估国家一般政策与部门政策的有效性提供依据。ASS 的调查数据将为"国家政策问题研究中心（national policy research center）"开展有关性别平等、少数民族问题等一般政策的实施现状评估，有关经济、环境、空间发展、交通、社会保障、家庭、健康、教育、语言和宗教等部门政策的有效性评估提供依据。

ASS 的调查对象由所有私人住户中 15 岁以上的居民组成。FSO 采用分层随机抽样的方法抽取 200000 人形成样本（样本量约为常住人口的 2.7%，各州和市可在一定程度上扩大样本量），调查标准时间为每年 12 月 31 日零时，调查内容涉及家庭、住房、就业、流动性、教育、语言和宗教等方面，详细调查内容如表 4-7 所示。被调查者通过传统的纸质问卷或计算机辅助网络调查的方式提供个人及家庭成员的相关信息。

FSO 一般于下一年度发布 ASS 的调查结果，并分"主要地区、州、居住 15000 人以上的市"三个层次进行调查结果统计和发布。因此，当将 5 年的 ASS 调查结果集结成一个更大的数据库时，便可基于更小的地理单元（居住 3000 人以上的市）开展人口、家庭和住宅的统计分析。

表 4-7　　　　　　年度结构调查提供的统计信息

涉及面	详细统计信息
关于"迁移"	
居民迁移背景	（1）出生国籍 （2）母亲出生国家 （3）父亲出生国家 （4）第二代和第三代 （5）获得瑞士国籍的时间和方式 （6）第二国籍
关于"住房"	
住房出租条件	（1）月租 （2）房间数
业主和租户	（1）使用类型 （2）业主使用的住房率
住房现状	（1）占有密度（OCC/房间） （2）住户人数
关于"工作"	
就业/劳动力市场参与	（1）就业状况 （2）目前职业 （3）职业身份 （4）社会职业类别 （5）经济部门、法律身份和企业规模 （6）每周工作小时数、工作时间占比

续表

涉及面	详细统计信息
失业	(1) 劳动力市场身份 (2) 失业率

关于"流动性"

涉及面	详细统计信息
通勤者、原始地—目的地矩阵 (commuters, origin-destination matrix)	(1) 工作地点 (2) 学校所在地 (3) 出发上班所在市 (4) 出发上学所在市 (5) 每周去上班次数 (6) 每周去上学次数
交通工具	(1) 上班交通工具 (2) 上学交通工具
交通量 (traffic volume)	(1) 上班所需时间 (2) 上学所需时间 (3) 工作地点距离 (4) 学校距离

关于"教育"

涉及面	详细统计信息
最高教育程度	(1) 完成教育和最高教育程度 (2) 人口素质结构发展 (3) 迁移和素质结构（migration and qualification structure）
教育和劳动力市场	(1) 毕业后职业路径 (2) 非典型教育路径
所学职业（原始培训）和当前职业	(1) 所学职业 (2) 社会流动性

关于"语言、宗教和文化"

涉及面	详细统计信息
语言	(1) 主要语言 (2) 工作语言/学校语言 (3) 居家语言 (4) 常用语
宗教	所属教会或宗教团体

关于"家庭"

涉及面	详细统计信息
家庭结构、家庭类型和生活安排	(1) 家庭地位 (2) 类型家庭 (3) 家庭规模
工作与家庭生活协调	家庭模式：夫妻间家务分工

六、年度主题调查与提供的统计信息

为补充 ASS 调查内容并获取有关"流动性和交通""教育与培训""健康""家庭与后代"和"语言、宗教和文化"五个主题的详细统计信息，FSO 于 2010 年起专门组织实施年度主题调查（annual thematic survey，ATS）。

ATS 同样是一项年度随机调查，调查对象由瑞士主要地区的常住人口组成。与 ASS 样本量基本维持在 200000 人不同，ATS 的样本量为 10000~40000 人。同样，不同于 ASS 被强制要求在州、市层面另行实施，ATS 无须基于州、市层面另行展开调查。当然，年度 ATS 的调查内容并非需要囊括所有五个主题，而是一年针对一个特定的调查主题，5 年覆盖所有主题，周而复始。2010 年的 ATS 以"流动性和交通"为主题，调查内容包括汽车所有权和使用、公共交通季票所有权和使用、交通方式、交通量、交通目的、短途旅行和长途旅行、年度流动等，详细信息如表 4-8 所示。被调查者通过计算机辅助电话调查的方式提供个人及其家庭成员的相关信息。

FSO 一般于调查实施后的下一年度发布 ATS 调查结果，并基于"主要地区"层次进行调查结果的统计与数据发布。按照规定，2011~2014 年的 ATS 将分别以"教育与培训""健康""家庭与后代""语言、宗教和文化"为主题，其所搜集的详细信息如表 4-9~表 4-12 所示[①]。

表 4-8　　年度主题调查提供的"流动性与交通"统计信息

涉及面	详细统计信息
汽车和公共交通季票的所有权和使用	（1）车辆所有权和使用 （2）客运汽车和摩托车的公里数 （3）驾驶执照所有权和停车位可用性 （4）公共交通季票的所有权 （5）汽车和公共交通的使用情况
交通方式	（1）交通方式划分（modal split） （2）汽车使用和使用率 （3）公共交通 （4）步行和自行车交通

---

① Federal Statistical Office（FSO）. Data Collection Programme of the Federal Census [R], 2008. http：//www.bfs.admin.ch/bfs/portal/en/index/news/02/03.Document.202364.pdf

续表

涉及面	详细统计信息
交通量	(1) 交通量指标（距离、时间） (2) 流动和未流动的人（mobile and non-mobile persons） (3) 超过一天的交通量（traffic volume over the course of one day） (4) 旅行和阶段 (5) 旅行持续时间和阶段长度
交通目的	(1) 为工作、上学或培训而旅行 (2) 购物之旅 (3) 为提供服务或陪伴而旅游 (4) 休闲活动和旅行 (5) 专业活动和商务旅行
短途旅行和长途旅行	(1) 短途旅行和长途旅行：频率、持续时间和距离 (2) 短途旅行和长途旅行：目的地、目的和交通工具选择
年度流动	(1) 距离（国内和国外、每日和非每日流动） (2) 交通方式和目的 (3) 年度流动的主要人群
态度看法	(1) 费用和税收使用 (2) 道路交通 (3) 公共交通

表 4–9 年度主题调查提供的"教育与培训"统计信息

涉及面	详细统计信息
最高教育程度	(1) 正规教育的最高层次 (2) 最高教育程度预测 (3) 受教育年数
教育路径	(1) 按教育程度完成的教育或培训项目数 (2) 学术专业或选择的研究项目 (3) 中断或停止的正规教育或培训 (4) 教育路径变迁 (5) 第二职业培训与再培训 (6) 参加不同领域的专业职业培训项目或职业培训项目
正在进行的教育和培训活动	(1) 参与教育和培训 (2) 教育活动个人支出 (3) 学习类型
教育和劳动力市场	失业、年轻人失业

续表

涉及面	详细统计信息
技能	（1）掌握技能 （2）技能使用 （3）教育和培训质量与技能发展 （4）技能的社会经济影响
态度看法	（1）对自身教育和培训的满意程度 （2）参与（其他）非正规教育和培训的意愿，不愿参与此类项目的原因 （3）进一步教育和培训的态度

表4-10　年度主题调查提供的"健康"统计信息

涉及面	详细统计信息
健康状况	（1）健康状况自我感知 （2）长期心理或生理问题 （3）疾病 （4）残疾 （5）身高和体重 （6）睡眠障碍 （7）无残疾预期寿命
预防	（1）预防和早期筛查 （2）接种
行为和生活方式	（1）烟草、酒精和药物的消耗量 （2）危险行为 （3）事故 （4）体育运动频率 （5）饮食行为
生活条件	（1）室内排放（气体） （2）工作场所暴露 （3）社会网络
非正式帮助	（1）值得信赖的人 （2）定期无偿帮助（主动和被动） （3）社会支持
保险情况	（1）保险类型（强制和补充） （2）年度扣除

续表

涉及面	详细统计信息
健康服务使用	（1）医疗咨询 （2）门诊治疗 （3）住院治疗 （4）家居照顾服务使用 （5）补充和辅助服务使用 （6）手术 （7）牙科服务使用
态度看法	（1）健康的重要性 （2）医生自由选择的重要性 （3）总满意程度

表4–11　年度主题调查提供的"家庭与后代"统计信息

涉及面	详细统计信息
父母生平	（1）父母出生日期 （2）父母结婚 （3）父母分离 （4）父母一方死亡 （5）父母一方/双方再婚 （6）父母孩子数 （7）出生家庭类型 （8）离开父母家
伙伴关系形成与解除	（1）伙伴关系数量 （2）伙伴关系类型 （3）故意改变家庭状况（intentional change in family situation）
父母身份	（1）孩子（亲生和收养）个数和出生日期 （2）目前在家或在外生活的孩子数 （3）孙子个数和出生日期
渴望有孩子	（1）渴望孩子数量 （2）没有孩子或没有另一个孩子的原因 （3）改变主意应具备条件
工作和家庭生活	（1）家庭成员之间有偿劳动和家务劳动的分配（division of paid, household and family work in partnership） （2）为其他家庭提供的孩子护理服务类型和持续时间
家庭网络	（1）与父母和祖父母的接触类型和频率 （2）与外面生活孩子的接触类型和频率 （3）与大家庭（兄弟姐妹、叔叔/阿姨、表姐/表妹）的接触类型和频率

续表

涉及面	详细统计信息
代际转移与家庭支持	（1）对父母（老人）有形与无形的支持 （2）祖父母（或其他扩展家庭成员）协助照顾孩子和教育 （3）有形与无形的代际支持
态度看法	（1）对家庭和孩子的态度 （2）对家庭与职业生活的态度 （3）对家庭政策的态度

表4-12　年度主题调查提供的"语言、宗教和文化"统计信息

涉及面	详细统计信息
语言和语言技能	（1）学习和使用语言 （2）童年和青年时期使用语言（家里和学校里） （3）掌握和使用方言 （4）知识水平和文凭/学位 （5）目前正在研究的语言 （6）阅读（读报纸、读书，等）使用语言
宗教信仰	（1）所属教会或宗教团体 （2）出席礼拜场所和宗教节日纪念活动 （3）是否在宗教环境中成长 （4）配偶/伴侣的宗教信仰和实际参与
文化行为	（1）看电影和戏剧、参观博物馆、展览、画廊、历史遗址等 （2）电视、广播、互联网使用 （3）阅读（报纸、书籍） （4）自身文化活动 （5）文化参与动机和障碍
政治和社会参与	（1）参与和成为会员（团体/组织/聚会/俱乐部，等） （2）与其他文化/其他国籍人的接触
歧视经验	具有因特定群体的成员而受到歧视的经验
文化认同	集团所属（区域和其他关系）
态度看法	（1）对学习国家语言的重视 （2）回答者对自己宗教的价值的依赖 （3）对文化活动的满意程度 （4）对语言、宗教和文化政策的态度 （5）对其他组织的看法

七、年度综合调查与提供的统计信息

年度综合调查（annual omnibus，AO），也被称为多主题调查（multiple-theme survey），是 FSO 为快速获取时事问题的相关信息而专门组织的抽样调查。与 ASS、ATS 相比，AO 的主要特点是"新"和"快"：一方面，AO 主要以各级政府和科研机构共同关心且时下较为流行的新现象和新问题为调查主题；另一方面，AO 的数据采集、数据处理和结果发布均要求在较短的时间内完成。

从实施层面看，AO 以全体常住人口为调查对象，其样本量大约为 3000 人，调查结果一般在 6 个月以后发布。2010 年 AO 主题与 2011 年的 AO 主题分别是"信息技术使用"与"环境与体育活动"。

八、行政记录调查数据与抽样调查数据的结合途径

年度行政记录调查（ARS）数据与由年度结构调查（ASS）、年度主题调查（ATS）、年度综合调查（AO）形成的抽样调查数据之间通过多种途径结合，如图 4-6 所示[①]。

居民个人行政登记记录（PPMC 与 FPDR）数据与基于抽样调查的个人数据之间通过新社会保障号码（NSSN）的识别进行结合，如图 4-6 中的"途径 1"。如此一来，抽样调查的数据信息被极大地充实了，覆盖抽样调查变量与行政登记记录项目的交叉表亦可被构建。同时，调查子总体的划分依据不再局限于抽样调查变量，亦可借助人口行政登记的记录项目。那么，同一抽样调查的不同子总体之间、甚至不同抽样调查不同子总体之间的结果比较便被纳入了更为统一的比较背景。

居民个人行政登记记录（PPMC 与 FPDR）数据、建筑物与住宅登记记录（NRBD）数据之间通过建筑物编码（EGID）、住宅编码（EWID）的识别进行结合，如图 4-6 中的"途径 2"和"途径 3"。这一链接途径具有三方面作用。（1）为居民个人行政登记记录注入了反映个人地理空间特征的信息，为居民个人赋予了地理坐标。这既将对人口基本特征、人口社会经济特征的分析

[①] Swiss Federal Statistical Office. The Swiss Census 2010：Moving Towards a Comprehensive System of Household and Person Statistics [R]. Federal Statistical Office, 2008.

视角扩展至地理视角，更为 FSO 进一步编制居民个人的地理编码（geo-encoded）[①] 奠定了基础。（2）便于对居民家庭的识别。建筑物编码（EGID）和住宅编码（EWID）的有机结合便于对居民家庭的识别。一个较可行的识别原则是，将所有具有相同 EGID 与 EWID 的个人结合识别为家庭，将个人识别为家庭成员。（3）有助于提升对建筑物和住宅登记记录缺失数据的估计质量。在编辑和插补阶段，这一链接途径有助于提高对建筑物状态（项目、在施工中、存在的、拆除的）、住宅数量等 NRBD 项目数据的估计质量，也有助于提高对住宅状态（项目、在施工中、存在的、拆除的）、房间数量、面积等 NRBD 项目数据的估计质量。

商业登记记录（BR）数据与基于抽样调查的个人数据之间通过雇主（employer）和公司代码（company code）的识别进行结合，如图 4-6 中的"途径 4"。基于这一链接途径，有关雇主企业的信息，如企业 NOGA 分类、企业规模、企业法律形式等，被拓展至抽样调查内容。抽样调查数据信息被进一步充实。

商业登记记录（BR）数据、建筑物与住宅登记记录（NRBD）数据之间通过建筑物编码（EGID）的识别进行结合，如图 4-6 中的"途径 5"。基于这一链接途径，FSO 可推断抽样调查中诸如"被调查者工作地点"等信息，计算被调查者的上班距离、开展被调查者就业环境分析等一系列衍生分析便被扩展了。

图 4-6　行政记录调查数据与抽样调查数据的结合途径

[①] 与新社会保障码（NSSN）和个人身份识别码（PI）相比，地理编码（geo-encoded）被认为是一种更有效的个人识别编码，也是下一步 FSO 要尝试编制的个人识别码。

九、2010 年联邦普查数据质量控制

（一）联邦普查实施过程中的质量控制

我们尚未检索到系统探讨瑞士 2010 年联邦普查数据质量控制的文献。基于较零碎的相关资料，我们归纳了 FSO 实施联邦普查过程中的部分数据质量控制方法。

在年度行政记录调查（ARS）实施过程中，FSO 对数据质量的控制方法主要有两种。(1) 验证控件的设置。在行政记录调查的第一阶段，当 FSO 在安全数据交换平台接收到各行政记录的管理者向其传输的联邦个人数据登记记录（FPDR）、州市人口登记记录（PPMC）、全国建筑物和住宅行政登记记录（NRBD）、商业登记记录（BR）时，便启动行政记录原始数据的验证程序（validation procedure）。每一条原始记录均会通过一个涉及最小内容要求、定义符合程度、分类标准、特征编码正确性等方面的验证控件的检验。一旦当原始行政记录被识别出数字格式错误、数据丢失等致命错误时，则自动退回至行政记录的发送方，被要求重新发送。(2) 接受行政记录数据的补充与调整。行政记录具有实时更新特征，但却常常致使有关人口的时点指标信息，如出生时间、死亡时间、迁移时间等，因不同行政记录登记时间的不同而存在差异。同时，由于登记时间差或更新时间差的存在，居民在人口行政登记记录中所登记的居住地址，也并非完全纳入全国建筑物和住宅行政登记记录（NRBD）。因此，在 12 月 31 日零时，FSO 接收到的行政记录信息有可能是未更新的，也有可能是缺失的。据此，FSO 设定了行政记录调整时间段，专门用于行政记录数据的补充与调整，以提升行政记录原始数据质量。

在年度结构调查（ASS）实施过程中，为控制样本单位的重复性，FSO 制定了两条控制原则。(1)"一家庭一成员"原则。ASS 的调查对象由瑞士所有私人住户中 15 岁以上的居民构成，其调查样本由随机抽取的居民构成。调查时，被调查者不仅需提供自身的调查信息，还需提供其他家庭成员的调查信息。为降低家庭成员同时入样所引致的"群效应（cluster effect）"而降低调查精度，FSO 对入样居民的身份进行了较严格的审查。FSO 设置了"一家庭一成员"原则，以确保同一家庭只有一个成员入样。另外，FSO 还规定，同一家庭在连续三年的 ASS 中不允许重复调查。(2) 额外信息确认原则。FSO 认为，被调查者提供其他家庭成员调查信息的"代理访问（proxy-interview）"手段将

对 ASS 调查数据带来一定的不确定性。据此，FSO 要求调查员事先编制被调查家庭的成员关系表，当被调查者能较清晰地指出家庭成员关系时，便认为其所提供的调查信息的不确定性相对较小。而当被调查者不能较清晰地指出家庭成员关系时，便认为其所提供的调查信息的不确定性较大。此时，被调查者便需提供额外信息以降低其所提供信息的不确定性。

（二）事后质量抽样调查

为考察联邦个人数据登记记录（FPDR）、州市人口登记记录（PPMC）、全国建筑物和住宅行政登记记录（NRBD）的涵盖误差（coverage error），以判断年度行政记录调查（ARS）的数据质量，FSO 于 2013 年专门组织实施了一项质量抽样调查——涵盖调查（coverage survey），该调查被简称为 EC2013[①]。

EC2013 是一项区域抽样调查。FSO 根据 FPDR 和 NRBD 中居民数量和每平方米的住宅数量将整个瑞士划分成边长为 100 米、200 米、400 米或 800 米的正方形区域，即方格。为减少现场调查工作量，FSO 仅选择每平方米的人数不超过 250 人（或每平方米的住宅数不超过 85 户）的区域入样。EC2013 的样本量涉及 488 个方格、12000 幢建筑、30000 户住宅、57000 人。同时，作为对 488 个方格区域的补充，FSO 基于随机原则选择了 10 个没有对应住宅的方格区域。

为更有效地实施调查，入样区域的警察局（the local police stations）事先对所有入样家庭进行了书面通知。EC2013 实施分为三个阶段。（1）现场核对并纠正基于 NRBD 编制的数据列表。调查的第一阶段，经过特殊训练的调查员亲临所入样区域，通过对入样区域建筑物和住宅的现场考察，对建筑物和住宅数据列表的涵盖范围进行判断，对数据列表内容进行纠正与补充。（2）对入样区域的居民展开调查。调查的第二阶段，调查员对住宅中的居民展开面对面的调查，搜集每个家庭成员的出生日期、公民身份和国籍等基本信息。若居民不在家，则被要求通过电话或通过互联网接受调查。（3）对未联系上家庭的再次采访。调查的第三阶段，调查员试图对无法联络上的家庭进行再次确认并现场采访。当然，有关房屋数据不确定性的澄清也在第三阶段完成。整个调查始于 5 月 2 日，持续两个月时间，共计超过 21000 个家庭参与了调查（37% 的家庭基于网上问卷调查、31.5% 的家庭基于电话调查、31.5% 的家庭基于面对

---

① Swiss Federal Statistical Office. New Census System Quality Survey [R]. Federal Statistical Office, 2015.

面调查)。

表4-13和表4-14显示了EC2013对居民个人涵盖误差的估算结果和对居民住宅涵盖误差的估算结果。数据表明,2010年年度行政记录调查结果的数据质量较高。

表4-13　　　　EC2013中居民个人涵盖误差估算结果

分类标志	类别	未涵盖误差(%) (标准差)	过涵盖误差(%)	净未涵盖误差(%) (标准差)	净未涵盖误差(%) (95%置信区间)
总体		0.47 (0.04)	0.02	0.45 (0.04)	[0.37, 0.53]
国籍	瑞士	0.26 (0.03)	0.01	0.25 (0.03)	[0.19, 0.31]
	非瑞士	1.19 (0.14)	0.08	1.11 (0.14)	[0.84, 1.38]
性别	男	0.48 (0.05)	0.03	0.45 (0.05)	[0.36, 0.56]
	女	0.46 (0.04)	0.02	0.44 (0.04)	[0.36, 0.52]
婚姻	未婚	0.65 (0.07)	0.03	0.62 (0.07)	[0.48, 0.76]
	已婚	0.36 (0.04)	0.02	0.34 (0.04)	[0.26, 0.42]
	丧偶	0.27 (0.06)	0.02	0.25 (0.06)	[0.13, 0.37]
	离婚	0.28 (0.03)	0.02	0.26 (0.03)	[0.20, 0.32]
年龄(岁)	0~14	0.57 (0.09)	0.02	0.55 (0.09)	[0.37, 0.73]
	15~29	0.84 (0.10)	0.04	0.80 (0.10)	[0.60, 1.00]
	30~44	0.59 (0.07)	0.03	0.56 (0.07)	[0.41, 0.69]
	45~59	0.21 (0.03)	0.02	0.19 (0.03)	[0.14, 0.26]

续表

分类标志	类别	未涵盖误差（%）（标准差）	过涵盖误差（%）	净未涵盖误差（%）（标准差）	净未涵盖误差（%）（95%置信区间）
年龄（岁）	60~74	0.25 (0.05)	0.01	0.24 (0.05)	[0.14, 0.34]
	≥75	0.26 (0.06)	0.02	0.24 (0.06)	[0.11, 0.35]

资料来源：Swiss Federal Statistical Office. New Census System Quality Survey [R]. Federal Statistical Office, 2015.

表 4-14　EC2013 中居民住宅涵盖误差估算结果

分类标志	类别	未涵盖误差（%）（标准差）	过涵盖误差（%）（标准差）	净未涵盖误差（%）（标准差）	净未涵盖误差（%）（95%置信区间）
	总体	0.18 (0.05)	0.71 (0.11)	-0.53 (0.12)	[-0.76, -0.30]
建筑物类型	纯粹居住类	0.18 (0.05)	0.44 (0.09)	-0.26 (0.10)	[-0.47, -0.06]
	具有其他辅助用途	0.18 (0.13)	2.04 (0.40)	-1.90 (0.45)	[-2.77, -1.02]
主要地区	1-日内瓦州、沃州、瓦莱州	0.19 (0.12)	0.90 (0.23)	-0.72 (0.27)	[-1.24, -0.20]
	2-伯尔尼州、弗里堡州、汝拉州、纳沙泰尔州、索洛图恩州	0.06 (0.05)	0.45 (0.14)	-0.40 (0.16)	[-0.71, -0.09]
	3-阿尔高州、巴塞尔乡村半州、巴塞尔城市半州	0.23 (0.12)	0.30 (0.16)	-0.08 (0.21)	[-0.49, 0.33]
	4-苏黎世	0.06 (0.06)	0.44 (0.25)	-0.38 (0.26)	[-0.89, 0.12]
	5-内阿彭策尔州、外阿彭策尔州、格拉鲁斯州、格劳宾登圣加仑州、沙夫豪森州、图尔高州	0.18 (0.12)	0.71 (0.24)	-0.53 (0.23)	[-0.98, -0.09]

续表

分类标志	类别	未涵盖误差（%）（标准差）	过涵盖误差（%）（标准差）	净未涵盖误差（%）（标准差）	净未涵盖误差（%）（95%置信区间）
主要地区	6－卢塞恩州、下瓦尔登州、上瓦尔登州、施维茨州、乌里州、楚格州	0.08 (0.08)	0.93 (0.33)	-0.86 (0.33)	[-1.51, -0.21]
	7－提契诺州	0.89 (0.45)	2.07 (1.08)	-1.21 (1.32)	[-3.79, 1.38]

资料来源：Swiss Federal Statistical Office. New Census System Quality Survey [R]. Federal Statistical Office, 2015.

第三节 "西班牙式"人口普查方法经验探索

一、西班牙人口普查：从传统调查到组合模式的转变

（一）21世纪之前的人口普查

与其他国家相比，西班牙的人口普查历史相对较长。早在1768年的查尔斯三世（Charles Ⅲ）时代，阿兰达（Aranda）伯爵便基于财政目的组织实施了第一次现代意义的人口普查。经统计，当时西班牙全国的总人口数为9308804人。1787年，佛罗里达布兰卡（Floridablanca）伯爵组织实施了西班牙第二次人口普查，其不仅统计了全国的总人口数，还对全国人口的性别构成、年龄构成与婚姻状态构成进行了分析。第二次人口普查的实施为18世纪末西班牙省份的具体划分提供了较充分的基本资料。十年后的1797年，时任西班牙首相的曼努埃尔·戈多伊（Manuel Godoy）组织实施了西班牙第三次人口普查。经统计，当时西班牙全国的总人口数为10541221人。在接下来的几年间，因政局动荡，西班牙的人口普查对象并未覆盖全部人口。也正因为局限于部分人群，这期间的人口普查也被称为"警方普查（police censuses）"。

1957年，西班牙正式成立了官方统计机构，即一般统计委员会（Kingdom's General Statistics Commission）①。至此，西班牙结束了人口普查的民

---

① 一般统计委员会（Kingdom's General Statistics Commission）是西班牙国家统计局（Nation Statistical Institute）的前身。

间组织时代而正式拉开了官方组织实施时代的序幕。一般统计委员会分别于1860年、1877年、1887年和1897年组织实施了第4次、第5次、第6次和第7次人口普查。与民间组织实施阶段相比，官方组织实施的人口普查质量相对较高。1900年，一般统计委员会做出了"每10年且在逢0年份实施人口普查"的规定，并在1900~1970年始终维持10年组织一次人口普查的节奏。值得一提的是，西班牙的人口普查对象自1950年以来得到了拓展，住宅亦被纳入了普查对象。自此，人口普查实质上已向"人口与住宅普查"转变。由于财政原因，本应于1980年实施的第15次人口普查被推迟至1981年3月，继而第16次人口普查亦于1991年3月实施。

总体而言，尽管人口普查对象不断拓展、普查内容也几度更新，但西班牙前16次人口普查均属于传统人口普查模式。所有人口信息均通过普查员的现场采访、面对面地自被调查者处获取，并未借助其他的数据获取途径。

（二）行政记录的首次应用：2001年人口与住房普查

西班牙较早建立了人口登记制度，具有较丰富的人口行政登记记录资源。由于缺乏统一管理，西班牙的人口行政登记记录资源呈现"散、慢"特征。一方面，西班牙存在大量分级管理的"市（自治区）级"人口行政记录，却缺乏统一管理的中央人口行政记录。由于一直实行人口行政登记的"分区独立管理模式"，即各自治区政府负责本区人口行政记录的登记与数据更新，西班牙的人口行政登记记录均为"Municipal"所属，其记录数据不可避免地存在"散"的特征。另一方面，西班牙的人口行政记录更新较慢，其记录数据是相对静态的。根据相关法律规定，市（自治区）居民行政登记记录（Municipal register of inhabitants，MRI）数据应于"1"和"6"的年份进行更新。5年一次的更新频率致使西班牙人口行政登记记录数据的实时性较差，存在较显著的"慢"特征。

1996年以来，随着西班牙相关法律的修订，原本由各自治区政府独立管理、5年更新一次的MRI逐渐向由各自治区政府和国家统计局（INE）联合管理、实行年度更新的连续行政记录（continuous register，PADRON）[①]转变。其中，各自治区政府负责维护本区的人口行政登记记录，有义务将基于月度更新的人口行政登记记录文件发送至INE。INE则负责对各自治区发送的人口行政登记记录文件进行质量评估，将存在错误信息、重复信息、缺失信息等质量问题的记录数据发还各自治区，并责令其限期纠正。经过INE的多方协调和统一

---

① PADRON也可被称为模糊式居民行政登记记录（Municipal register of inhabitants indistinctly）。

管理，MRI 升级成为 PADRON。PADRON 包含多项人口基本信息，如名字和姓氏（name and surnames）、性别、出生日期、常住地、国籍、出生地点、全国身份证号码（number of the national identification card）、教育水平等，可为人口普查部分项目提供数据来源[①]。也正基于此，INE 决定将人口行政记录信息首次运用于 2001 年的人口普查。

由于预算问题，本应于 2001 年 5 月 1 日实施的人口与住房普查（population and housing censuses）被延迟至 11 月 1 日。此次普查由 INE 联合各自治区统计局共同开展。作为行政记录数据统计应用的首次尝试，INE 从 PADRON 中选择了名字和姓氏、出生日期、出生地点、身份证号码、性别、教育水平、国籍 7 个变量，独立设计成行政记录数据问卷（questionnaire of register data）并事先填入相应的变量值。具体调查时，每一个西班牙住户将收到两份问卷：一份为普查问卷（the census questionnaire），主要搜集除从 PADRON 选择的 7 个变量之外的人口统计信息，需由被调查者填写问卷答案；另一份为行政记录数据问卷（questionnaire of register data），仅需被调查者对问卷答案的准确性进行核对。一旦被调查者发现行政记录数据问卷答案与住户成员的实际信息不一致，被调查者需在问卷空白处予以纠正或进行原因说明。被调整过的行政记录问卷将被寄送至各自治区政府，由各自治区政府先行对调整数据进行确认而后再发送给 INE。进一步地，居民个人的普查完整信息将由行政记录数据经由"一对一（one-to-one）"的数据代码与普查数据链接形成。

INE 认为，2001 年人口与住房普查具有如下优势[②]：（1）人口行政记录数据的运用提高了人口普查精度、降低了普查成本、减轻了被调查者的回答负担；（2）为各自治区政府实行人口行政登记记录信息的自主管理提供了基本保障；（3）为被调查者更新自身的人口行政记录数据提供了一个机会，在一定程度上提高了人口行政记录的数据质量；（4）允许新行政记录管理系统（new register management system）在运行过程中纠正系统的固有误差，提升了行政管理系统的灵活性；（5）详尽及几乎同时的信息比对将更易对人口信息变化的一致性进行验证；（6）将核查程序引入人口普查数据采集阶段，在一定程度上提高了人口普查的数据质量。

---

① 当然，PADRON 也包括建筑物和住宅的相关信息。
② INE. Use of Population Administrative Register Data（Padron）in the 2001 Spanish Census ［C］. Insee-Eurostat seminar on censuses after 2001, November 2000, Paris. http：//www. insee. fr/en/insee-statistique-publique/connaitre/colloques/insee-eurostat/pdf/diaz-concha. pdf.

第四章 | "组合模式"人口普查方法国际经验探索

二、2011 年人口普查基本情况

2011 年，西班牙国家统计局（Instituto National de Estadisticia，INE）基于《政府统计法》（Government Statistics Act）、《数据保护法》（Data Protect Act）、《公共统计服务法规》（Law on Public Statistical Service）三大法案，组织实施了西班牙历史上的第 18 次人口普查（Spanish Demographic Census，SDC）。从普查内容上看，SDC 是人口普查（population census）与住宅普查（housing census）的结合体，主要获取五方面的统计信息：（1）全国和各自治区的人口数量和结构信息；（2）全国和各自治区的人口、住宅和建筑物的数据特征信息；（3）小城市（small municipalities）、中等城市（medium municipalities）、大城市（large-sized municipalities）的人口、住宅和建筑物的数量特征信息；（4）一个以住宅为基本单位的领土目录（territorial directory）；（5）住宅和建筑物的地理坐标信息。

SDC 的调查对象也相应分为两部分。人口普查的调查对象是"所有在西班牙领土内拥有常住地的人口，而不论居民的国籍"。同时，为使人口普查结果具有较好的国际可比性，INE 特别将四类人群纳入普查对象：（1）外交人员、其他在国外工作的公务员及其家属；（2）普查标准时点在西班牙领土之外的商船队、渔船上的工作人员及航空人员；（3）暂时居住在国外的西班牙居民；（4）在西班牙拥有常住地的外国居民，即使他们暂时居住在国外[①]。住宅普查的调查对象是"所有在西班牙领土内供居民居住使用的建筑物，而不论其本身原有用途"。特别指出的是，INE 将三类建筑物排除在普查范围之外：（1）正在拆除的建筑物以及处于废墟状态无人居住的建筑物；（2）坐落在广场、人行道和休闲区用于销售饮料、烟草、报纸等商品的建筑物；（3）专门用于农业生产且不能同时供家庭或群体居住，或不能同时供农业生产之外任何活动使用的建筑物。

普查标准时点为 2011 年 11 月 1 日零时。普查内容涉及个人信息、核心家庭和家庭结构信息、住宅特征、建筑物特征 4 方面。其中，个人信息包括人口基本特征、移民特征、教育特征、经济活动特征、流动性特征、相关人口信息、无酬任务信息；核心家庭和家庭结构信息包括个人关系特征、夫妻特征和家庭特征，如表 4 – 15 所示。

---

① Instituto Nacional De Estadistica. Demographic Census Project 2011 [M]. Subdirectorate-General for Statistics on the Population, 2011.

表 4-15　　　　　　　　　西班牙 2011 年人口普查基本情况

普查名称	普查标准时点	普查对象	主要普查内容
人口普查（the demographic census）	2011 年 11 月 1 日零时	所有在西班牙领土内拥有常住地的人口	**个人信息** （1）人口基本特征：性别、出生日期、年龄、婚姻状况、出生地、父亲出生地、母亲出生地、国籍、常住地、现存家庭人口数、活产儿童数 （2）移民特征：迁入西班牙时间、迁入自治区时间、迁入现居市时间、迁入现住宅时间、1 年前居住地、现居住地和 1 年来的居住地清单、10 年前居住地、现居住地和 10 年来的居住地清单 （3）教育特征：教育水平、完成学习类型、目前学习、未成年人教育 （4）经济活动特征：当前经济活动状态、职业、创业活动（establishment activity）、职业地位 （5）流动性特征：工作或学习场所、上班或上学最常用的交通工具、每次上班或上学的平均时间、每次上班或上学的平均行程 （6）相关人口信息：相关人口（related population）、待在另一城市、逗留最长时间城市和国家的确认（identification of the municipality or country of the longest stay）、在该市逗留的天数、该市的第二处住宅 （7）无酬任务（unpaid tasks）信息：未成年人照顾、照顾病患、其他义工和志愿活动、负责大部分家务劳动 **核心家庭（family nuclei）和家庭结构信息** （8）个人关系特征：与父亲同居、与母亲同居、与配偶或伴侣同居、与其他亲属（子女、兄弟姐妹等）同居 （9）夫妻特征：夫妻同居 （10）家庭特征：核心家庭成员情况、核心家庭结构、核心家庭规模、住户成员情况、住户结构（私有）、住户规模（私有）
		所有在西班牙领土内供居民居住使用的建筑物	**住宅特征信息** （11）居住住宅类型、家庭住宅传统类型、可用面积、人均居住面积、卧室个数、人均卧室个数、供热类型、是否带有浴室、是否带有浴缸或淋浴、互联网接入情况、供水情况、住宅所有权、人员构成（根据住宅类型） **建筑物特征** （12）基于建筑物类型的住宅类型、建筑施工时期、建筑物地上楼层数、建筑物地下楼层数、建筑物内的住宅数、建筑物状态、建筑坐标 （13）建筑可及性（accessibility of the building）、电梯的可用性（availability of a garage）、车库中的车位数量、供气、电话连接、中央热水、污水处理系统类型

资料来源：Instituto Nacional De Estadistica. Demographic Census Project [R]. Subdirectorate-General for Statistics on the Population, 2011. e. es/en/censos2011/censos2011_proyecto_en. pdf.

三、2011年人口普查整体框架

西班牙2011年人口普查是"行政记录调查（register survey）+大型抽样调查（big survey）+建筑物普查（exhaustive enumeration of buildings）"的组合模式，其基本框架如图4-7所示。其中，行政记录调查是INE专门组织的、以PADRON为基础，通过与其他行政记录的匹配、链接、比对等统计操作形成一个普查前文件（pre-census file，PCF），主要用于获取人口总数的初步估计和基本人口特征信息，也为大型抽样调查和建筑物普查提供初步抽样框（initial frame）；大型抽样调查是由INE专门组织实施、样本量覆盖12%居民人口的专项调查，除获取较详细的人口信息、核心家庭和家庭结构信息之外，还将为基于普查前文件的人口数的初步估计提供校准信息；建筑物普查是由INE专门组织实施、调查对象覆盖西班牙领域内所有供居民居住使用的建筑物的专项调查，将获取住宅特征信息和建筑物特征信息，还将获取所有建筑物的地理坐标（geographical coordinates）。进一步地，INE对各类调查的数据质量进行评估，对人口普查结果进行发布。

与"行政记录调查+抽样调查"的组合模式相比，尽管"行政记录调查+抽样调查+普查"组合模式的出发点仍然主要是"尽可能利用人口行政记录信息，以降低调查成本和居民回答负担"，但额外增加建筑物普查对INE来说是很有必要的。（1）基于建筑物普查获取的建筑物地理坐标是实现信息可视化呈现的必要条件。INE尚未具备覆盖全部建筑物的地理坐标信息，因此较难编制精准的建筑物分布地图，难以满足建筑物信息可视化呈现的基本要求。建筑物普查将提供完整的建筑物地理坐标信息，将建筑物普查融入2011年人口普查实属必要。（2）获取的普查信息必然更加丰富。作为数据源，建筑物普查能提供更为广泛的统计信息，尤其能提供行政记录未登记且抽样调查未涉及的统计信息。（3）普查结果的质量必然更高。建筑物普查不仅能直接获取较广泛且质量相对较高的统计信息，更能对基于行政记录调查形成的统计信息予以质量检验。通过普查信息与行政记录信息的比对，能获得较可靠的过涵盖误差（over-coverage error）信息和未涵盖误差（under-coverage error）信息，从而对行政记录调查结果进行校准。

同时，与传统人口普查模式相比，2011年人口普查的优势更为明显[1]。

---

[1] National Statistics Institute of Spain. A General Approach to the Importance and Use of Registers in the Spanish Census [C]. Economic Commission for Europe Conference of European Statisticians, UNECE-Eurostat Expert Group Meeting on Censuses Using Registers, Geneva, 22-23 May 2012.

（1）参与调查的工作人员大幅减少，调查成本大幅降低。据 INE 估算，传统普查 70% 的调查成本与工作人员的数量相关。根据普查设计，所有参与 2011 年人口普查的数据搜集人员不足 5000 人，这不仅便于对工作人员的管理和培训，更能节省大笔的人员开支、大幅度降低普查成本。（2）多途径的数据采集方法使得普查问卷的回答率显著上升。2011 年人口普查提供了网络调查、邮寄问卷和 CAPI 三种数据搜集途径，提升了被调查者的回答可能性。大部分年轻人和那些不希望受时空限制的被调查者更愿意通过网络来回答问题；对于那些对新技术"不感冒"或者家里没有网络的人来说，邮寄问卷调查可能是更好的数据搜集方式；对于那些完成普查有困难的居民来说，普查员手持计算机设备进行面访调查将确保较高的回答率。与西班牙实施的传统人口普查相比，2011 年人口普查具有更高的回答率。

当然，INE 也客观地意识到 2011 人口普查所存在的缺点。（1）多途径的数据搜集方法可能致使被调查者提供不一致的答案。由于网络、邮寄和 CAPI 三种数据搜集方法的综合运用，不可避免地会出现基于不同渠道获取同一住户信息的情况。当这些答案之间并不一致时，INE 需额外设置专门的算法来确定答案的针对性，这不仅增加普查成本，更影响普查工作的整体实施效率。（2）较难满足微观地理层次分析人口普查数据的基本要求。2011 年人口普查涉及较多主题，抽样误差的存在将影响部分主题统计结果的准确性，难以保证基于微观地理层次统计信息分析的准确性。（3）较长的数据搜集过程增加了普查信息的时间调整难度。鉴于 2011 年人口普查的数据搜集始于 2011 年 9 月、止于 2012 年 4 月，将调查数据调整成符合 11 月 1 日零时状态的普查数据并不是一件十分容易的事。（4）需要较高的抽样设计技术和数据校准方法。"行政记录调查 + 抽样调查 + 普查"的组合模式人口普查需要较高的抽样设计技术和数据校准方法，这对首次实施该模式的 INE 而言无疑是个技术挑战。

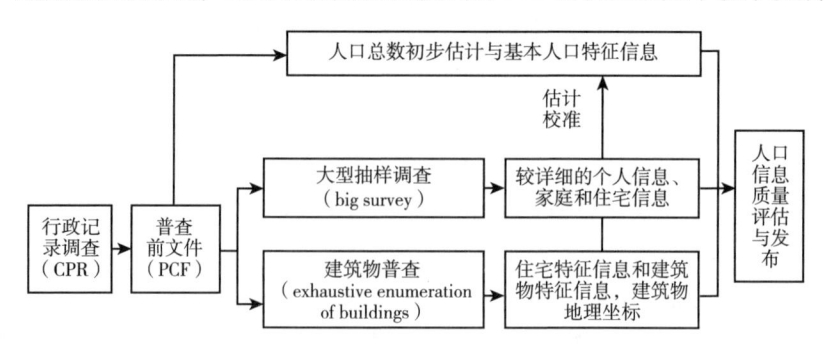

图 4-7　西班牙 2011 年人口普查整体框架

第四章 | "组合模式"人口普查方法国际经验探索

四、普查前文件与提供的人口数初步估计

(一) 行政记录调查与普查前文件构成

行政记录调查以最大程度利用人口行政记录信息为出发点，通过人口行政登记记录之间的匹配、链接、比对等统计操作形成一个普查前文件（PCF），以提供西班牙人口总数的初步估计，提供诸如性别、出生日期、年龄、出生地和国籍等基本人口统计信息。PCF 是行政记录调查的核心所在。具体来看，其由个人文件（person file, PF）和领土文件（territorial file, TF）构成，两者分别以 PADRON 为基础、经其他行政登记记录与统计数据的补充而形成，如图 4-8 所示。其中，PF 的主要目标是进一步充实和调整 PADRON 的人口信息，以便提供一个较准确的人口总数初步估计。为此，INE 基于"单位准匹配"原则选择了城市登记记录（municipal register, MR）、住宅登记记录（dwelling register, DR）、社会保障登记记录（social security register, SSR）、税收登记记录（tax register, TR）、就业登记记录（employment register, ER）、失业登记记录（unemployment register, UR）、出生登记记录（register of births, RB）、死亡登记记录（register of deaths, RD）、婚姻登记记录（register of marriages, RM）、电力消耗登记记录（electricity consumption register, ECR）、地籍和身份证数据库（cadastre and the identity cards database, CICD）等多种行政记录，亦选择了 2001 年人口与住房普查数据库（2001 census）和 2010 年生命统计数据库（2010 vital statistics）两项统计数据库。不同人口行政记录数据与 PADRON 之间主要经由全国身份证号码（number of the national identification card, NNIC）、外国人身份识别码（foreign national identification number, FNIN）和替代识别码（alternative identifiers, AI）实现链接[①]。

领土文件（territorial file, TF）的终极目标是尽可能地展现普查标准时点的西班牙领土结构和领土状态，提供一个较精确的包含建筑物和住宅的领

---

① 为提升行政记录的被识别性，INE 实施了一个专门用来确认行政记录识别码的"纵向人口研究项目（the project for the longitudinal demographic study）"。项目对所有涉及西班牙人和外国人的行政登记记录实施了识别码（NNIC、FNIN）确认程序。对未得到确认的行政记录，项目基于确定方法（exact method）和概率方法（probabilistic method），借助名字、姓氏、出生日期等其他标识字段执行一个搜索替代识别码（alternative identifiers）程序。

143

土目录清单。鉴于 PADRON 中的领土记录主要根据 2001 年的人口和住房普查数据调整，2001 之后年份建造的建筑物和之后年份才供人居住的建筑物信息便较少涉及①。INE 主要选择了土地登记记录（land registry，LR）、地籍和身份证数据库（cadastre and the identity cards database，CICD）两类行政记录，对 PADRON 信息予以补充以形成一个较准确的建筑物和住宅目录清单。

INE 认为，PCF 将提供多项信息②：（1）可基于额外的人口信息对 PADRON 所覆盖的人口记录进行确认或补充，为人口总数的初步估计奠定基础；（2）可直接构成人口普查变量的直接信息来源；（3）可为大型抽样调查的初级样本抽选提供初步抽样框；（4）可基于额外的地址信息对 PADRON 所涉及的建筑物信息和住宅信息进行确认或补充，为建筑物普查提供初步抽样框；（5）可为最后的数据处理阶段提供额外辅助信息。

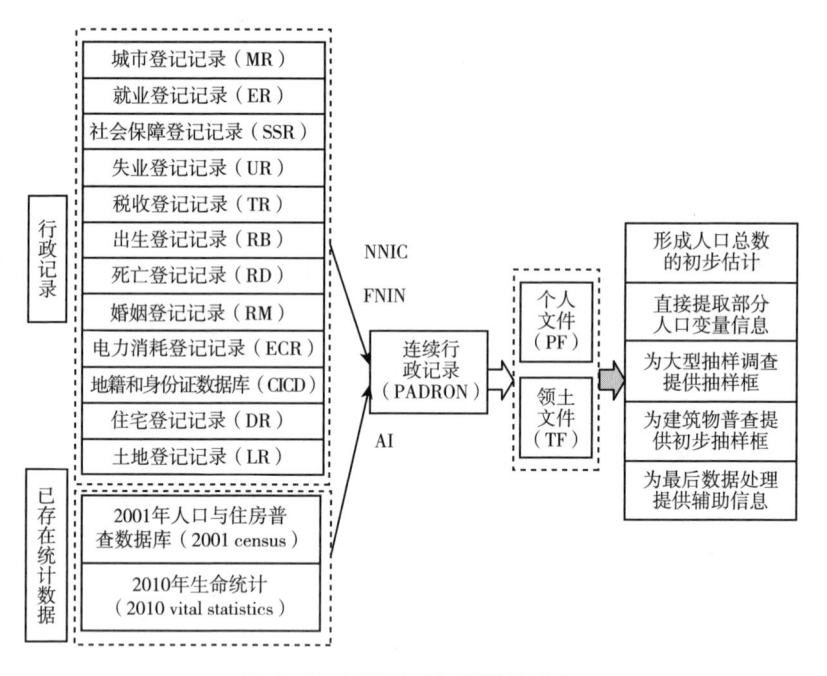

图 4-8　PCF 构成与提供的信息

---

① 西班牙 2001 年人口和住房普查涉及的建筑物和住宅仅针对有人居住的。

② Instituto Nacional De Estadistica. Demographic Census Project 2011［R］. Subdirectorate-General for Statistics on the Population，2011.

（二）基于 PCF 的人口数初步估计

截至 2012 年 1 月 1 日，PADRON 中登记的人口总数为 47265321 人，其中 5736258 人为外国人。为获取 2011 人口普查人口总数的初步估计，INE 将总人口分为确定人口（sure population）、错误人口（errors population）和怀疑人口（doubtful population）三部分。其中，确定人口是指相关行政记录的充分证据表明其属于人口普查对象范围"没有任何怀疑"的常住居民，如 SSR、TR 和 ER 一致表明近年来处于就业状态、正在缴纳个人所得税和社会保障缴款的居民；错误人口是指相关行政记录的充分证据表明其不属于人口普查对象范围而"需要排除"的居民，如 RD 表明已经死亡却仍旧保留在 PADRON 中的居民；怀疑人口是指没有充分证据表明其是否属于人口普查对象范围的居民。一般地，当 PADRON 中的人口登记记录无法实现与其他任何行政记录的链接时，该人口记录则被标上警告标识，其所对应的个人也往往被归入"怀疑人口"[①]。在进行总人口数的初步估计时，INE 为三类居民分别赋予不同的计数因子（count factors，CF），确定人口的 CF 为 1、错误人口的 CF 为 0、怀疑人口的 CF 为 CF_i（CF_i 的具体取值将基于大型抽样调查获取）。

基于 PCF 的人口总数初步估计表明，97.7% 的 PCF 登记记录对象为确定人口、0.1% 的 PCF 登记记录对象为错误人口、2.2% 的 PCF 登记记录对象为怀疑人口，87% 的怀疑人口为外国人。

五、大型抽样调查与建筑物普查设计

（一）大型抽样调查设计

INE 设定了大型抽样调查的三项目标：（1）获取校准因子对基于 PCF 的人口总数初步估计值进行校准；（2）获取校准因子对各城市的人口数进行校准；（3）获取较详细的人口、家庭和住房的特征信息。为实现上述目标，INE 将基于 PCF 形成的住宅抽样框视为"抽样框 A"，并将所有住宅归为可定位住宅（locatable dwellings）和不可定位住宅（unlocatable dwellings）两类。所谓

[①] 一个人口登记记录被标上警告标识约分 15 种情况，例如：（1）一个 13 岁以上没有正确身份证号码的西班牙公民人口记录；（2）一个 13 岁以上具有身份证号码、但该号码未纳入警察局数据库的西班牙公民人口行政记录；（3）一个很长时间内没有信息更新的外国居民人口行政记录；等等。

"可定位住宅"是指那些可根据邮政地址在实地考察中进行定位的住宅,而所谓"不可定位住宅"则是指那些不存在完整地址而无法定位的住宅。接着,所有住宅被进一步归为主要住宅(main dwelling)和非主要住宅(non-main dwelling)两类。同时,考虑到 PCF 提供的住宅信息并不详尽,INE 将全国范围内应该登记而未登记的全部住宅视为"抽样框 B"。当然,抽样框 B 将通过建筑物普查信息编制形成。

大型抽样调查的抽样单位是住宅,由住宅中的居民构成最终样本,最终样本覆盖所有城市。为提高样本的代表性,INE 根据城市规模将总体分成 15 层,分别对各层、各层中的"可定位住宅"、各层中的"不可定位住宅"设定了不同的抽样比。为提升抽样设计效率,INE 允许各城市统计局根据需要对设定的抽样比进行小幅调整。最终,住宅的总抽样比为 11.9%,样本量为 3024276户,居民的总抽样比为 12.3%,样本量为 5797425 人,住宅样本和人口样本的具体构成情况如表 4 - 16 所示。从操作层面看,基于抽样框 A 的样本采用随机起点的系统抽样方式获取,而基于抽样框 B 的样本则按贝努里程序(bernouilli procedure)分配的等概抽样方式获取。

表 4 - 16　　　西班牙 2011 年大型抽样调查的样本构成情况

城市规模（人）	住宅样本构成						居民样本构成			
	城市数量（个）	城市平均住宅数（个）	抽样比（%）		城市平均样本数（个）	总样本数（个）	抽样比（%）	城市平均居民数（人）	城市平均样本数（人）	总样本数（人）
			抽样框A:可定位的主要住宅	平均						
50 以下	399	66	100	100	66	26334	34	100	34	13720
50 ~ 100	642	107	100	100	107	68694	74	100	74	47758
100 ~ 200	1197	161	100	100	161	192717	145	100	145	173148
200 ~ 500	1562	306	70	46.7	143	223272	325	63.9	208	324655
500 ~ 1000	1062	563	50	35.2	198	210170	711	45.7	325	345653
1000 ~ 2000	926	984	30	21.8	214	198571	1414	26.9	380	352074
2000 ~ 5000	1011	1905	20	15.0	287	289672	3150	17.9	564	570078
5000 ~ 10000	564	3873	15	11.6	450	253631	6984	13.5	945	532867
10000 ~ 20000	354	7931	10	7.7	613	216924	14170	9.1	1287	455757

续表

城市规模（人）	城市数量（个）	住宅样本构成					居民样本构成			
^	^	城市平均住宅数（个）	抽样比（%）		城市平均样本数（个）	总样本数（个）	城市平均居民数（人）	抽样比（%）	城市平均样本数（人）	总样本数（人）
^	^	^	抽样框A：可定位的主要住宅	平均	^	^	^	^	^	^
20000~50000	252	16216	10	7.9	1276	321481	29599	9.2	2727	687284
50000~100000	83	36706	10	8.1	2968	246332	71183	9.3	6591	547060
100000~200000	33	71985	10	8.3	6009	198303	144681	9.3	13524	446286
200000~500000	23	129220	10	8.5	10966	252211	271363	9.3	25191	579399
500000~1000000	4	334616	10	8.5	28589	114355	697624	9.4	65328	261313
1000000以上	2	1220647	10	8.7	105804	211609	2452185	9.4	230186	460373
总计	8114	/	/	11.9	/	3024276	/	12.3	/	5797425

资料来源：Instituto Nacional De Estadistica. Demographic Census Project 2011 [R]. Subdirectorate-General for Statistics on the Population, 2011. e. es/en/censos2011/censos2011_proyecto_en. pdf.

（二）建筑物普查设计

建筑物普查是一项覆盖西班牙领土范围的实地考察，INE为其设定的主要目标分为四个：（1）提供一份包含所有建筑物地理参考坐标的清单；（2）基于建筑物问卷获取有关建筑物与住宅的特征信息；（3）提供一份所有建筑物内含房产的清单；（4）为大型抽样调查提供抽样框B并为其提供补充信息。为实现上述目标，INE精心设计了实地调查路线（fieldwork route）。

为方便地理信息的实时参考，建筑物普查员将随身携带地图和电子路线笔记本（electronic route notebook）。地图便于对建筑物的邮寄近似地址（postal approximations address）进行定位，亦可展示相关的字母数字信息（alpha-numeric information）；电子路线笔记本将提供一份有关领土元素的字母数字识别数据清单，也将提供一份有关建筑物内的房地产清单。普查员的实地考察路线遵循邮寄近似地址的字母数字信息目录（已被设计成一个App软件）制定。对于那些可被定位的建筑物，普查员将采集其地理坐标信息；对于那些不可定位的邮寄近似地址，普查员则基于地图信息制定考察路线并进一步采集建筑物的地理坐标信息。在实地调查中，普查员应当对每个部分的信息予以验证，如总体单位、道路、支架（bracket）、邮寄近似地址、建筑物和建筑物内的房地产，补充行政记录尚未登记的建筑物信息、调整行政记录登记的错误信息，尽力使行政记录内容与实际情况一致。同时，对于每一个建筑物，普查员将填写一份建筑物问卷，详细记录建筑物的特征信息。

尽管是两个独立的调查，但大型抽样调查与建筑物普查的实际调查工作却是交织开展的。2011 年 10 月，INE 先后发送了 220 万封信给入样家庭，要求其填写人口普查问卷。鉴于此次大型抽样调查是个连续多渠道的调查，被调查者亦可选择通过网络来填写问卷。对于无回答的家庭，INE 将进一步提醒其是否需要一份纸质问卷或需要在线帮助（help-line）。只有对经多次提醒仍未合作的家庭（约 50% 的入样家庭），INE 才派调查员上门进行面对面的计算机辅助面访（CAPI）调查。与此同时，约 4000 名普查员和 900 多位管理员开始实施建筑物普查，在其完成普查任务之后还将为大型抽样调查提供抽样框 B，并对新入样的家庭和个人实施调查以补充大型抽样调查内容。如此一来，这些工作人员实施了整个跨期 3.5 个月的调查任务，前 2.5 个月主要实施建筑物普查任务，后一个月则主要实施住户调查任务。

六、基于抽样调查信息的计数因子估计

PCF 为西班牙总人口数提供了初步估计，如公式（4 – 7）所示：

$$\hat{T} = S + CF \times D \tag{4 – 7}$$

其中，$\hat{T}$ 表示西班牙人口总数估计值、S 表示城市 PCF 中的确定人口数、D 表示 PCF 中的怀疑人口数、CF 表示怀疑人口数的计数因子。为获取计数因子 CF 的估计，INE 首先根据人口特征将所有 PCF 划分为 724 个组，并确保每个组中的怀疑人口数的最小值为 1000，若某个组的怀疑人口数未达到 1000 则必须重新分组以达到最低门槛。据此，西班牙总人口数为各组人口数之和，如公式（4 – 8）所示：

$$\hat{T} = \sum T_i = \sum (S_i + CF_i \times D_i) \tag{4 – 8}$$

其中，T_i 表示第 i 组 PCF 中的人口总数、S_i 表示第 i 组 PCF 中的确定人口数、D_i 表示第 i 组 PCF 中的怀疑人口数、CF_i 表示第 i 组怀疑人口数的计数因子。鉴于

更偏好对确定人口数的估计,而不是怀疑人数,则第 i 组确定人口比例 P_i 为:

$$P_i = \frac{S_i}{S_i + D_i} = \frac{S_i}{T_i} \quad (4-9)$$

考虑到怀疑人口不应被全部计入实际人口数,INE 建议使用大型抽样调查结果中第 i 组确定人数比例 $\hat{p}_i$ 对 p_i 进行估计,即:

$$\hat{p}_i = \frac{\hat{s}_i}{\hat{t}_i} \quad (4-10)$$

其中,$\hat{t}_i$ 为第 i 组人口总数,$\hat{s}_i$ 为第 i 组确定人口数。为避免对怀疑人数的低估,所有未被包括于 PCF 却填写了问卷的人口数计入 $\hat{t}_i$,而不计入 $\hat{s}_i$,那么基于大型抽样调查的第 i 组怀疑人口数的实际估计为:

$$\hat{d}_i = \hat{t}_i - \hat{s}_i \quad (4-11)$$

当对第 i 组所有怀疑人数分配相同的计数因子(CF_i)时,第 i 组人口总数的估计值为:

$$\hat{T}_i = \hat{S}_i + \hat{CF}_i \times \hat{D}_i \quad (4-12)$$

$$\hat{P}_i = \frac{S_i}{\hat{T}_i} = \frac{S_i}{S_i + CF_i \times D_i} = \hat{p}_i = \frac{\hat{s}_i}{\hat{t}_i} \quad (4-13)$$

$$CF_i = \frac{S_i \left(\frac{\hat{t}_i}{\hat{s}_i} - 1 \right)}{D_i} = \frac{\hat{d}_i / \hat{s}_i}{D_i / S_i} \quad (4-14)$$

其中,S_i 和 D_i 源自 PCF,$\hat{s}_i$、$\hat{t}_i$、$\hat{d}_i$ 均源自大型抽样调查。计数因子 CF_i 可能大于 1、小于 1 或者等于 1,当 CF_i 大于 1 时,便意味着该组人口被补充登记了。最终估计表明,CF_i 平均值为 0.424,PCF 中 1040000 个怀疑人口中的 440000 人被计入人口总数。截至 2011 年 11 月 1 日零时,西班牙常住居民人数约为 46815916 人。

七、2011 年人口普查结果评估

(一) 2011 年人口普查结果评估方法

尽管我们相信 INE 存在一个严谨的人口普查质量控制方法体系和一套严格的人口普查结果评估程序,但我们并未检索到有关西班牙 2011 年人口普查结果质量评估的文献。相关的是，罗德罗科萨诺等（Rodero-Cosano et al., 2016）基于自治区视角分别将西班牙 2011 年的人口普查结果与人口行政记录信息、基于不同数据源的人口总预测结果进行了比对。

罗德罗科萨诺等（2016）所用到的数据库分为四个[①]：（1）人口普查数据库（2001 年人口普查和 2011 年人口普查）；（2）市（自治区）居民行政登记记录库（MRI，2002～2012）；（3）基于出生和死亡统计的营养平衡（vegetative balances）数据库（2002～2011）；（4）居民变化统计数据库（2002～2011）。基于此，从各自治区视角分别对 2011 年人口总数普查结果与 2012 年 MRI 记录数、2011 年人口总数普查结果与基于 2001 年普查的理论人口预测数、2011 年人口总数普查结果与基于 2001 年 MRI 的理论人口预测数展开异质性检验。

（二）2011 年人口普查误差评估结果

检验结果如表 4－17 所示。罗德罗科萨诺等（2016）据此得出结论，2011 年人口总数普查结果与 2012 年 MRI 记录数更为接近。他们认为，尽管 2011 年西班牙人口普查首次运用"行政记录调查＋抽样调查＋普查"的组合模式，但基于该模式取得的普查结果数据质量相对较高，普查成本也相对较低。

表 4－17　西班牙 2011 年人口普查结果与相关结果的异质性检验

自治区	2011 年人口普查 V.S. 2012 年 MRI		2011 年人口普查 V.S 基于 2001 年普查的理论人口预测数		2011 年人口普查 V.S 基于 2001 年 MRI 的理论人口预测数	
	Z 值	Error	Z 值	Error	Z 值	Error
安达卢西亚（Andalucía）	0.44***	0.660	－9.48	0.000	5.75	0.000
阿拉贡（Aragón）	4.89	0.000	0.84***	0.400	10.18	0.000
阿斯图里亚斯（Asturias, P. de）	5.59	0.000	－1.19***	0.234	6.92	0.000
巴利阿里群岛（Balears, Illes）	－5.66	0.000	26.83	0.000	－9.08	0.000

[①] Rodero-Cosano M. L., Salinas Pérez J. A., Carbonero-Ruz M. Evaluation of the Census Error in Spain [R]. European Conference on Quality in Office Statistics, Madrid, May31-June 3, 2016.

第四章 "组合模式"人口普查方法国际经验探索

续表

自治区	2011年人口普查 V.S. 2012年MRI		2011年人口普查 V.S 基于2001年普查的理论人口预测数		2011年人口普查 V.S 基于2001年MRI的理论人口预测数	
	Z值	Error	Z值	Error	Z值	Error
加纳利群岛（Canarias）	-7.80	0.000	20.57	0.000	-32.06	0.000
坎塔布里亚（Cantabria）	4.02	0.000	4.32	0.000	9.23	0.000
卡斯蒂利亚-莱昂（Castilla y León）	8.39	0.000	3.69	0.000	17.23	0.000
卡斯蒂利亚-拉曼恰（Castilla -La Mancha）	2.31***	0.021	-3.61	0.000	7.88	0.000
加泰罗尼亚（Cataluña）	5.91	0.000	34.16	0.000	32.42	0.000
瓦伦西亚（C. Valenciana）	-23.57	0.000	-16.54	0.000	-35.41	0.000
埃斯特雷马杜拉（Extremadura）	4.72	0.000	4.11	0.000	10.05	0.000
加利西亚（Galicia）	7.86	0.000	-4.51	0.000	3.04***	0.002
马德里（Madrid, C. de）	-4.48	0.000	-22.82	0.000	-12.91	0.000
穆尔西亚（Murcia, Región de）	1.01***	0.312	-15.08	0.000	-13.91	0.000
纳瓦拉（Navarra, C. Foral de）	1.51***	0.131	6.87	0.000	6.53	0.000
巴斯克地区（País Vasco）	6.47	0.000	-15.40	0.000	-5.19	0.000
拉里奥哈（Rioja, La）	0.80***	0.421	-2.66***	0.008	-0.28***	0.778
休达（Ceuta）	0.73***	0.465	8.56	0.000	1.32***	0.186
梅利利亚（Melilla）	3.22***	0.001	-0.68***	0.495	-3.26***	0.001

注：*** 表示在1%显著性水平下显著。

资料来源：Rodero-Cosano M. L.，Salinas Pérez J. A.，Carbonero-Ruz M. Evaluation of the Census Error in Spain［R］. European Conference on Quality in Office Statistics，Madrid，May31-June 3，2016.

151

第五章
我国实施植入行政记录
人口普查的可行性分析

第一节 我国人口普查基本情况与传统人口普查面临的挑战

一、1953年人口普查和1964年人口普查

(一) 1953年人口普查

我国是世界上最早开展人口统计的国家之一。公元前22世纪，大禹便开始"平水土，分九州，数万民"。尽管很多学者认为大禹并没有统计出准确的人口数字，但"数万民"被一致认为是人口统计调查的雏形。最早的人口统计数据可追溯至西汉平帝元始五年（公元5年）。据《汉书·地理志》记载，当时全国共有居民 12222062 户、59594978 人。当然，在之后的历史年代中，我国也曾实施了多次范围不一的人口计数活动，但由于种种原因，这些人口计数活动与现代意义上的人口普查具有较大差异[①]。

1953年，中央人民政府政务院为做好全国及地方人民代表大会的选民登

[①] 一般认为，现代人口普查是指在国家统一规定的时间内，按照统一的项目、统一的表格和统一的填写方法，对全国人口普遍地、逐户逐人地进行调查登记。它是一种有严密组织领导、有周密计划、用科学方法进行的大规模社会调查。资料来源：彭松建. 论现代人口普查的特点 [J]. 经济科学，1982 (1)：23-28；贾宏宇. 现代人口普查的作用和特点 [J]. 外国经济与管理，1982 (5)：14-16；边燕杰. 现代人口普查的发展和特点 [J]. 社会科学，1981 (5)：86-87.

记工作，决定实施中华人民共和国成立后的第一次人口普查。同年的4月3日，中央人民政府颁布了《全国第一次人口普查办法》，由此揭开了我国现代意义上人口普查史的先河。1953年人口普查针对全体中华人民共和国国民，即对所有具有中华人民共和国国籍的居民展开调查（不包括台湾省人口、港澳同胞和国外华侨），普查标准时点为6月30日24时，普查内容仅涉及人口基本信息，包括本户地址、姓名、性别、年龄、民族和户主关系6个项目。从数据获取途径来看，此次普查采用户主到站登记为主、普查员询问为辅的方式。其中，户主到站登记是指组织者设定人口登记点，如在居民方便的地方（一个大院、一幢楼房等）设立人口普查登记点，由申报人按事先约定的时间到站申报，由普查员填写普查问卷；普查员询问则是组织者派调查员到居民家庭中询问、填写普查问卷，多半针对行动不便或其他原因不便到登记点的人。

尽管调查内容相对较少，1953年人口普查第一次摸清了我国的全国人口底数。据1954年11月1日国家统计局发表的《关于全国人口普查登记结果的公报》，全国在1953年7月1日零时总人口为601938035人，其中直接调查的人口为574205940人，用其他办法间接调查到的人口为27732095人。

（二）1964年人口普查

1964年2月11日，中共中央和国务院发布了《关于进行第二次全国人口普查工作的指示》文件，决定实施中华人民共和国成立后的第二次人口普查，为制定第三个五年计划（1966~1970年）和长远规划提供依据。1964年人口普查针对所有具有中华人民共和国国籍的居民（不包括台湾省人口、港澳同胞和国外华侨）展开调查，其普查标准时点为6月30日24时，普查项目除保留了第一次人口普查所涉及的本户地址、姓名、性别、年龄、民族、户主关系6项之外，还增加了文化程度、本人成分、职业3项（该3项不做汇总）。同时，要求对1964年上半年出生、死亡、迁出、迁入进行核对和登记。与1953年人口普查一样，1964年人口普查采用中央统一设计的人口调查登记表，各地不得变更和增加项目。从数据获取途径来看，普查仍然采用户主到站登记为主、普查员询问为辅的方式。

1964年人口普查结果并没有及时公布。直到1981年，《统计》杂志的第5期才正式刊载了国家统计局提供的《第二次全国人口普查结果的九项主要统计数据》。普查结果表明，1964年6月30日24时，全国人口为720370269人（不包括台湾省人口、港澳同胞和国外华侨）。

二、1982 年人口普查和 1990 年人口普查

（一）1982 年人口普查

1982 年 2 月 19 日，中共中央和国务院决定实施中华人民共和国成立后的第三次人口普查并发布了《第三次人口普查办法》。办法规定，第三次人口普查针对所有具有中华人民共和国国籍且在中华人民共和国常住的居民（不包括台湾省人口、港澳同胞和国外华侨）展开调查，其普查标准时点为 7 月 1 日零时，普查项目共计 19 项。其中，按人填报的项目有姓名、与户主关系、性别、年龄、民族、常住人口的户口登记状况、文化程度、职业、不在业人口状况、婚姻状况、生育子女数和存活子女总数、1981 年生育胎次 13 项；按户填报的项目有户的类别（家庭户或集体户）、本户住址、本户人数、本户 1981 年出生人数、本户 1981 年死亡人数和有常住户口已外出一年以上的人数 6 项。

与 1964 年人口普查相比，1982 年人口普查新增了四方面调查内容。（1）人口经济特征信息。普查项目不仅涉及在业人口的行业和职业，也涉及待国家统一分配的大专毕业生和复员转业军人、市镇待业人员、家务劳动者、在校学生和准备升学的学生、退休退职人员、其他老弱病残人员等居民的职业状况，统称为"15 岁以上不在业人口"。（2）婚姻和生育特征信息，包括婚姻状况及妇女生育子女总数、现在存活子女总数和 1981 年生育状况四个项目。（3）前一年出生、死亡人数和死亡人口年龄等特征信息，为核实我国人口出生率、死亡率和计算我国人口的平均预期寿命提供基础数据。（4）居住和户口特征信息，包括常住人口的户口状况和有常住户口已外出一年以上的人口两个项目。

从数据获取途径来看，1982 年人口普查仍然采用户主到站登记为主、普查员询问为辅的方式。其中，以前一种形式登记信息的人口约占 80%，以后一种形式登记信息的人口约占 15%，还有 5% 左右的人口则是由普查员到车间、工地、田头、船上登记普查信息。普查结果表明，1982 年 7 月 1 日零时全国人口为 1031882511 人，其中大陆 29 个省、自治区、直辖市（不包括福建省的金门、马祖等岛屿）的人口和现役军人共 1008175288 人。

（二）1990 年人口普查

1989 年 5 月 9 日，中共中央和国务院发出《关于进行第四次全国人口普查的通知》，决定于 1990 年进行第四次全国人口普查。1989 年 10 月 25 日，国

务院发布了《第四次人口普查办法》。办法规定,第四次人口普查针对所有具有中华人民共和国国籍且在中华人民共和国常住的居民(不包括台湾地区人口、港澳同胞和国外华侨)展开调查,其普查标准时点为7月1日零时,登记时间为7月1日至10日,登记结束后的全面复查于7月15日以前完成。普查项目共计21项。其中,按人填报项目为15项,即姓名、与户主关系、性别、年龄、民族、户口状况和性质、1985年7月1日常住地状况、迁来本地的原因、文化程度、在业人口的行业、在业人口的职业、不在业人口状况、婚姻状况、妇女生育、存活子女数、1989年1月1日以来的生育状况;按户填报的有6项,即本户编号、户别、本户人数、本户出生人数、本户死亡人数、本户户籍人口中离开本县(市)一年以上的人数。

与1982年人口普查相比,按人填报的项目增加了1985年7月1日(即5年前)常住地状况和迁来本地原因两个项目,以便查清人口迁移的流向和原因。在户口状况项目中增加了户口性质(农业户口、非农业户口),在文化程度项目中增加了学业完成情况(在校、毕业、肄业、其他),妇女生育状况的调查时间也由1年改为1.5年(1989年1月1日至1990年6月30日);按户填报的项目中,本户出生人数、死亡人数两个项目的调查时间也改为1.5年。附表死亡人口登记表,除调查时间延长为1.5年外,还增加了本户编号、死亡人口的民族、文化程度、死亡时的婚姻状况和死者生前从事的主要职业等5个项目,减少了死亡时年龄1个项目。

从数据获取途径来看,1990年人口普查调整为普查员询问为主、户主到站登记为辅的方式。普查数据的汇总工作采取两种方式进行(孙兢新和孟庆普,1992)[①]。(1)主要数字的手工汇总。从1990年7月16日开始,针对总人口、性别、民族、文化程度、户口登记状况、人口自然变动、城乡人口构成等主要指标进行手工汇总。这项工作从基层村民委员会、居民委员会开始,经过乡、镇、街道办事处,县、市、地区、地级市,省、自治区、直辖市,国务院人口普查办公室,共分六级进行逐级汇总上报。自1990年10月底开始,国家统计局连续发布了5期人口普查的主要数据公报。(2)电子计算机数据处理。面对超过600亿字符的原始记录,电子计算机数据处理分两步进行。第一步进行10%提前抽样汇总。按照预先规定的抽样方法,抽取10%的居民委员会或村民委员会,共计2790多万户、1.13亿人的登记资料提前进行处理。第

---

① 孙兢新,孟庆普.十一亿人口的普查——中国1990年人口普查工作的组织实施[J].人口研究,1992(6):1-15.

二步进行全部资料的汇总，于 1992 年 6 月底完成。普查结果表明，1990 年 7 月 1 日全国人口为 1160017381 人，其中大陆 30 个省、自治区、直辖市（不包括福建省的金门、马祖等岛屿）和现役军人共 1133682501 人。

三、2000 年人口普查和 2010 年人口普查

（一）2000 年人口普查

1994 年，国家统计局正式建立了周期性的普查制度，做出了"每 10 年进行一次人口普查、逢 0 年份实施"的战略规定。1998 年 6 月 17 日，国务院发出了《关于进行第五次全国人口普查的通知》。2000 年 1 月 25 日，国务院正式颁布了《第五次人口普查办法》。办法规定，第五次人口普查针对所有具有中华人民共和国国籍且在中华人民共和国常住的居民（不包括台湾省人口、港澳同胞和国外华侨）展开调查，其普查标准时点为 11 月 1 日零时，登记时间为 11 月 1 日至 10 日，普查项目共计 49 项。

与第四次人口普查相比，第五次人口普查呈现如下新特点（朱向东，2003)[①]。

（1）改变了常住人口的时间标准和空间标准。第四次人口普查规定普查登记按常住人口进行，即每个人都在其常住地进行登记。在第五次人口普查中，尽管登记对象仍然是常住人口，但对"常住"的时间标准则由 1 年缩短为半年，对"常住"的空间标准亦由县市缩小为乡镇街道。

（2）改变了普查的标准时间。第四次人口普查（及前三次人口普查）的普查标准时间是 7 月 1 日零时。考虑到 6～7 月全国不仅天气炎热还常伴有特大暴雨洪灾，9～10 月新生入学、秋季农忙和"十一"长假人员外出等因素，第五次人口普查将普查标准时点调整为 11 月 1 日零时。

（3）增加了调查项目。第五次人口普查共设调查项目 49 项，比第四次人口普查增加了 28 项。其中，按人填报的 26 项，比第四次人口普查增加了 11 项，主要新增了描述人口迁移特征（如出生地、何时从何地来本乡镇街道等）、人口经济活动特征（如上周是否在工作、未工作者的生活来源等）、教育特征（如学业完成情况、是否接受成人教育等）；按户填报的 23 项，比第四次人口普查增加了 17 项，主要新增了描述住房状况的项目，如住房间数、

[①] 朱向东. 我国 2000 年第五次人口普查方案的主要特点［C］. 第五次全国人口普查科学讨论会论文集，2003.

面积、墙体材料、房屋来源、购建费用、月房租以及住房内厨房、厕所、炊事燃料、饮用水、洗浴设施等。

（4）首次采用长短表技术①。第四次人口普查（及前三次人口普查）均使用一种普查表式，被调查者需回答相同数量及内容的问题。第五次人口普查设计了两种普查表：一种是项目较少，由大部分人（90%的调查户）填报的短表；另一种是项目较多，由小部分人（10%的调查户）填报的长表。

（5）强化了普查地图的作用。在第五次人口普查中，我国960万平方公里的土地被逐级分割到各个普查员负责的调查小区，形成各级普查地图并据此建立人口地理信息系统（GIS）。普查员只要做到将负责调查小区内所有房屋情况都摸清、每幢房屋内居住的人都查到，就可基本保证人口登记数量的不重不漏。

（6）增加了"暂住人口调查表"附表。为提高登记总人口的准确性，在第五次人口普查中，国家统计局专门设计了"暂住人口调查表"，用于对离开户口登记地不满半年的人口进行登记。

（7）采用了光电录入技术，实现了数据处理的网络化。第五次人口普查首次采用了光电录入技术，极大地降低了人工录入再生性误差产生的可能性，提高了录入速度。整个普查数据处理的工作模式可归纳为"光电录入、图像存储、建立网站、三级处理"，在整个普查数据处理系统中，建立了CA安全认证系统，保证了数据的安全性。

普查结果表明，2000年11月1日我国总人口为129533万人。其中，全国31个省、自治区、直辖市（不包括福建省的金门、马祖等岛屿）和现役军人的人口共126583万人。香港特别行政区人口为678万人、澳门特别行政区人口为44万人、台湾省和福建省的金门、马祖等岛屿人口为2228万人。

（二）2010年人口普查

2009年5月6日，国务院发布了《国务院关于开展第六次全国人口普查的通知》，决定于2010年开展第六次全国人口普查。同时，为更科学有效地组织实施全国人口普查工作，2010年5月12日国务院第111次常务会议通过了《全国人口普查条例》，对普查目的、普查原则、普查任务、普查对象、普查范围、普查的组织实施等方面做出明确规定。随后，国家统计局、国务院第六

---

① 所谓长短表技术，是在人口普查中设计两种普查表式。一种表式调查人口最基本的且不适于进行抽样调查的项目，由所有人填报，称作短表；另一种表式调查项目较多，采取抽样的方法确定一部分人填报，称作长表。长短表技术已为世界各国在人口普查中广泛采用。

次全国人口普查领导小组办公室根据《全国人口普查条例》制定了《第六次全国人口普查方案》。方案规定,第六次人口普查针对普查标准时点在中华人民共和国境内的自然人以及在中华人民共和国境外但未定居的中国公民(不包括在中华人民共和国境内短期停留的境外人员)展开调查,其普查标准时点为11月1日零时,登记时间为11月1日至10日,普查项目包括姓名、性别、年龄、民族、国籍、受教育程度、行业、职业、迁移流动、社会保障、婚姻、生育、死亡、住房情况等共计63项。

第六次人口普查呈现如下新变化。(1)普查对象变化。与第五次人口普查对象"具有中华人民共和国国籍并在中华人民共和国境内常住的自然人"不同,第六次人口普查对象为"中华人民共和国境内居住的自然人",这意味着在我国境内的常住境外人员被纳入普查对象。(2)普查内容变化。从普查表式上看,第六次人口普查增加了《境外人员普查表》、减少了《暂住人口登记表》,将反映老年人口供养状况和身体健康状况的若干项目纳入普查长表。相较于第五次人口普查,第六次人口普查项目不仅可用于描述人口自然属性和地区分布,还可描述国内外人口迁移流动、住户和家庭、生育和死亡、教育、经济活动、健康状况、住房状况等多方面情况。(3)登记地点变化。与第五次人口普查的"常住地"登记原则不同,第六次人口普查的登记原则为"现住地",即"逢人就查""见人就登"。同时,为更好地掌握流动人口统计信息,第六次人口普查对不在户口登记地居住的人口实行"现住地登记+户口登记地登记"的双重登记模式。(4)遥感影像和光电识别技术的首次采用。第六次人口普查首次采用遥感影像进行计算机制图以替代手工绘图,实现了全国普查区域的无缝对接。同时,第六次人口普查全面实现了数字和汉字的光电识别,大幅度加快了普查数据处理速度,提高了普查工作效率。

普查结果表明,2010年11月1日我国境内的常住人口总数为1370536875人。其中,普查登记的31个省、自治区、直辖市和现役军人共1339724852人,香港特别行政区人口为7097600人,澳门特别行政区人口为552300人,台湾地区人口为23162123人。

四、传统人口普查面临的挑战

动态地看,尽管我国人口普查史是一个技术逐步提高、内容不断完善的过程,普查方法也在逐步走向正规化、科学化和现代化,但仍不可避免地存在较多问题。根据直接参与普查工作一线统计人员的相关研究(肖升初等,2010;

张为民，2010；庞江倩，2010；高翔，2011；陈婉清，2010、2012；骆晓斌，2011；王颖超，2010；金秀芝，2013），我国人口普查工作所面临的挑战主要体现为三方面。

（一）锁定普查对象的难度与日俱增

准确锁定普查对象是保障人口普查统计数据质量的基本前提。人口普查的基本原则是坚持地域登记原则，即在普查时点将普查人口锁定于某个确定的登记地点（或上门入户登记），以确保人口登记的"不重、不漏"。然而，随着经济的不断发展和居民住房条件的不断改善，我国的人口迁移流动不仅规模日渐扩大而且频率也不断提高。在人口普查过程中，人口居住地与户籍所在地的分离现象十分普遍，"空挂户口"、一户多处住房、承租户与房主互不了解等现象大量存在，人口居住的稳定性逐渐减弱。据估计，一般城市的"人户分离"现象占到总人数的30%～40%，像北京、上海等大城市的"人户分离"人数比例超过50%，大规模人口的"人户分离"极大提升了准确锁定普查对象的难度，直接加大了普查难度。

（二）居民配合度明显降低

人口普查统计数据的质量高低与居民的调查配合度密切相关。然而，一方面随着生活节奏不断加快、就业竞争日渐加剧、工作压力与日俱增，部分居民（特别是大城市的居民）没有充足的时间和耐心来回答普查员的提问；另一方面，随着社会公众自我保护意识的逐渐增强，部分居民不愿意泄露自身隐私，更不接受陌生人的登门来访。特别地，流动人口和计划生育外的出生人口更是心存疑虑，担心人口普查与行政处罚挂钩，不愿填报真实信息，入户登记困难更大。此外，由于各种调查，特别是商业调查越来越频繁，部分居民存在厌烦情绪，随意应付甚至拒绝调查。居民配合度的降低使得获取真实、准确、完整的人口普查信息的难度倍增。

（三）普查成本不断提升

我国的人口普查经费由中央财政和地方财政共同分担。随着普查内容的不断拓展，人口普查的成本不断提升。以第五次人口普查和第六次人口普查为例，2000年进行的第五次人口普查，中央财政投入了5.5亿元、地方财政投入总量超过45亿元，两者共计投入50多亿元；2010年进行的第六次人口普查，中央财政投入12.5亿元、地方财政投入总量近70亿元，两者共计投入近

80亿元。与第五次人口普查相比，第六次人口普查不仅经费成本增加了60%，而且投入的人力也大幅度增加。据时任统计局局长马建堂介绍，"第六次人口普查投入普查员600万（不包括普查办工作人员）。这次普查，流动人口非常多，非常难，很多地方政府为了使普查工作顺利进行，除了普查员，每个村、每个居委会还派了协助调查员，有的居民不愿意给你开门，村里的干部、居委会的老大妈陪着去调查，还有民警也出来帮着调查，小区物业人员也出来帮助。所以说人数近千万"[①]。如此巨大的人力财力投入，无疑加剧了中央和地方财政负担。

（四）人口普查统计数据质量提升缓慢

自第三次人口普查开始，我国便开展事后质量抽样调查以检验人口普查统计数据的质量，并制定了较规范的《人口普查登记质量抽样检查细则》。所谓事后质量抽样调查，就是在人口普查登记和复查工作结束后，按科学的抽样方法在全国范围内抽取一定数量的样本（或调查小区），将样本区域内的普查表暂时封存，并重新进行一次独立的调查登记，然后打开正式普查登记的普查表，与抽查的普查表进行逐项比较，根据比较后发现不一致的人或项目，便可以估算出人口普查的总人口完整率、总人口多报或少报了多少、各项目的登记差错率是多少[②]。

表5-1列示了第三次、第四次、第五次和第六次人口普查的事后质量调查结果。从最近四次人口普查结果来看，人口基本信息中"性别"的准确率相对较高，"年龄"的准确率相对较低，"人口数"的准确率则居于中间；动态地看，最能衡量人口普查统计结果准确性的"人口数漏登率"结果并没有单调下降，其在1982~2010年间的人口普查事后质量调查中反而呈现上升趋势，意味着人口的漏登现象不断加重。所幸的是，第六次人口普查对人口漏登现象进行严格控制，登记地点的调整及其他相关质量控制举措的有效实施显著提升了普查结果的准确性，人口数漏登率降至0.12‰。对此，马建堂（2011）[③]、张为民（2011）[④] 等均公开表明，无论是历史角度还是国际比较角

[①] 马建堂. 第六次全国人口普查经费近80亿 普查工作人员近千万人 [EB/OL]. 人民网, 2011-4-29.

[②] 武洁. 人口普查中的事后质量抽样调查 [J]. 南方人口, 2002 (03): 7.

[③] 马建堂就第六次全国人口普查主要数据公报答记者问 [EB/OL]. 人民网. 2011-4-29. http://theory.people.com.cn/GB/14517456.html.

[④] 张为民. 第六次全国人口普查数据质量比较高有五方面原因 [EB/OL]. 国际在线, 2011-4-28。http://gb.cri.cn/27824/2011/04/28/4865s3232613.html.

度，第六次人口普查的数据质量是比较高的。

表5-1 我国第三次、第四次、第五次和第六次人口普查事后质量调查结果

人口普查数据质量指标		第三次	第四次	第五次	第六次
人口数	重登率	0.71‰	0.1‰	/	/
	漏登率	0.56‰	0.7‰	1.81‰	0.12‰
	净差率	0.15‰	0.6‰	/	/
性别	误差率	0.03‰	0.14‰	/	/
年龄	误差率	6.15‰	3.07‰	/	/
出生人口	漏登率	1.83‰	1.03‰	/	/
死亡人口	漏登率	4.40‰	/	/	/

资料来源：根据我国历次人口普查数据公报整理。

然而，从统计数据质量评估维度看，事后质量抽查显然主要针对人口普查数据质量的"准确性（accuracy）"，却并未涉及诸如欧盟（EU）、联合国欧洲经济委员会（UNECE）、联合国统计司（UNSD）等权威国际机构推荐的"相关性（relevance）""可访问性（accessibility）""解释性（interpretability）""一致性（coherence）"等其他数据质量评估维度。据此，较多学者认为我国人口普查结果的数据质量是不断下降的，如胡桂华（2011）[①]指出，虽然普查明确规定只登记标准时点上的人口，但由于人们（普通百姓和部分普查员）对普查标准时点概念理解不透或错误理解，难以获得真正意义上的普查标准时点人口数；陈婉清（2012）指出，我国人口普查结果公布时效性不强，数据发布制度不够完善等。

第二节 我国实施植入行政记录人口普查的法律基础分析

一、行政登记记录形成的法律基础

我国建立了较完善的行政登记制度，出台了数量众多的与行政登记相关的法律法规。有学者通过检索"法律图书馆"中的法规查询系统发现，我国从

---

① 胡桂华. 世界人口普查模式及转变［J］. 数据，2011（02）：52-53.

1949年10月至2005年4月，有关行政登记的法律、行政法规、部门规章、地方性法规、地方性规章共计1301部，如若考察法规条文中涉及行政登记事项的法律文件，则其数量已超过5000个[①]。根据中华人民共和国第十届全国人民代表大会常务委员会第四次会议于2003年8月27日通过的、自2004年7月1日起施行的《中华人民共和国行政许可法》，我们将我国的行政登记行为归纳为许可性登记与非许可性登记两类。

所谓许可性登记主要是指"企业或其他组织的设立等所需要确定主体资格的事项"，一般的商事登记均属于该类登记。较常见的许可性登记，如《中华人民共和国公司法》第六条规定："设立公司，应当依法向公司登记机关申请设立登记"；国务院《社会团体登记管理条例》第三条规定："成立社会团体，应当经其业务主管单位审查同意，并依照本条例的规定进行登记"；国务院《事业单位登记管理暂行条例》第二条规定："事业单位经县级以上各级人民政府及其有关主管部门批准成立后，应当依照本条例的规定登记或者备案"；《中华人民共和国城市房地产管理法》第一条规定："设立房地产开发企业，应向工商管理部门申请设立登记"，第五十三条规定："设立房地产中介服务机构，应向工商行政管理部门申请设立登记、领取营业执照后，方可开业"等。

根据行政登记的具体功能，我们将非许可性登记进一步细分为两小类。

（1）作为事实行为的非许可登记。作为事实行为的行政登记主要为行政行为的做出提供信息与事实依据。较常见的有户籍登记、出入境登记、征兵登记、失业登记、税务登记、排污登记、暂住登记等。如《中华人民共和国户口登记条例》第十五条规定："公民在常住地市、县范围以外的城市暂住三日以上的，由暂住地的户主或者本人在三日以内向户口登记机关申报暂住登记，离开前申报注销；暂住在旅店的，由旅店设置旅客登记簿随时登记"；《中华人民共和国公民出入境管理法》第三十九条规定："外国人在中国境内旅馆住宿的，旅馆应当按照旅馆业治安管理的有关规定为其办理住宿登记，并向所在地公安机关报送外国人住宿登记信息。外国人在旅馆以外的其他住所居住或者住宿的，应当在入住后二十四小时内由本人或者留宿人，向居住地的公安机关办理登记"；国务院《征兵工作条例》第十一条规定："县、市兵役机关，在每年9月30日以前，应当组织基层单位对当年12月31日以前年满18岁的男性公民进行兵役登记。达到服兵役年龄的男性公民，应当按照县、市兵役机关

---

① 茅铭晨．中国行政登记法律制度研究［M］．上海财经大学出版社，2010．

的通知进行兵役登记";劳动部《就业登记规定》第五条规定:"凡到职业介绍机构求职的人员都应进行求职登记,填写求职登记表,领取求职登记卡。在法定劳动年龄内有劳动能力,有就业要求的城镇失业人员应进行失业登记。失业登记视为求职登记",第七条规定:"失业人员进行失业登记应持户口本(身份证)和证明原身份的有关证件,到本人户口所在地的失业登记机构进行失业登记,填写失业人员登记表,领取失业证。失业人员凭失业证享受就业服务,办理就业手续。凡符合享受事业保险待遇条件的,可凭失业证申领失业救济金";国务院《中华人民共和国水污染防治法实施细则》第四条规定:"向水体排放污染物的企业失业单位,必须向所在地的县级以上地方人民政府环境保护部门递交《排污申报登记表》";国务院《防治陆源污染物污染损害海洋环境管理条例》第六条规定:"任何单位和个人向海域排放陆源污染物,必须向其所在地环境保护行政主管部门申报登记拥有的污染物排放设施、处理设施和在正常作业条件下排放污染物的种类、数量和浓度,提供防治陆源污染物污染损害海洋环境的资料,并将上述事项和资料抄送海洋行政主管部门";等等。

(2) 作为法律行为的非许可登记。作为法律行为的非许可登记主要是对民事权属与民事关系的法律确认。较常见的有婚姻登记、产权登记、机动车登记、收养登记、抵押登记等。如《中华人民共和国婚姻法》第八条规定:"要求结婚的男女双方必须亲自到婚姻登记机关进行结婚登记",第三十五条规定:"离婚后,男女双方自愿恢复夫妻关系的,必须到婚姻登记机关进行复婚登记";《中华人民共和国土地管理法实施条例》第五条规定:"单位和个人依法使用的国有土地,……由县级以上人民政府登记造册,核发国有土地使用权证书,确认使用权";《中华人民共和国机动车登记办法》第三条规定:"在中华人民共和国境内道路上行驶的机动车,应当按照本办法的规定,经机动车登记机构办理登记,核发机动车号牌、《机动车行驶证》和《机动车登记证书》。未领取机动车号牌和《机动车行驶证》的不准上道路行驶";《中华人民共和国收养法》第十五条规定:"收养应当向县级以上人民政府民政部门登记。收养关系自登记之日起成立";《中华人民共和国担保法》第四十三条规定:"当事人以其他财产抵押的,可以自愿办理抵押物登记,抵押合同自签订之日起生效。当事人未办理抵押物登记的,不得对抗第三人";等等。

表5-2列示了我国较常见的行政登记类别、主要法律依据与其主管行政单位。较完善的行政登记制度为行政登记记录的形成与维护提供了制度保障,也构成了我国实施植入行政记录人口普查的制度基础。

表5-2 我国较常见的行政登记类别、主要法律依据与主管行政单位

登记类别		主要法律依据	主管行政单位
产权登记	土地登记	《中华人民共和国土地管理法》	县级以上政府土地部门
	土地承包经营权登记	《中华人民共和国农村土地承包法》	县级以上政府土地部门
	森林、林木、林地登记	《中华人民共和国森林法》	县级以上政府土地部门
	宅基地使用权登记	《中华人民共和国土地管理法》	县级以上政府土地部门
	建设用地使用权登记	《中华人民共和国土地管理法》	县级以上政府土地部门
	房产登记	《中华人民共和国城市房地产管理法》	县级以上政府房产部门
	机动车登记	《中华人民共和国道路交通安全法》	公安机关交通管理部门
	抵押登记	《中华人民共和国物权法》	相关职能部门
	出质登记	《中华人民共和国物权法》	相关职能部门
出入境登记		《中华人民共和国公民出境入境管理法》《中华人民共和国外国人出境入境管理法》	公安部门
婚姻登记		《中华人民共和国婚姻法》	县级以上政府民政部门、乡（镇）政府
收养登记		《中华人民共和国收养法》	县级以上政府民政部门
兵役登记		《中华人民共和国兵役法》	县、自治县、市、市辖区兵役机关
企业、其他经营主体或其他组织的设立登记	企业（含公司）、个体工商户、个体合伙工商登记	《公司法》等各类企业法	工商行政机关
	企业名称登记	国务院《中华人民共和国企业法人登记管理条例》	国家工商行政管理局和地方各级工商行政管理局
	法定代表人登记	国务院《中华人民共和国企业法人登记管理条例》	国家工商行政管理局和地方各级工商行政管理局
	社团登记	国务院《社会团体登记管理条例》	国务院民政部门和县级以上地方各级政府民政部门
	社会团体分支机构、代表机构登记	民政部《社会团体分支机构、代表机构登记办法》	国务院民政部门和县级以上地方各级政府民政部门
	事业单位登记	国务院《事业单位登记管理暂行条例》	县级以上各级政府机构编制管理机关所属的事业单位登记管理机构
	民办非企业单位登记	国务院《民办非企业单位登记管理暂行条例》	国务院民政部门和县级以上地方各级政府民政部门

续表

登记类别		主要法律依据	主管行政单位
企业、其他经营主体或其他组织的设立登记	药品生产经营企业登记	《中华人民共和国药品管理法》	工商行政管理部门
	商业银行设立登记	《中华人民共和国商业银行法》	工商行政管理部门
	烟草制品生产经营企业登记	《中华人民共和国烟草专卖法》	工商行政管理部门
	进出口货物经营单位登记	《中华人民共和国海关法》	海关
	农民专业合作社登记	《中华人民共和国农民专业合作社法》	工商行政管理部门
税务登记		《中华人民共和国税收征收管理法》	税务机关
失（就）业登记	就业登记	劳动和社会保障部《劳动力市场管理规定》	当地劳动保障行政部门
	失业登记	国务院《失业保险条例》	当地人民政府指定的社会保险经办机构
社会保险登记		国务院《社会保险费征缴暂行条例》	县级以上劳动保障行政部门的社会保险经办机构
已婚育龄流动人口登记		国务院《流动人口计划生育工作管理办法》	现居住地的乡（镇）政府或者街道办事处
户口登记		全国人大常委会《中华人民共和国户口登记条例》	公安机关（公安派出所）
居民身份证申领登记		《中华人民共和国居民身份证法》	常住户口所在地的县级政府公安机关
持居留证或定居的外国人在中国境内迁移登记		《中华人民共和国外国人入境出境管理法》	公安机关
住房公积金（缴存、变更、注销）登记		国务院《住房公积金管理条例》	直辖市、省会城市、设区市的住房公积金管理中心

二、统计部门运用行政记录的法律基础

我国尚未出台有关统计部门运用行政记录的专项法律法规。所有对统计部门的行为规范归集于我国第一部（也是唯一一部）统计法律——《中华人民共和国统计法》。《中华人民共和国统计法》于 1983 年 12 月 8 日在第六届全国人大常委会第三次会议上通过。为增强可操作性，1987 年 1 月 19 日

经国务院批准、1987年2月15日由国家统计局发布实施了《统计法实施细则》。迄今，经过两次修订形成的《中华人民共和国统计法》（以下简称新《统计法》）和《统计法实施细则》分别自2010年1月1日、2006年1月1日起实施。

新《统计法》对行政记录作为统计数据的来源做出了规定，其第二章第十六条阐明，"搜集、整理统计资料，应当以周期性普查为基础，以经常性抽样调查为主体，综合运用全面调查、重点调查等方法，并充分利用行政记录等资料"；新《统计法》对统计部门运用行政记录的权利做出了规定，其第三章第二十二条阐明，"县级以上人民政府有关部门应当及时向本级人民政府统计机构提供统计所需的行政记录资料和国民经济核算所需的财务资料、财政资料及其他资料，并按照统计调查制度的规定及时向本级人民政府统计机构报送其组织实施统计调查取得的有关资料"；新《统计法》对统计部门向其他行政部门分享统计数据的责任做出了规定，如第三章第二十六条阐明，"县级以上人民政府统计机构和有关部门统计调查取得的统计资料应及时向政府其他行政部门提供，避免重复调查，为政府管理、决策提供依据"。当然，新《统计法》对统计工作人员的保密要求一再进行了强调，其第一章第九条规定："统计机构和统计人员对在统计工作中知悉的国家秘密、商业秘密、个人信息，应当予以保密"；其第三章第二十五条规定："统计调查中获得的能够识别或者推断单个统计调查对象身份的资料，任何单位和个人不得对外提供、泄露，不得用于统计以外的目的"。

三、统计部门运用行政记录的工作基础

随着传统调查缺陷的日益显著，官方统计对行政记录的"统计使用"、不同行政部门与统计部门的数据协同、不同行政部门与统计部门的数据分享等的需求日渐增强。对此，统计部门应不断夯实工作基础，为进一步扩展行政记录的统计运用领域、实现行政记录与统计数据的对接做准备。

2011年4月，国家统计局《"十二五"时期统计发展和改革规划纲要》呼吁要"加大行政记录在统计工作中的应用，强化部门行政记录信息的整合，促进行政记录向统计信息的有效转换"[①]；2014年12月3日，国务院办公厅转发了国家统计局《关于加强和完善部门统计工作意见的通知》，要求各省、自

---

① 国家统计局关于印发"十二五"时期统计发展和改革规划纲要的通知。

第五章 | 我国实施植入行政记录人口普查的可行性分析

治区、直辖市人民政府、国务院各部委、各直属机构，贯彻党的十八大和十八届二中、三中、四中全会精神，落实党中央、国务院决策部署，进一步提高部门统计工作水平，加强和完善部门统计工作，提出了"建设统一的统计基本单位名录库"的工作任务，阐明了以下具体要求。（1）建设国家统计基本单位名录库。国家统计局要会同机构编制、民政、税务、工商、质检等部门，充分利用国家法人单位信息资源库和有关部门名录信息，建立统一完整、不重不漏、信息真实、更新及时、互惠共享的国家统计基本单位名录库，为各类以单位为对象的普查和调查提供调查单位库和抽样框。（2）健全维护更新机制。各级机构编制、民政、税务、工商、质检等部门，定期向同级统计部门提供本部门掌握的单位行政登记资料。使用国家统计基本单位名录库信息的部门应当将其掌握的单位变动情况及时告知统计部门。统计部门依据全国经济普查结果对国家统计基本单位名录库进行全面更新，依据常规统计调查资料和部门单位资料进行日常维护，确保单位信息真实准确。（3）依法按需共享使用名录信息。统计部门依据有关部门职能和调查需要，通过签订部门间协议，依法授权其使用国家统计基本单位名录库或依法提供名录信息查询服务。参与名录库建设维护的部门经依法授权可使用相关范围的最新名录库信息①。

与此同时，地方统计部门也越来越重视行政记录，对行政记录"统计使用"的呼吁日渐强烈。如北京市统计局、国家统计局北京调查总队、北京市发展改革委联合印发的《北京市"十三五"时期统计发展规划》中便六次提及"行政记录"，不仅就行政记录对调查数据的替代性进行了规定，如"规范部门设立统计调查项目，严格执行统计标准，充分利用已有的调查数据和行政记录，减少普查和全面调查。""广泛利用部门行政记录、企业生产经营记录和互联网信息等大数据，……，实现不同渠道数据向统计数据的有效转换"；而且就行政记录对调查数据的补充性进行了规定，如"以人口普查为基础，以人口抽样调查、住户调查及以人为统计对象的专项调查为补充，依托社区（村）统计室（站）建设，整合部门行政记录，探索建立居住人口基本信息电子化行政记录，构建全市统一完整、真实可信、动态更新的人口基本信息库"②。类似地，甘肃省人民政府办公厅印发的《甘肃省"十三五"时期统计改革与发展规划》不仅就行政记录对调查数据的替代性进行了规定，如"能够运用部门行政记录取得统计数据的，不再向基层布置调查任务；能够

---

① 国务院办公厅转发国家统计局关于加强和完善部门统计工作意见的通知。
② 北京市"十三五"时期统计发展规划。

运用重点或典型调查说明问题的，不再花人力物力开展临时性全面调查。""政府统计应该整合多方行政记录信息，结合自身采集数据补充，构建权威的经济社会数据在线平台。"而且就统计部门进一步加大行政记录的开发利用进行了规定，如"积极探索大数据分析研究的新方法。要加强与其他政府职能部门的合作，以推进对各种行政记录的开发和利用。""改进和完善大型周期性普查、抽样调查等传统调查方法，研究在'全样本'基础上进行抽样或计算的方法，研究利用行政记录、商业交易记录和网上搜索信息进行测算的方法[①]。"

第三节 我国实施植入行政记录人口普查的技术基础分析

一、国家电子政务网络体系的基础性分析

面对信息技术和信息社会的挑战，世界各国均致力于加快政府信息化的建设步伐，借助信息技术提高政府行政效率和公共服务质量，中国当然也不例外。自20世纪80年代初期我国大力推动电子信息技术应用开始，电子政务的发展经历了办公自动化阶段、"三金工程"阶段、"政府上网工程"阶段、"两网一站四库十二金"阶段以及目前正在实施的"互联网+政务服务"阶段，已基本实现部门办公自动化、重点业务信息化、政府网站普及化，取得了较瞩目的成就。根据目前建设情况来看，所有省市的政府部门已基本建成了覆盖市—区（县）—乡镇（或社区）的计算机三级宽带网络平台，为实现一定程度和范围内的互联互通提供了网络支持；开通了政府门户网站，构建了政务内网和政务外网两大基础网络，实现了国家级电子政务外网平台、省级电子政务外网平台、地市级电子政务外网平台和县级电子政务外网平台四级机构互联互通；搭建了信息安全、系统管理和业务应用三大支撑体系；开发了业务管理、办公管理、政务协作、公众服务四类应用平台。新时代跨部门、跨地区共建工程逐步成为政务信息化工程建设的主要形态，"大平台、大数据、大系统"的电子政务信息建设将在很大程度上解决共享共用大数据难、互联互通难、信息共享难、业务协同难的问题。电子政务网络体系建设为我国实施植入行政记录

---

① 甘肃省人民政府办公厅关于印发《甘肃省"十三五"统计改革与发展规划》的通知。

的人口普查、使用更丰富优质的行政记录资源搭建了更灵活的部门数据协同平台。

首先，以"金"字工程为主题的国家电子政务网络建设将形成质量更高的行政记录资源。"十二金"工程（金财工程、金农工程、金盾工程、金保工程、金税工程、金关工程、金水工程、金质工程、金审工程、金卡工程、金贸工程、金企工程）是政府部门电子政务网络建设中的十二个重点信息应用系统。如"金税工程"的最大贡献是增值税的交叉稽核；"金盾工程"瞄准的是公安部的户籍管理、交通管理、出入境管理、公共安全管理等核心业务；"金保工程"明确了"一卡多用，全国通用"的建设目标，即所有拟进卡业务都应放到一张卡上，劳动保障部门面向劳动者个人和用人单位各自发行一张卡等。《国家电子政务"十二五"规划》评估工作组中期评估报告数据显示，到"十二五"中期，中央各部门核心业务信息化覆盖率已达到80%，相较"十一五"时期增长了10个百分点。中央政府各部委办公业务信息化覆盖率从2001年的不到10%提高到100%，海关、税务、公安、国土、金融监管、社会保障等有金字工程支撑的重点领域核心业务信息化覆盖率接近或达到100%。此外，电子政务建设基本框架中的"四库"，即人口、法人单位、空间地理和自然资源、宏观经济四个基础数据库的建设也取得了实质性进展。电子政务网络体系建设在提高政府核心业务办理效率的同时，也形成了实施植入行政记录人口普查所需的更实时、更充分、质量更高的行政记录资源。

其次，以政府门户网站建设为载体的国家电子政务网络建设将为不同层级政府之间的数据资源协同创建机会。目前我国已建成覆盖"国务院—省级—市级—县级—县级以下"的政府门户网以及省级和市级政府部门网站，实现了国家级、省级、地市级和县级电子政务外网平台四级机构互联互通。我国许多地方政府的电子政务工程从政府门户网站建设开始，通过一系列门户网站页面的功能模块叠加来实现政府创新公共服务的梯次供给。新时代下，"数字中国"将进一步推动我国电子政务建设的发展，构建"互联网+政务服务"一体化政务数据平台，依托统一的国家电子政务网络加快建设综合性公共基础设施平台，实现电子政务关键公共基础设施的统建共用，支撑政务业务协同和数据共享汇聚。2016年中央政府明确提出"互联网+电子政务"的相关扶持政策，加快"互联网+电子政务"的发展，加快搭建"互联网+大数据中心"平台、"互联网+科技资源统筹中心"平台和"互联网+创新创业孵化中心"平台，让群众办事简化，真正让"互联网+政务"成为一项惠民的举措。据此，政府门户网站建设不仅是电子政务网络建设工程的出发点，同时也是互联网背景下政府履行多样化职能的有机载体,更成为不同层级政府职能趋同、行政数据互动协同的平台,而不同层级政府行政数据的协同联动恰恰是实施植入行政记录人口普查的基本前提。

最后,以"门户网站+核心业务"为主线的国家电子政务网络建设将为集结不同行政部门的行政记录资源提供平台。从国家电子政务工程的实施进程考察,核心业务信息化和政府门户网站建设始终是"纵横"国家电子政务网络建设的两条主线。尤其是在"十三五"期间,我国政务信息化工程将推进国家治理体系和治理能力现代化作为政务信息化工作的总目标,大力加强统筹整合和共享共用,统筹构建一体整合大平台、共享共用大数据、协同联动大系统,推进解决互联互通难、信息共享难、业务协同难的问题,并在较长一段时期将大平台、大数据、大系统作为指导我国政务信息化建设的发展蓝图,构建一体化政务治理体系,促进治理机制协调化和治理手段高效化,形成部门联动的协同治理新局面。因此,横向"政务服务"架构重塑、纵向"业务系统"功能升级将是我国电子政务发展的新趋势,其提供的线上整体化公共服务、打造的办理各项公共服务的一站式服务平台使得公众轻松实现与政府的互动交流、更快走完所办理业务的基本流程,使得各层级政府实现横向畅通、政府各部门完成条块融合,亦使得集结不同行政部门的行政记录资源更为便捷,这为我国实施植入行政记录的人口普查赢得了广大群众理解与支持的先机。

二、统计信息化建设的支撑性分析

统计信息化是指通过计算机、互联网、大数据等现代信息技术的应用,开发统计信息资源、改造传统统计模式、构建新型统计体系,实现统计信息的信息化采集、整理、分析、共享和发布的过程。统计信息化能够保障统计数据的真实性、准确性、及时性,是现代统计发展的必然趋势。

统计信息化建设始终是政府信息化建设的重要组成部分。1974年,计算机技术初步应用于统计系统中,因技术的不成熟与设施的缺乏仅能发挥基本文字、报表处理的简单功能。1986年7月,国家统计局计算中心正式成立,我国的统计信息化系统建设工作开始走向正轨。1986~1995年是统计信息化建设的初创与奠基阶段,计算机的引入和使用全面提高了统计工作效率,大幅减少了统计工作人员工作量。1990年,《国家统计信息自动化系统建设"八五"规划》制定期间,我国统计信息系统建设以"统筹规划,多方集资,人机结合,软硬配套"为指导思想,开始强调统计信息化人才队伍的培养和统计工作的标准化、规范化。1996年,《国家统计信息工程"九五"建设规划》的制定标志着统计信息化建设工作进入战略性发展阶段。这一时期,互联网技术的成熟更是极大地促进了统计信息资源的利用与统计信息系统的开发。目前,我国统计信息化建设正处于第三个发展阶段,即如何应对大数据、云计算等愈加成熟的现代信息技术挑战。

从国家统计局成立计算中心开始,经过30多年光景,统计信息化建设取得了可喜的发展和显著的成就。统计信息化建设的重视程度从弱到强,人才队伍从小到大,软件应用从无到有,基础设施从"微"到"云",业务范围从专到全等,都为我国实施植入行政记录的人口普查提供了技术支持。

第一,国家对统计信息化建设重视程度不断提高,信息化意识加强,为我国实施植入行政记录的人口普查、统计活动的顺利开展及信息资源的有效利用提供了前提条件。随着现代社会信息技术的发展,统计信息资源已成为重要的战略性资源,统计信息化建设更是国家信息化建设的重要构成部分。政府人员对统计数据重要性的科学认识及信息化、网络化意识的增强促进了统计信息化的发展。中央政府的投资及各级政府的财政投入使统计系统硬件资源条件增强,统计系统运用效率提高,为统计信息化建设的推进提供了基础条件。

第二,统计信息化人才队伍逐渐壮大,为我国实施植入行政记录的人口普查、统计工作的创新发展奠定了坚实基础。现代社会的竞争是人才的竞争,人才队伍是统计信息化建设的中坚力量。国家统计中心及各省级统计部门均设立计算中心,提高统计人员招收标准及考核要求,聘用高素质、高潜力的工作人员,引进专职计算机技术且熟悉各应用软件的专业人员。此外,相关部门利用国内、国际各种培训机会,培养信息化建设的技术人才,发挥统计人员的主观能动性,在实践中提升专业能力。

第三,国家统计局统计专网落成,为我国实施植入行政记录的人口普查、实现政府行政部门内部的行政记录资源传输、国家统计局和行政部门之间的数据实时传输等工作提供了硬件基础。目前,统计信息系统建设初具规模,国家、省、市、县和乡五级联网的统计专网系统基本建成,统计信息网络基本框架形成,统计系统信息交换及数据传输能力实现质的飞跃。国家统计信息系统一级主干网采用双设备、双线路的冗余架构,线路带宽显著提升;局域网升级改造后的核心交换升级到万兆;统计广域网的基层延伸实现了乡镇主要统计业务的网上直报。

第四,基本单位名录库系统建立,为我国实施植入行政记录的人口普查、实现国家统计局和其他行政部门的信息共享提供了资源条件。按照全国一库在线、分级管理维护模式,全国统一的基本单位名录库系统初步建立,与质监、工商、税务、编办、民政等部门的单位信息交换共享机制和名录比对系统基本完善,极大扩展了统计系统的数据资源规模,为充分利用各部门行政记录提供了便利,提高了统计数据整合工作效率。

第五,联网数据采集系统建成,为我国实施植入行政记录的人口普查、保障国家统计局和其他行政部门的数据同步处理和质量控制提供了系统条件。我国已初步建成以国家统计局为中心的统计数据集中采集系统,基本实现了数据集中采集和在线审核,较充分地保证了原始数据的完整性、一致性和可控性,提高了统计数据质量和统计工作效率。截至2017年4月,160余万家企业及个体户通过联网直报系统报送数据,其中9个专业9项统计调查采用新的数据采集模式,通过移动智能终端直接向国家统计局报送数据。

第六,统计综合数据库上线,为我国实施植入行政记录的人口普查、保障国家统计局高效率地集成和发布人口普查信息提供了平台。国家统计数据库初步建成且正式上线运行,及时稳定对外发布主要统计数据,成为国家统计局政务公开的一个重要窗口,极大提升了政府统计的服务功能。2011年累计发布的报表已突破一万张,加载数据近150万笔、3700多个指标。目前,各省级统一数据库以国家统计数据库建设为参考积极推进,浙江、广东等省的宏观数据库已建成,辽宁、新疆等省的宏观数据库也正在建设中。国家数据库核心应用系统已经建立,"经济统计共享数据库"得以形成,统计工作综合水平显著提升。

第七,统计信息化应用软件开发技术增强,为我国实施植入行政记录的人口普查、高效处理国家统计局和其他行政部门的数据提供了手段。我国在对应用软件进行引进的基础上,根据统计数据的特点,不断尝试并成功开发通用软件。同时,为大型普查工作自主开发软件及专门性系统。

第八,信息数据的安保工作得到完善,为我国实施植入行政记录的人口普查、统计局和其他行政部门及企业之间数据的信息共享提供了安全保证。确保统计信息数据的安全是国家安全中重要的构成部分,目前,限制进入设施、隔离设施和消防设施等已广泛应用于统计系统中,保密网和内部网均使用密码认证技术与物理隔离措施。

第九,先进科技信息设备的广泛应用,为我国实施植入行政记录的人口普查、特别是"组合模式"人口普查中抽样调查的高效开展提供了设备基础。目前,手持电子智能设备和移动电子采集器在统计数据采集工作中普遍应用,卫星遥感、无人机测量等空间技术,也已在农业普查等统计调查中普遍应用。

微电子技术、系统集成技术等技术迅猛发展,无线数据采集技术进一步完善,实现了统计数据的远距离传输。

三、大数据技术的保障性分析

庞大的行政记录资源汇聚成行政记录大数据,大数据处理技术的长足发展为行政记录大数据的采集、存储、处理和呈现提供了有力保障,构成了实施植入行政记录人口普查方法的技术基础。

首先,测量技术设备和方法的逐渐成熟、智能化采集系统的逐步完善将减轻统计人员搜集数据产生的工作量,减少人为理解的数据质量差异。各地都在建设基础库或者共享主题库,编制易用、易维护、易扩展的信息资源目录体系与交换体系,以对基础数据进行采集和校准。根据 MapReduce 产生数据的应用系统分类,大数据的采集主要有 4 种来源:管理信息系统、Web 信息系统、物理信息系统、科学实验系统。要根据大数据的特点,采取适当的采集方式;对于异构的数据集,做更深入的集成或整合处理。要运用大数据技术,进一步地提高统计数据采集、分析和操作等过程质量控制智能化水平。数据采集方式的不断完善,扩展了我国统计系统的数据规模,提升了我国统计系统的数据质量,更为我国实施植入行政记录的人口普查所需的基础数据提供了有力支撑。

其次,政府大数据存储及管理的逐步规范、数据开放和共享水平的大幅提高将切实降低因存储不当而丢失数据的风险,使原本孤立、离散的碎片化信息得到有效整合。2014 年《政府工作报告》首次提出要大力发展"大数据",上海、北京等地带头打造出政府数据资源开放共享的网络平台,将数十个部门的政务大数据资源组合整理,向社会开放共享。贵州省提出建设"云上贵州"计划,成为全国首个基于云计算,建成省级政府数据共享平台的省份。2016 年,国家发改委正式印发《关于组织实施促进大数据发展重大工程的通知》,表明将重点支持大数据示范应用、共享开放、基础设施统筹发展,以及数据要素流通。政府大数据的规范存储、开放共享,开始逐步打破各个部门的"信息孤岛",有效解决我国实施植入行政记录的人口普查中行政记录数据部分缺失、互通性差、衔接性差等问题。

最后,智能化关联匹配的不断发展以及数据深度挖掘、智能分析系统的不断完善将为党政领导、研究机构、社会公众提供更准确的数据、更精准的服务。要运用深度神经网络、信息融合模型等多种方法,融合非传统数据资源,展开政府、社会和互联网大数据智能化对比和挖掘分析。同时利用大数据和机器学习等技术，对经济运行、社会管理和人口分布数据等进行智能化关联匹配，基于数据流线化、任务并行化、管道并行化和数据并行化 4 种基本技术，开发设计机器学习可视化平台，用统计数据对我国经济社会发展进行经济、社会和人口的可视化分析。

第四节 我国实施植入行政记录人口普查的信息资源分析

一、公安部门的人口行政记录资源

我国各级公安部门在履行管理户口、居民身份证、国籍、出入境事务、受理外国人在中国境内居留事务以及维护交通、社会治安秩序等职责的过程中，积累了体量巨大、类型各异的行政记录资源。从类型上看，能够为人口普查提供信息的行政记录主要包括三类，即人口户籍信息资源、人口出入境信息资源、全国机动车/驾驶员信息资源。

（一）人口户籍信息资源

人口户籍信息是公安部门在户籍管理过程中形成的记录信息，包括公民身份、亲属关系、法定住址等。从登记对象看，人口户籍信息既涉及常住人口信息记录，也涉及暂住人口信息记录。其中，对常住人口的户籍管理将形成全体常住户籍人口的基本信息资源，涵盖户别、户主姓名、与户主关系、姓名、性别、曾用名、民族、出生日期、监护人、监护关系、出生地、公民出生证签发日期、住址、本市（县）其他住址、籍贯、宗教信仰、公民身份证件编号、居民身份证签发日期、文化程度、婚姻状况、配偶信息、兵役状况、身高、血型、职业、服务处所、何时何因由何地迁来本市（县）、何时何因由何地迁来本址、何时何因迁往何地、何时何因注销户口、登记日期、登记事项变更和更正记载、本人相片等信息；对暂住人口的户籍管理将形成全体暂住人口的基本信息资源，涵盖原户口类别、暂住证编号、房主姓名、与房主关系、姓名、性别、民族、文化程度、出生日期、婚姻状况、常住户口所在地类型、常住户口所在地、职业、居民身份证编号、来本地日期、暂住事由、暂住处所、暂住地址、现服务场所、负责人、现从事职业、发证日期、有效期限、注销原因、注销日期、去向、携带 15 周岁及以下人口、函调情况、连接标识等信息①。

（二）人口出入境信息资源

人口出入境管理是公安部门对其辖区内中国公民出国境审批、发放证件和对境外人员入境旅游、探亲、商务和居留等相关事宜的签证及其相关事（案）件进行管理、查处的专职行政管理行为。公安部门在依法进行人口出入境管理过程中，积累了较为丰富的人口出入境信息资源。

人口出入境信息资源主要包括境内外人员个人基本信息、申请人当前居住地、家庭主要成员及主要亲属关系、出入境停留时间等，但不同出入境目的的登记信息间稍有差异。其中，中华人民共和国境内人员因旅游、探亲、留学、商务等原因出境的出入境信息资源主要包括姓名、外文译名、身份证号码、出生日期、出生地、籍贯、民族、婚姻状况、文化程度、政治面貌、工作单位及职务、职称、地址、电话、本人简历、出境事由、偕行不满 16 岁的儿童、在境外期间的经济担保及担保人情况、自费留学就读学校、留学生类别、所读专业及学位、国内外主要亲友、本人申领护照的理由或凭据；外国居民长期定居中国的出入境信息资源主要包括中英文姓名、国籍、性别、出生日期、出生地、护照号码、签发地及有效日期、身高、肤色、血型、现住址、联系电话、拟长期居住地地址及联系电话等信息；中华人民共和国居民长期定居国外的出入境信息资源包括姓名、外文译名、身份证号码、出生日期、出生地、籍贯、民族、婚姻状况、文化程度、政治面貌、工作单位及职务、职称、地址、电话、本人简历、出境事由、偕行不满 16 岁的儿童、在境外期间的经济担保及担保人情况、自费留学就读学校、留学生类别、所读专业及学位、国内外主要亲友、本人申领护照的理由或凭据；中华人民共和国境内短期停留的境外人员的出入境信息资源包括中英文姓名、国籍、性别、职业、出生日期、出生地、证件种类及号码、现持签证或者居留许可号码、在华住址及电话、来华目的及时间、使用同一护照的偕行人信息等信息。

此外，出入境信息资源还提供了大陆居民往来港澳台地区的人口信息资源，主要包括姓名、性别、民族、身份证号码、出生日期、出生地、政治面貌、户口所在地、家庭现住址及联系电话、工作单位名称及地址、单位联系电话、出境目的及停留时间、家庭主要成员、港澳台亲属基本信息等，大陆居民

---

① 人口户籍信息资源主要根据《全员人口信息卡》《人口信息登记表》《流动人口信息登记表》等公安部门在户籍管理过程中所使用的登记表内容整理而来。

往来台湾地区还需提供文化程度、婚姻状况信息[①]。

(三) 全国机动车/驾驶人信息资源

全国机动车/驾驶人信息是公安部门在对机动车和驾驶人管理过程中形成的登记信息，主要涉及全国机动车的车主信息、牌证信息、机动车注册、转移和注销信息以及驾驶人的个人基本信息、驾驶信息等。其中，牌证信息主要包括机动车所有人的姓名/名称、邮寄地址、邮政编码、联系方式、代理人的姓名/名称、手机号码、号牌种类、号牌号码等；机动车注册转移注销的信息主要包括机动车品牌型号、车辆识别代号、机动车使用性质等信息；机动车驾驶证信息包括驾驶证档案编号、驾驶人姓名、性别、出生日期、国籍、身份证明名称及号码、住所地址、联系地址、联系电话、邮政编码、初次领证日期、有效期截止日期和本人照片等信息[②]。

二、计生部门的人口行政记录资源

为督促、协助住户及时办理独生子女优待证、生育证、流动人口婚育证明和养老保险等有关手续和证件，各级计生部门在管理当地人口与计划生育工作过程中积累的大量涉及户籍育龄妇女、非户籍育龄妇女和出生人口的信息资源，成为我国实施植入行政记录人口普查的主要信息来源。从类型上看，能够为人口普查提供信息的行政记录主要包括两类，即育龄妇女信息资源和人口出生信息资源。

(一) 育龄妇女信息资源

育龄妇女信息资源是各级人口计生部门在对育龄妇女的婚姻、孕产、避孕、生育、社会抚养费征收、计划生育保险、保障、生育审批等进行管理的过程中形成的，主要涉及育龄妇女的基本信息、配偶的基本信息、生养子女信息、生育登记服务卡编号、育龄妇女健康状况信息、婚育状况、节育措施、生殖健康查体信息、保健检查、孕情跟踪等。

---

① 人口出入境信息资源主要根据《内地居民往来港澳地区申请表》《中国公民因私出国（境）申请审批表》《外国人签证或居留许可申请表》《外国人在中国永久居留申请表》《境外人员临时住宿登记表》等公安部门在人口出入境管理过程中所使用的登记表内容整理而来。

② 全国机动车/驾驶人信息资源主要根据《机动车驾驶证申请表》《机动车牌证申请表》《机动车注册、转移、注销登记/转入申请表》等公安部门在机动车管理过程中所使用的登记表内容整理而来。

按照育龄妇女是否为常住人口，育龄妇女信息资源可分为常住育龄妇女信息和流动育龄妇女信息。其中，常住育龄妇女信息主要涵盖育龄妇女及丈夫的个人信息、现有子女情况、现孕情况以及生育证信息，具体包括育龄妇女及丈夫的姓名、身份证号、出生日期、民族、居住地址、户籍地址、户口性质、人户分离情况、文化程度、职业、领取独生子女证日期、婚姻状况、初婚日期、初婚上报日期、再婚日期、联系电话、工作单位、单位电话；现有子女姓名、性别、出生政策属性、身份证号、出生日期、子女与育龄妇女关系、出生健康状况、当前健康状况、死亡日期、出生上报日期；生育编号、本次怀孕开始日期、怀孕政策属性、怀孕结束日期、本次怀孕终止服务机构、怀孕结果、本次怀孕生育证编号、生育证办理时间、生育证编号、符合政策条款、办理属性、有效期、办证人、服务手册发放日期、服务手册编号等。流动育龄妇女信息登记主要涵盖育龄妇女及配偶的个人信息、生养子女信息、家庭成员迁移情况，具体包括育龄妇女姓名、年龄、性别、出生年月、文化程度、身份证号、婚姻状况、婚育证号、计生证号、用工单位、流入（流出）时间、流动原因、户口性质、发证机关、发证时间、是否验收、户籍所在地详细地址、现居住地详细地址、配偶是否随迁；配偶姓名、出生年月、身份证号、家庭户口流入（流出）、现有子女数、当年生育子女、出生年月、政策内外、避孕情况等[①]。

（二）人口出生信息资源

人口出生信息资源是各级人口计生部门在生育管理过程中形成的一类重要的人口信息资源。出生医学证明是人口出生信息资源的主要载体，提供了新生儿姓名、性别、出生时间、出生孕周、出生体重、出生身长、出生地点、医疗机构名称、父母姓名、年龄、国籍、民族、住址、有效身份证件类别、有效身份证件号码及出生医学证明编号等信息[②]。

三、教育部门的人口行政记录资源

我国各级教育部门在推进落实教育服务与监管体系信息化、跟踪管理学生

[①] 育龄妇女信息资源主要根据《育龄妇女信息卡（常住人口）》《流动人口计划生育信息卡》《育龄妇女信息变更报告单》《人口与计划生育信息卡》《生育登记表》《已婚育龄妇女基础信息卡》等计生部门在育龄妇女生育管理过程中所使用的登记表内容整理而来。

[②] 人口出生信息资源根据《出生医学证明》内容整理而来。

转学、升学动态的过程中，记录了每名学生从幼儿园到研究生乃至继续教育各个阶段的学籍信息。从类型上看，能够为人口普查提供信息的行政记录主要包括三类，即全国学前教育管理信息资源、全国中小学生学籍信息资源和留学人员信息资源。

（一）全国学前教育管理信息资源

全国学前教育管理信息系统是国家教育管理公共服务平台的重要组成部分，主要提供办学机构基本信息、办学条件基本信息、办学条件建筑信息、幼儿信息、户口信息、健康状况及监护人信息等信息资源。具体地，全国学前教育管理信息主要包含幼儿学籍号（自动生成）、幼儿所在班级、新生转学、原就读幼儿园、姓名、出生日期、国籍、性别、民族、身份证件类型、身份证件号码、血型、港澳台侨外、入园日期、户口性质、户口所在地、出生地、籍贯、现住址、是否独生子女、是否留守儿童、健康状况、就读方式、是否进城务工人员子女、是否孤儿、是否残疾；家庭成员的姓名、学历、身份证件类型、出生年月、性别、国籍、民族、联系地址等基本情况；监护人的姓名、身份证号码、与监护人关系、监护人电话、工作单位、电子邮箱等信息[①]。

（二）全国中小学生学籍信息资源

全国中小学生学籍信息管理系统为每名中小学生建立全国唯一的、跟随一生的学籍编号，从小学一直沿用至研究生教育乃至继续教育，涵盖全国范围内的学校信息、学生信息、学籍变动等信息。

具体地，全国中小学生学籍信息主要包含学校、班级、姓名、曾用名、学号、学籍号、民族、出生日期、性别、政治面貌、入学时间、学生类别、是否保送、健康状况、血型、独生子女、流动人口、港澳台侨、进城务工子女、两免一补、班内职务、其他职务、是否试读、是否寄宿、宿舍；籍贯、户口性质、户口所在地、家庭住址、通信地址、邮政编码、联系电话、身份证号、电子邮箱、个人主页、社会实践、爱好特长、组织活动、困难补助；父母姓名、出生日期、工作单位、手机、固定电话、职务、民族、侨居地等信息[②]。

---

① 全国学前教育管理信息资源主要根据《幼儿园全国学前信息管理系统幼儿信息采集表》《全国学前教育管理信息采集表（幼儿）》《学前教育幼儿基本信息表》等教育部门在学籍管理过程中所使用的登记表内容整理而来。

② 全国中小学生学籍信息资源主要根据《义务教育阶段学生学籍信息登记表》《中小学生学籍情况登记表》《学生基本信息表》等教育部门在学籍管理过程中所使用的登记表内容整理而来。

(三) 留学人员信息资源

留学人员信息资源主要覆盖留学人员的基本个人信息及留学单位基本情况，可分为出国留学人员信息资源和来华留学人员信息资源。其中，出国留学人员的信息资源主要包括留学人员的姓名、性别、出生日期、留学单位、留学身份、留学类别、护照号码、发证机关、抵达日期、在教育处网上注册、报到日期、注册入学（工作）日期、毕业（结束工作）日期、学生证号码、毕业证书名称、回国日期、回国工作单位、住址、联系方式等信息；外国来华留学人员的信息资源主要包括外国留学人员的姓名、国籍、护照号码、性别、婚否、出生日期、出生地点、家庭地址、电话（注明国家区号和地区区号）、最后学历、职业、工作或学习单位、接受院校、学习专业、学习期限、学生类别、注册截止日期、推荐单位和电话、驻华事务担保人和电话、经济来源、经济担保人或机构等信息①。

四、税务部门的人口行政记录资源

我国各级税务部门在负责征收增值税、企业所得税、个人所得税、城市维护建设税等税收的过程中积累了丰富的行政记录资源。个人所得税登记记录和企业所得税登记记录将形成基于行政记录的人口普查就业信息的重要来源。从类型上看，能够为人口普查提供信息的行政记录主要包括四类，即内资企业税务登记信息资源、个体工商户税务登记信息资源、外商企业税务登记信息资源和个人纳税登记信息资源。

(一) 内资企业税务登记信息资源

内资企业税务登记信息资源涉及国有企业、集体企业、股份制企业、国有联营企业、集体联营企业、国有与集体联营企业、其他联营企业、国有独资企业、其他有限责任公司、股份有限公司、私营独资企业、私营合伙企业、私营有限责任公司、私营股份有限公司等企业的税收登记信息。

内资企业税务登记信息资源包括纳税人名称、法定代表人（负责人）、身份证件名称及号码、注册地址及邮政编码、生产经营地址及邮政编码、所属主

---

① 留学人员信息资源主要根据《留学回国人员证明》《留学人员报到登记表》《外国留学人员来华签证申请表》等教育部门在留学人员管理过程中所使用的登记表内容整理而来。

管单位、发照工商机关名称、营业执照名称、营业执照字号、发照日期、开业日期、有效期限、开户银行名称、银行账号、币种、缴税账号、生产经营日期、从业人员、经营方式、登记注册类型、行业、财务负责人、办税人员、联系电话、隶属关系、注册资本；投资方名称、投资金额、投资币种；所属非独立核算的分支机构的纳税人识别号、纳税人名称、负责人、E-mail 地址等信息①。

（二）外商投资企业税收登记信息资源

各级税务部门的外商投资企业税收登记信息资源主要涉及中外合资经营企业、合作经营企业和外国企业等企业的税收登记信息。

外商投资企业税收登记信息包含纳税人识别号、征收管理码、企业名称、注册地址及邮编、电话、网址、生产经营地、企业类型、业别、注册资本、投资总额、法定代表人、身份证件名称及号码、协议出资日期；中方外方投资者名称、注册地址、注册资本、比例、生产经营日期、开业日期、获利年度、从业人员、从业人员中外籍人员数、合同批准机关名称、批准文号及日期、共商登记的受理机关名称、营业执照号及发照日期、经营范围、主要原料及来源、主要设备及来源、生产加工方式、财务负责人、办税人员、E-mail、开户银行、币种、账号、是否缴税账号、记账本位币、固定资产折旧方法、会计年度、是否一般纳税人；税务代理机构名称、电话、地址、邮箱、代理人资格证书字号、受托代理人姓名、电话；境内分支机构名称、注册地址及邮编、设立时间、营运资金、境外分支机构名称、注册地址、设立时间、资本额、税务登记证发证日期、税务登记有效期等信息②。

（三）个体工商户税务登记信息资源

各级税务部门的个体工商户税务登记信息资源主要涉及纳税人名称、纳税人识别号、登记注册类型、开业（设立）日期、批准设立机关、生产经营期限、证照名称及号码、注册地址及邮政编码、生产经营地址及邮政编码、联系

---

① 内资企业税务登记信息资源主要根据《内资企业税务登记表信息》《纳税人税种登记表》《变更税务登记申请表》《停业申请审批表》等税务部门在内资企业税收管理过程中所使用的登记表内容整理而来。

② 外商投资企业税收登记信息资源主要根据《外商投资企业税务登记表》《纳税人税种登记表》《变更税务登记申请表》《停业申请审批表》等税务部门在外商企业税收管理过程中所使用的登记表内容整理而来。

电话、合伙人数、雇工人数、其中固定工人数、网站网址、国标行业、业主姓名、国籍或户籍地、固定电话、移动电话、电子邮箱、身份证件名称、证件号码、经营范围；分店名称、纳税人识别号、地址、电话；合伙人姓名、国籍或地址、身份证件名称、身份证件号码、投资金额、纳税人所处街乡、隶属关系、国税主管税务局、国税主管税务所（科）、地税主管税务局、地税主管税务所（科）、发证日期等信息①。

（四）个人纳税登记信息资源

各级税务部门的个人纳税信息资源是个人在自行申报个人所得税的过程中形成的税收登记信息，具体包含了纳税人姓名、国籍、证件类型及号码、职业、职务、学历、联系电话、电子邮箱地址、户籍所在地、有效通信地址、邮政编码、国标行业、行业小类、受雇单位名称、承包承租企业名称、劳务或所得项目内容、投资企业名称、投资企业代码、投资企业地址等信息资源②。

五、民政部门的人口行政记录资源

我国各级民政部门在履行事业法人设立、变更和注销登记、婚姻登记、收养登记、社会团体法人登记、困难户及老年人补贴登记等职能的过程中，积累了包括事业法人设立、变更和注销登记信息资源、婚姻登记信息资源、收养登记信息资源、社会团体法人登记信息资源在内的各类行政记录资源，可成为我国开展植入行政记录人口普查的信息来源。从类型上看，能够为人口普查提供信息的行政记录主要包括四类，即事业法人设立、变更和注销登记信息资源、婚姻登记信息资源、收养登记信息资源和社会团体法人登记信息资源四类。

（一）事业法人设立、变更和注销登记信息资源

各级民政部门的事业法人设立、变更和注销登记信息资源主要包括单位名称、申请日期、住所、举办单位、经费来源、开办资金、开户银行、银行账号、审批机关、批准文号、执业许可证书、机构规格、人员编制、从业人数、

---

① 个体工商户税务登记信息资源主要根据《个体经营税务登记表》《纳税人税种登记表》《变更税务登记申请表》《停业申请审批表》等税务部门在个体工商户税收管理过程中所使用的登记表内容整理而来。

② 个人纳税登记信息资源主要根据《个人所得税扣缴税款登记表》《个人所得税登记表》《外籍和港、澳、台人员纳税登记表》等税务部门在税收管理过程中所使用的登记表内容整理而来。

分支机构名称、地址、负责人、联系人、联系电话、邮政编码、拟任法定代表人身份资料等信息①。

（二）婚姻登记信息资源

各级民政部门的婚姻登记信息资源是反映人口基本状况、社会属性的重要信息，是具有法律效力的婚姻状况信息。合法婚姻登记涉及全国20岁及以上女性和22岁及以上男性的婚姻登记信息。婚姻登记信息资源主要包括男女双方姓名、出生日期、身份证件号、国籍、民族、职业、文化程度、婚姻状况、提供证件材料、结婚登记日期、结婚证字号、结婚证印制号、承办机关名称等信息②。

（三）收养登记信息资源

各级民政部门的收养登记信息资源提供了收养人姓名、性别、出生日期、身份证件号、国籍、民族、职业、文化程度、工作单位、健康状况、婚姻状况、子女情况、家庭年收入、住址；联系收养的收养组织名称；送养社会福利机构名称、单位地址、联系电话、法定代表人姓名、经办人姓名、经办人身份证件号、经办人职务；送养人姓名、性别、出生日期、身份证件号、国籍、民族、职业、文化程度、工作单位、健康状况、婚姻状况、住址、送养人与被收养人关系；被收养人、姓名、性别、被收养后改名、出生日期、身份证件号、国籍、民族、职业、文化程度、工作单位、健康状况、婚姻状况、被收养前户籍或者捡拾地、身份类别等信息③。

（四）社会团体法人登记信息资源

各级民政部门的社会团体法人登记信息资源提供了社团名称、英文名称及缩写、登记证号、组织机构代码、登记时间、联系电话、法定代表人、注册资金、单位会员数、个人会员数、理事数、常务理事数、业务主管单位、住所及

---

① 事业法人设立、变更和注销登记信息资源主要根据《事业单位法人设立登记申请书》《事业单位法定代表人登记申请表》等民政部门在事业法人设立、变更和注销管理过程中所使用的登记表内容整理而来。

② 婚姻登记信息资源主要根据《申请结婚登记声明书》《结婚登记审查处理表》《撤销婚姻申请书》《离婚登记审查处理表》等民政部门在婚姻登记管理过程中所使用的登记表内容整理而来。

③ 收养登记信息资源主要根据《收养登记申请书》《收养登记审查表》《收养登记证明书》《解除收养登记申请书》《解除收养登记审查处理表》等民政部门在收养登记管理过程中所使用的登记表内容整理而来。

邮编；社团法定代表人、社团主要负责人姓名、性别、出生年月、工作单位及职务、社团职务等信息①。

六、人力资源和社会保障部门的人口行政记录资源

基于统筹建立覆盖城乡的社会保障体系、负责就业、失业、社会保险基金预测预警和信息引导的需要，我国各级人力资源和社会保障部门掌握了大量的居民社会保险缴费、劳动力就业失业等信息。从类型上看，能够为人口普查提供信息的行政记录主要包括两类，即社会保险信息资源和就业失业登记信息资源。

（一）社会保险信息资源

社会保险信息资源包含对个人信息的登记，具体包含参保险种、姓名、公民身份号码/社会保障号码、性别、出生日期、民族、国家/地区、个人身份、参加工作日期、户口所在区县街巷、户口性质、户口所在地地址、户口所在地邮政编码、居住地地址及邮政编码、文化程度、参保人联系方式、申报月均工资收入、证件类型及号码、缴费人员类别、医疗参保人员类别、定点医疗机构等信息。社会保险个人信息登记可能涉及外籍人员信息，主要包含外籍人员护照号码、外国人居留证号码、外国人证件类型及号码等信息②。

社会保险信息资源是根据国家立法为社会成员建立社会保险基金的过程中形成的行政记录信息。各种社会保险因其特点提供某一方面的信息，包括医疗保险信息资源、养老保险信息资源、失业保险信息资源、生育保险信息资源、工伤保险信息资源。

1. 医疗保险信息资源

社会医疗保障系统完整记录个人的就医和死亡等信息，对于身份核查具有重要意义。社会医疗保险资源包含缴费人名称、组织机构代码、单位地址、行业、登记注册类型、法定代表/负责人、联系电话、身份证件种类及号码、缴费银行、隶属关系、缴费账号、行业统筹或汇总缴费费种、统筹或汇总缴费单

---

① 社会团体法人登记信息资源主要根据《社会团体法人登记表》《社会团体法定代表人登记表》《社会团体负责人备案表》《社会团体章程核准表》等民政部门在社会团体法人登记管理过程中所使用的登记表内容整理而来。

② 社会保险信息资源主要根据《社会保险费缴费登记表》《社会保险登记表》等社保部门在社会保险管理过程中所使用的登记表内容整理而来。

位识别号、统筹或汇总缴费单位名称、社保经办机构、单位社保编号、参保类型、参保费种、征收品目、子目、费率等信息①。

2. 养老保险信息资源

养老保险信息资源包含参保人姓名、性别、民族、文化程度、婚姻状况、出生日期、联系电话、公民身份证号、户籍所在地址、居住地址、邮编、户籍性质、参保时间、参保原因、个人缴费额、特殊参保群体、参加其他养老保险状况、用工形式、工人技术等级、专业技术职务、高级技术职务类型、是否特殊工种、劳模等级、行政职务、个人荣誉标志、是否艰苦地区、是否曾在部队服役、是否独生子女父母等信息②。

3. 失业保险信息资源

失业保险信息资源包含参保单位名称、组织机构统一代码、失业保险经办机构、缴费单位专管员姓名、登记证编码、申请日期、电话、单位住所（地址）、邮编、登记类型、单位类型、企业或个体工商户的经济类型、发照机关、执照号码、发照日期、有效期限、机关事业团体的批准单位、批准文号、批准日期、有效期限、事业单位经费来源、事业单位法人代码、主管部门或总机构、参保单位法人代表或负责人姓名、联系电话、证件名称、证件号码、参保单位专管员及联系电话；失业保险金申领人姓名、身份证号、性别、出生年月、民族、婚姻状况、文化程度、职业资格等级、家庭住址、联系电话、邮政编码、原工作单位、原工作单位性质及经济类型、参加工作时间、失业时间、失业原因、单位（个人）缴纳失业保险费时间、有无求职要求、是否进行登记、家庭状况等信息③。

4. 生育保险信息资源

生育保险信息资源包含单位名称、组织机构代码、申领人公民身份号码、姓名、性别、参保人员是否异地就医、人员类别、配偶证件类型及号码、配偶姓名、配偶出生日期、妊娠登记类别、第几次妊娠、妊娠起始时间、预产期、是否晚育、妊娠诊断医院、妊娠诊断时间、生育服务证号、生育/引（流）产日期、终止妊娠前的怀孕周数、本次生育胎儿数、生育类别、产假终止原因、

---

① 社会医疗保险信息资源主要根据《社会医疗保险基数缴费申报表》等社保部门在社会保险管理过程中所使用的登记表内容整理而来。

② 养老保险信息资源主要是根据《城乡居民社会养老保险参保登记表》《养老保险个人情况登记表》等社保部门在社会保险管理过程中所使用的登记表内容整理而来。

③ 失业保险信息资源主要是根据《失业保险登记表》《失业保险金申领登记表》等社保部门在社会保险管理过程中所使用的登记表内容整理而来。

产假终止日期、是否为晚育、产假是否包含产前 15 天、申请单位联系电话、申请单位邮编、申请单位地址等信息[①]。

5. 工伤保险信息资源

工伤保险信息资源包含申请日期、登记证编号、单位名称、单位类型、主管地方税务机关、地方税务登记代码、单位地址、邮政编码、主管部门或总机构、隶属关系、行业类别、组织机构统一代码、工商登记执照种类、执照号码、发照日期、有效期限；法定代表人或负责人姓名、身份证号码、电话；缴费单位专管员姓名、所在部门、电话、开户银行、户名、银行基本账号、职工总数；参保人员姓名、性别、出生日期、工种、工伤编码、身份证号码、参工时间、本人工资、参保起始时间、参保结束时间、《工伤证》编号、发证部门、发证时间、受伤时间、鉴定时间、伤残等级、受伤部位、受伤地点、工亡时间、工亡地点、供养亲属人数、户口所在地、职业病名称、初诊时间、评定等级、通讯地址、邮政编码、现居住地址、联系电话等信息[②]。

（二）就业失业登记信息资源

劳动力就业失业登记信息资源主要涉及从业人员和下岗、失业人员的职业介绍、职业培训、就业和失业管理等信息。作为就业失业登记信息资源的重要载体，就业失业登记证通过实名制管理（每个证件都与持证人身份证相对应）赋予每位劳动者唯一的就业失业登记证编号，以便于记载劳动者的就业失业状况。具体地，就业失业登记证可提供就业失业登记证编号、劳动者的姓名、性别、文化程度、出生年月、工种、技术等级、民族、婚否、政治面貌、身份证号码、户籍性质、详细地址、常住地址、联系电话、职业资格专业技术职务名称与登记、就业登记时间及登记类型、实现/终止就业日期、就业单位名称或自主就业类型、失业登记时间及登记类型、失业/退出失业日期、失业登记/注销失业登记原因等信息[③]。

[①] 生育保险信息资源主要是根据《申领生育津贴人员信息登记表》《生育保险妊娠登记表》《生育保险生育就医登记表》等社保部门在社会保险管理过程中所使用的登记表内容整理而来。

[②] 工伤保险信息资源主要是根据《工伤保险登记表》《工伤保险参保人员基础信息采集表》等社保部门在社会保险管理过程中所使用的登记表内容整理而来。

[③] 就业失业登记信息资源主要根据《就业失业登记证调查表》《就业失业登记证入户调查表》《就业失业登记证办证及换证登记表》等部门在就业失业登记管理过程中所使用的登记表内容整理而来。

七、工商部门的人口行政记录资源

我国各级工商部门在组织管理工商企业、从事经营活动的单位、个人的注册工作过程中，掌握了大量的市场主体登记注册信息。尽管这些登记注册信息并非完全针对个人采集，但同样可构成我国开展植入行政记录人口普查的信息来源。从类型上看，能够为人口普查提供信息的行政记录主要包括两类，即企业法人设立、变更和注销登记信息资源和个体工商户登记信息资源。

（一）企业法人设立、变更和注销登记信息资源

各级工商部门的企业法人设立、变更和注销登记信息资源主要涉及企业法人名称、名称预先核准文号或注册号、住所、联系电话、邮政编码；法定代表人姓名、职务；注册资本、公司类型、设立方式、经营方式、经营期限；股东名称或姓名、证照号码；变更项目、增设分公司名称、注册号、登记机关、登记日期；清算组成员、负责人、联系电话；法定代表人姓名、联系电话、身份证件类型、身份证件号码；董事监事经理姓名、职务、身份证件类型、身份证件号码；清算组备案通知书文号、注销原因、对外投资清理情况、分公司注销登记情况、债权债务清理情况、公告报纸名称及公告日期等信息[①]。

（二）个体工商户登记信息资源

各级工商部门的个体工商信息资源主要涉及申请人姓名、性别、出生日期、文化程度、政治面貌、民族、身份证号码、联系电话、申请前职业状况、申请登记项目、字号名称、备用字号名称、经营者姓名、经营者住所、资金数额、从业人数、组成形式、经营范围及方式、经营场所、申请日期等信息[②]。

八、卫生部门的人口行政记录资源

为统筹规划与协调全国卫生资源配置、制定社区卫生服务发展规划及服务

[①] 企业法人设立、变更和注销登记信息资源主要根据《公司登记（备案）申请书》《外资公司登记（备案）申请书》《主体住所（经营场所）登记承诺书》《市场主体住所（经营场所）信息表》《分公司登记申请书》《外资企业分支机构登记申请书》《公司注销登记申请书》《外资公司注销登记申请书》等工商部门在企业法人设立、变更和注销登记管理过程中所使用的登记表内容整理而来。

[②] 个体工商户信息资源主要根据《个体工商户设立登记申请书》等工商部门在个体工商户登记管理过程中所使用的登记表内容整理而来。

标准、研究制订农村卫生、妇幼卫生工作规划和政策措施、指导初级卫生保健规划实施，我国各级卫生部门掌握了居民就医记录信息、儿童预防接种信息等人口行政记录资源。从类型上看，能够为人口普查提供信息的行政记录主要包括两类，即居民就医记录信息资源和儿童预防接种信息资源。

（一）居民就医记录信息资源

各级卫生部门的就医信息资源可依户口所在地分为户籍人口就医信息资源和流动人口就医信息资源两类。其中，户籍居民就医信息资源主要涉及单位代码、公民身份证号码、姓名、性别、年龄、单位名称、人员类别、就医类别、医院名称、级别、病种、需附材料、住院诊断、住院日期、第几次住院、填表人、联系电话、联系人等信息。异地安置的流动人口就医信息资源主要涉及单位代码、单位名称、公民身份号码、医疗证号码、姓名、性别、年龄、参加工作日期、退休日期、详细住址、邮政编码、联系电话、选择医疗机构名称、联系人、联系电话等信息[1]。

（二）儿童预防接种信息资源

各级卫生部门的儿童预防接种信息资源主要涉及儿童姓名、性别、出生日期、父亲姓名、母亲姓名、家庭住址、联系电话、预防接种记录等信息[2]。

九、房管部门的人口行政记录资源

我国各级房管部门主要负责公有住房和直管公有住房的交易审批、城镇建设安置动迁管理、城镇公有住房确权发证、产权产籍变更手续办理等工作。在此过程中，各级房管部门存储了大量有关住房和土地的行政记录信息，可为我国实施植入行政记录的人口普查提供相关数据。从类型上看，能够为人口普查提供信息的行政记录主要包括两类，即公有住房购买记录信息资源和用地使用许可信息资源。

---

[1] 居民就医记录信息资源主要根据《社会保障卡申领表》《基本医疗保险就医登记表》《基本医疗保险异地安置人员登记表》《异地就医登记表》等卫生部门在居民就医登记管理过程中所使用的登记表内容整理而来。

[2] 儿童预防接种信息资源主要根据《预防接种记录登记表》等卫生部门在儿童预防接种管理过程中所使用的登记表内容整理而来。

(一) 公有住房购买记录信息资源

各级房管部门的公有住房购买记录信息资源主要涉及申请人及其配偶的姓名、身份证件号码、户口所在市（县）、性别、职级、工作单位、婚姻状况、领取住房补贴情况、参加工作时间、建立公积金时间、建立公积金前工龄、军转人员转业时间、现住房情况、申请购住房详细地址、申请购住房面积等信息。直管公有住房购买记录包含申请人、工作单位、电话、职务、参加工作时间、房屋坐落、使用面积、承租人、申请人与承租人关系、付款方式、工龄使用人、申请人与工龄使用人关系、户籍内家庭成员称谓、姓名、年龄、工作单位、户籍门牌、身份证号码等信息[①]。

(二) 用地使用许可信息资源

各级房管部门的用地许可信息资源主要涉及对用地单位、组织机构代码、用地项目名称、用地位置、用地面积、规划用地面积、可建设用地面积、总建筑面积、计算容积率面积、用地性质、土地权属证明、容积率、绿地率、建筑密度、建筑限高、联系人、联系电话等信息的记录[②]。

十、住建部门的人口行政记录资源

为承担规范房地产市场秩序、监督管理建筑市场、规范市场各方主体行为、推进住房制度改革等职责，我国各级住建部门记录了城镇房屋所有权、农村居民住宅建设用地、土地登记等信息，累积形成了大量的行政记录资源，可为我国实施植入行政记录的人口普查提供相关数据。从类型上看，能够为人口普查提供信息的行政记录主要包括三类，即城镇房屋所有权信息资源、农村居民住宅建设用地信息资源和土地登记信息资源。

(一) 城镇房屋所有权信息资源

各级住建部门的城镇房屋所有权登记信息资源主要涉及申请人情况与申请

[①] 公有住房购买记录信息资源主要根据《公有住房购买申请表》《公有住房出售登记表》等房管部门在公有住房购买管理过程中所使用的登记表内容整理而来。

[②] 用地使用许可信息资源主要根据《房屋、土地情况登记表》《用地许可证》《建设用地规划许可证申请表》等房管部门在土地使用管理过程中所使用的登记表内容整理而来。

的具体内容。其中，申请人情况包括登记权利人及其代理人姓名、联系电话、证件类型及号码、共有方式；登记义务人及其代理人姓名、联系电话、证件类型及号码、共有方式；申请内容包括登记类别等信息①。

（二）农村居民住宅建设用地信息资源

各级住建部门的农村居民住宅建设用地信息资源主要涉及申请人姓名、工作单位、身份证号、职务、性别、年龄、家庭在册人口、住址、全家农业人口、非农业人口、家庭成员构成、家庭成员信息（称谓、姓名、年龄、工作单位及职务）、原住宅土地使用证号码、使用土地面积、房屋产权证号码、建筑面积、层数、底层建筑面积、申请理由、申请用地地点、用地面积、登记原因、房屋坐落、土地使用证号、房屋所有权证号、土地使用年限等信息②。

（三）土地登记信息资源

各级住建部门的土地登记信息资源主要涉及宗地的基本情况以及土地使用者的基本信息。其中，宗地的基本情况包括地号、图号、坐落、面积、用途、权属性质以及便于查找的有关图、表、册的编号地址等信息；土地使用者基本信息包括了土地使用者、土地所有者或土地他项权利者名称、通讯地址、单位性质、主管部门、图号、地号、用途、批准使用期限、四至、填发机关签章、城镇土地使用中用地面积、土地等级、农村土地中土地总面积、变更记事、附图以及证书的编号等信息③。

十一、统计部门的人口行政记录资源

为履行对国民经济、科技进步和社会发展等情况进行统计分析、统计预测和统计监督，向党中央、国务院及有关部门提供统计信息和咨询建议，研究提出重大的国情国力普查计划等职责，统计部门统一组织各地区、各部门进行社会经济调查，包括每十年进行一次的人口普查、农业普查、五年进行一次的经

---

① 住宅产权信息资源主要根据《房屋所有权登记申请书》《房屋所有权转移登记表》等住建部门在住宅产权管理过程中所使用的登记表内容整理而来。
② 农村居民住宅建设用地信息资源主要根据《农村居民住宅建设用地申请表》等住建部门在农村居民住宅建设用地管理过程中所使用的登记表内容整理而来。
③ 土地登记信息资源主要根据《土地登记信息管理系统》《土地登记卡》《土地使用登记申请表》《土地登记审批表》等住建部门在土地登记信息管理过程中所使用的登记表内容整理而来。

济普查，以及住户收支与生活状况调查、全国月度劳动力调查、全国人口变动情况抽样调查等。从类型上看，能够作为植入行政记录的人口普查信息来源的记录主要包括三项普查和各类抽样调查信息资源。

(一) 普查信息资源

1. 经济普查名录库资源

经济普查是指为了全面掌握我国第二产业、第三产业的发展规模、结构和效益等情况，建立健全基本单位名录库及其数据库系统，为研究制定国民经济和社会发展规划，提高决策和管理水平奠定基础所进行的全面性调查。经济普查每五年进行一次，普查的对象是境内（不包括香港、澳门特别行政区和台湾地区）从事第二、第三产业活动的法人单位、产业活动单位和个体户，涵盖除农业外的各行各业，涉及基本属性、财务状况、生产经营情况、生产能力、原材料和能源消耗、科技活动、从业人员等1000多个调查指标。

2. 农业普查信息资源

全国农业普查是按照国家规定的统一方法、统一时间、统一表式和统一内容，主要采取普查人员直接到户、到单位访问登记的办法，全面收集农村、农业和农民有关情况。在中国，农业普查每十年进行一次。第三次农业普查包括从事第一产业活动单位和农户的生产经营情况、乡（镇）、村委会及社区环境情况、农业土地利用情况、农业和农村固定资产投资情况、农村劳动力就业及流动情况、农民生活质量情况6个方面内容；涉及农户普查表、规模农业经营户普查表、农业经营单位普查表、行政村普查表、乡镇普查表和农作物面积遥感测量实地调查表6张普查登记表；涉及户主及住户家庭成员姓名、性别、年龄、婚姻状况、受教育程度、户主的户籍所在地、本户外出6个月以上人数、本户外来6个月以上人数、从事农业生产或管理时间、从事的农业行业类别、拥有住房数量、是否建档立卡扶贫户、年末实际经营耕地面积、全年粮食种植面积等信息。

3. 人口普查住户及人口名录库资源

人口普查是指在国家统一规定的时间内，按照统一的方法、统一的项目、统一的调查表和统一的标准时点，对全国人口普遍地、逐户逐人地进行的一次性调查登记。在中国，每十年进行一次人口普查。第六次人口普查的项目包括姓名、性别、年龄、民族、国籍、受教育程度、行业、职业、迁移流动、社会保障、婚姻、生育、死亡、住房情况等信息。

第五章 我国实施植入行政记录人口普查的可行性分析

（二）抽样调查信息资源

1. 住户收支与生活状况调查信息资源

为了解全国和各地区城乡居民收入、消费及其他生活状况，住户收支与生活状况调查开展了有关居民现金和实物收支情况、住户成员及劳动力从业情况、居民家庭食品和能源消费情况、住房和耐用消费品拥有情况、家庭经营和生产投资情况、社区基本情况以及其他民生状况等情况调查。其中，住户成员基本情况调查包含与户主关系、年龄、民族、户口登记地、户口性质、健康状况、参加何种医疗、是否在校学生、受教育程度、婚姻状况、过去三个月在本住宅居住的时间、过去三个月是否每月都到本住宅居住一天以上、未来三个月中，是否打算在本住宅居住时间超过一个半月等行政记录资源；劳动力从业情况调查包含姓名、是否离退休人员、参加何种养老保险、本季度主要就业状况、本季度从事的主要职业、本季度从事所有工作的总时间等信息；住房情况调查包含本户居住类型、本户居住空间样式、主要建筑材料、房屋来源、建筑面积、住宅外道路路面情况、是否管道供水、主要饮用水源、获取饮用水存在的主要困难、饮用前在家里所采取的主要处理措施、厕所类型、洗澡设施、主要取暖设备状况、主要炊用能源状况、自有现住房建筑年份、自有现住房市场价估计值、同类住房市场价月租金等信息。

2. 全国月度劳动力调查信息资源

全国月度劳动力调查主要用于获取城乡劳动力就业状况信息资源，主要包括按户填报的户编号、户别、调查时点居住在本户的人口数、本户人口中外出但不满半年的人口数、现住房来源及按人填报的姓名、与户主关系、性别、出生年月、户口登记地、住本户时间、受教育程度、婚姻状况、您户口所在家庭是否有农村土地承包权、您以前是否在其他地区工作过、您来（回）本县（市、区）多长时间了、您在调查时点前一周是否为取得收入而工作过1小时以上、您在职未上班的主要原因是什么、您已连续未上班多长时间、您目前的工作已干了多长时间、您的工作单位或经营活动属于以下哪种类型、您的就业身份属于以下哪种类型、您是否与用人单位或雇主签订了劳动合同、您上月主要工作的报酬是多少、您是否为增加工作时间而想寻找其他工作、如有机会工作更长时间您能在两周内开始工作吗、您在调查时点前一周未工作的主要原因是什么、您想工作吗、您近三个月内采取过以下哪种方式寻找工作、您未找工作的主要原因是什么、如有合适的工作您能在两周内开始工作吗、您暂时不能开始工作的主要原因是什么、您调查时点前一周或失去工作前所在单位工作主要生产或经营活动是什么、您调查时点前一周或失去工作前做什么具体工作等信息。

3. 全国人口变动情况调查信息资源

全国人口变动情况调查主要是为获取人口增长情况开展的一项抽样调查，包含户别、应在本户登记的人数、年度出生人口、死亡人口、姓名、性别、出生年月、民族、调查时点居住地、户口登记地、受教育程度、参加社会保险情况、婚姻状况、当年生育情况以及死亡人口的姓名、性别、出生年月、死亡月份等信息。

十二、其他人口信息资源

除各级行政部门的登记记录信息外，铁路部门售票系统、银行客户系统所保留的售票信息、客户信息亦可成为植入行政记录的人口普查重要的信息来源。

（一）铁路交通售票信息资源

铁路交通售票信息资源主要提供票存系统基本信息、票务人员基本信息、客户基本信息、订票单基本信息、退票单基本信息、车票基本信息、车票销售记录等信息。具体包括车票编号、车票价格、车次、座位类型、座位编号、出发站、目的站、发车时间、到站时间、订票单号、订票日期、订票时间、订票数量、订票手续费、售票单号、开售单日期、开售单时间、领票人姓名、领票人身份证号、交款日期、交款金额、即时退票单号、即时退票日期、即时退票时间、即时退票数量、即时退票金额、即时退票手续费、退票申请单号、退票申请日期、退票数量、退票单号、开退单日期、开退单时间、退票金额、退票手续费、客户名、客户身份证号、客户银行卡号、客户电话、客户地址、登录ID、登录密码、票务人员编号、票务人员工作地点、票务人员姓名等信息①。

（二）银行信息系统资源

银行信息系统资源主要包括个人信息、需求信息、工作信息、信用信息、资产信息等。其中，个人信息包括客户姓名、性别、籍贯、手机、身份证号、婚姻状况、公司固话；需求信息包括借款额度、借款时长、承受利息、还款方

---

① 铁路交通售票信息资源主要根据《铁路售票系统》信息整理而来。

式、近一个月流水信息；工作信息包括职业身份、个人流水、打卡工资、公司名称、公司地址、担任职务、主营行业、成立时间、注册资金、是否交社保、公司流水；信用信息包括个人信誉、配偶信誉、信用卡开卡银行、授信额度、已使用额度、贷款银行、贷款金额；资产信息包括房屋地址、面积、购买总价、房屋归属人、房屋性质、汽车品牌、购买价格、购买日期、银行欠款等信息[①]。

此外，银行信息系统还记录了个人客户信息的基本信息，具体包含客户姓名、客户编码、联系电话、通信地址、邮政编码、电子邮件、传真、关联个人/企业、证件类型、证件号码、性别、出生日期、年龄、学历、最高学位、婚姻状况、户口本信息、居住地址、居住地址邮政编码、居住情况、单位所属行业、职称、工作单位、职业、职务、月收入、其他收入、开户银行、支行名称、账户类型、银行账号、手机、联系地址、住宅信息、资产信息等信息[②]。

表5-3列示了我国各个行政部门主要的人口行政记录资源。

表5-3　　　　我国各行政部门的主要人口行政记录资源类型

行政部门	主要人口行政记录资源类型
公安部门	人口户籍信息资源
	人口出入境信息资源
	全国机动车/驾驶人信息资源
计生部门	育龄妇女信息资源
	人口出生信息资源
教育部门	全国学前教育管理信息资源
	全国中小学生学籍信息资源
	留学人员信息资源
税务部门	内资企业税务登记信息资源
	外商投资企业税收信息资源
	个体工商户税务登记信息资源
	个人纳税登记信息资源

---

① 银行信息系统资源主要根据《客户信息登记表》《对公客户信息采集表》《企业客户信息表》等信息整理而来。

② 银行系统个人客户信息资源主要根据《个人客户基本信息表》《信用卡申请个人信息登记表》等信息整理而来。

续表

行政部门	主要人口行政记录资源类型
民政部门	事业法人设立、变更和注销登记信息资源
	婚姻登记信息资源
	收养登记信息资源
	社会团体法人登记信息资源
人力资源和社会保障部	社会保险信息资源
	就业失业登记信息资源
工商部门	企业法人设立、变更和注销登记信息资源
	个体工商户信息资源
卫生部门	居民就医记录信息资源
	儿童预防接种信息资源
房管部门	公有住房购买记录信息资源
	用地使用许可信息资源
住建部门	城镇房屋所有权信息资源
	农村居民住宅建设用地信息资源
	土地登记信息资源
统计部门	经济普查名录库资源
	农业普查信息资源
	人口普查住户及人口名录库信息资源
	住户收支与生活状况调查信息资源
	全国月度劳动力调查信息资源
	全国人口变动情况调查信息资源
其他人口信息资源	铁路交通售票信息资源
	银行信息系统资源

第六章
"中国式"植入行政记录的人口普查方法设计

第一节 全国层面"行政记录调查+专项调查"人口普查方法设计

一、"行政记录调查+专项调查"人口普查方法整体框架

（一）国家人口基础信息库作为基本记录库的可行性分析

由公安部牵头，教育部、民政部、人力资源和社会保障部、卫生和计划生育委员会共建的国家人口基础信息库可作为基本记录库纳入"组合模式"人口普查的整体框架。之所以选择国家人口基础信息库作为行政记录调查的基本记录库，主要基于三个理由。（1）作为基本记录库，国家人口基础信息库可以形成对普查对象、普查信息的良好覆盖。我国的人口普查对象既包括居民又包括住户，因此实施"组合模式"人口普查的基本记录库必然需要由囊括全部居民和全部住户（或能从全部居民中识别出全部住户）的人口行政记录库构成，而一个覆盖全国人口、以公民身份号码为唯一标识、包含公民身份号码、姓名、性别、民族、出生日期、出生地、照片、户籍地址等多项信息的国家人口基础信息库便是较理想的基本记录库之一。（2）作为基本记录库，国家人口基础信息库的数据质量相对较高。国家人口基础信息库通过共建单位的共同维护、多源校核，改变了各个部门分头采集信息的现状，有效保证了人口数据的一致性、准确性、完整性、权威性。（3）作为基本记录库，国家人口

基础信息库的可链接性较强。国家人口基础信息库既包含针对个人的公民身份号码，又包括针对住户的实际居住地址等地址变量，确保了基本记录库与相关记录库的链接。

（二）从国家人口基础信息库到中央人口数据库

《联合国人口和住房普查规则》明确提出，"组合模式普查的基本前提之一是，国家应具有一个确定的、覆盖范围比较理想的高水平中央人口登记，并且有一个不断更新的系统与之联系"。国家人口基础信息库实现了公安部、教育部、民政部、人力资源和社会保障部、卫生和计划生育委员会人口行政登记信息的有效集成，形成了对人口普查信息较大范围的覆盖。与此同时，由全国公民身份证号码查询服务中心负责建设、管理和运营的"全国公民身份信息系统（national citizen identity information system，NCIIS 系统）"可尝试纳入"组合模式"人口普查的行政记录系统，以实现对国家人口基础信息库的补充与更新。对于 NCIIS 系统，公安部治安管理局向部分省、市公安户政部门下发了《关于建设全国人口信息查询服务数据库开展人口数据收集工作的通知》，从制度层面保证了公民身份数据的及时更新。具体地，NCIIS 系统通过数据维护子系统收集源自各级公安部门人口信息管理系统的增量变动数据，然后将其转化成具有统一标准的公民身份增量变动数据，进而统一汇总至公安部的全国公民身份号码查询服务中心进行集中处理。

将全国公民身份信息系统经由公民身份号码链接至国家人口基础信息库，便可实现对国家人口基础信息库的更新，从而在一定程度上满足了组合模式普查基本的数据要求。

（三）"行政记录调查 + 专项调查"人口普查方法整体框架

作为由"传统人口普查"向"植入行政记录人口普查"的初步尝试，我国的"组合模式"人口普查设计不宜过于复杂。以第六次人口普查对象和普查内容为例，我国的"组合模式"人口普查结构由"行政记录调查 + 专项调查"构成，其整体框架如图 6-1 所示。其中，中央人口数据库作为行政记录调查的基本记录库，并由 n 个辅助记录库进行数据补充，提供全国人口总数和人口部分特征的初步估计。同时，以中央人口数据库的全部登记对象为抽样框，开展人口专项抽样调查，以获取人口部分特征（行政记录调查尚不能提供）的初步估计和对行政记录调查初步估计结果的校准信息。进一步地，对行政记录调查结果与人口专项调查结果予以对接与质量评估，据此发布人口普查信息。

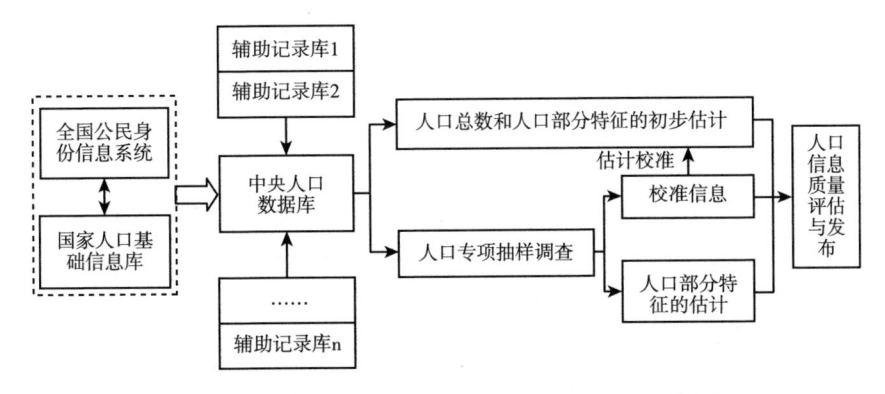

第六章 "中国式"植入行政记录的人口普查方法设计

图6-1 全国层面的"行政记录调查+专项调查"基本框架

二、基于中央人口数据库的行政记录调查设计

（一）辅助记录库的筛选

以第六次全国人口普查为例，对于《第六次全国人口普查表短表》（以下简称普查表短表）、《第六次全国人口普查表长表》（以下简称普查表长表）中涉及的45项①内容，中央人口数据库作为基本记录库可以提供姓名、民族、出生地等按人填报的19项信息以及户编号、户别、2009年11月1日–2010年10月31日出生人口和死亡人口3项按户填报的信息。此外，中央人口数据库还可以提供《第六次全国人口普查表短表（供港澳台和外籍人员使用）》（以下简称境外人员普查表）中的姓名、与户主关系、来大陆或来华目的、已在大陆或在华居住时间、受教育程度、身份或国籍等11项信息；《第六次全国人口普查死亡人口调查表》（以下简称死亡人口调查表）中的姓名、性别、出生时间等7项信息。基本记录库无法提供的信息则通过辅助记录库补充获得。

基于"单位准匹配"原则选择全国中小学生电子学籍信息登记记录、中国高等教育学生信息登记记录、国（境）外学历学位信息登记记录、金融信用信息基础数据库、就业失业登记记录、纳税登记记录、社会保险登记记录、民政统计信息名录库、人口出生信息登记记录、人口死亡信息登记记录、育龄妇女信息登记记录、出入境登记记录。基于"内容准匹配"原则选择土地登

---

① 普查表短表内容均包含于普查表长表中，这里只考虑普查表长表中按户填报的17项信息和按人填报的28项信息。

记记录、房屋所有权登记记录、住宅建设用地登记记录。

（二）行政记录的统计转化

人口行政记录源信息经过编辑、比对、插补等"统计化"操作以后，才可以实现人口统计信息的输出。人口行政记录源无法直接输出人口统计信息的可能原因有四个：（1）中央人口数据库的登记对象与人口普查登记对象的统计口径不一致；（2）行政登记记录项目内涵与人口普查变量定义不一致；（3）与某些人口普查变量对应的不同行政登记记录的项目字段不一致；（4）行政记录中存在登记对象的缺失或登记项目值的缺失。

1. 编辑行政登记记录的登记对象

针对中央人口数据库登记对象与人口普查登记对象的统计口径差异，我们将在境内居住超过半年的境外人员信息汇入中央人口数据库，同时剔除调查时点定居国外超过半年的中国居民。具体地，依据出入境登记记录中的签发地及有效日期、来华目的及时间等登记对象的迁移信息，识别人口普查的登记对象。

2. 编辑行政登记记录的登记项目

行政记录登记项目与人口普查变量的名称、内涵、备选答案间存有差异，需要进行核对与调整。对于名称的不同，需更改行政记录中项目名称，使其与人口普查变量保持一致。如将中央人口数据库中的"实际居住地址"项目名称调整为"普查时点居住地"；将中央人口数据库中的"户籍地址"项目名称调整为"户口登记地"；将中央人口数据库中的"常住户口所在地类型"项目名称调整为"户口登记地类型"；将中央人口数据库中的"流动日期"项目名称调整为"离开户口登记地时间"；将中央人口数据库中的"流动原因"项目名称调整为"离开户口登记地原因"。对于内涵的差异，则需依照人口普查项目口径，对行政登记记录进行合并、截断。如中央人口数据库中的"出生日期"项目与人口普查中的"出生年月"项目相对应，但中央人口数据库中"出生日期"项目的填写格式为"年—月—日"，而人口普查要求的填写格式为"年—月"，只需取中央人口数据库中"出生日期"项目答案的前六个字节便可获得人口普查的对应信息。对于项目备选答案不一致，则需依照人口普查备选答案，将行政记录项目备选答案进行合并、拆分。如将中央人口数据库中的"婚姻状况"项目的项目备选答案调整为人口普查中"婚姻状况"的项目备选答案："未婚、有配偶、离婚、丧偶"。

3. 比对行政登记记录的登记项目

行政登记记录的比对，是对提供同一人口普查变量信息的不同行政记录信息进行筛选。如何抉择多个行政登记记录库中的字段取值是统计转化过程需要考虑的第三个问题。如"行业""职业"等就业状况信息分布于法人单位基础信息库、就业失业登记、个人纳税记录、金融信用信息基础数据库等多项行政登记记录中;"婚姻状况""结婚(初婚)年月""生育子女数""2009.11.1－2010.10.31的生育状况"等婚育状况信息分布于中央人口数据库、民政统计信息名录库、育龄妇女信息登记记录等多项行政登记记录中;"是否识字""受教育程度""学业完成情况"等教育信息分布于中央人口数据库、全国中小学生电子学籍信息登记记录、中国高等教育学生信息登记记录、国(境)外学历学位信息登记记录、就业失业登记记录等多项行政登记记录中。

可供参考的选择依据有三种。(1)以变量值出现频率的高低作为信息筛选依据。(2)以提供同一变量信息的各类行政记录库的质量水平作为筛选依据。具体的做法是,对行政记录库的完整性、准确性、及时性等维度进行赋权,根据加权得分高低确定行政记录库的优先级。质量评分公式为:$Y_r = \sum_{i=1}^{n} w_i y_i$,其中,$Y_r$表示各行政登记记录库的质量评分,$w_i$表示第$i$个评估维度的权重,$y_i$表示各质量评估维度的质量水平得分。当然,各评估维度的质量水平既可基于德尔菲法等主观评分法,也可借由及时度、缺失值率等评估指标予以评判。(3)选择以提供该类变量信息为主的行政记录库的字段值作为人口普查的信息来源。以此作为筛选标准,我们选择就业失业登记记录获取就业状况信息,选择全国中小学生电子学籍信息登记记录、中国高等教育学生信息登记记录、国(境)外学历学位信息登记记录获取教育信息,选择民政统计信息名录库、育龄妇女信息登记记录获取婚育状况信息。

4. 插补行政登记记录的缺失信息

处理行政登记记录的缺失信息是统计化的最后一步。对于行政记录库中存在的登记对象缺失,需反馈至行政记录的来源部门,由行政记录持有者找寻缺失的登记对象。对于行政记录库中存在的项目值缺失问题,则需依缺失情况具体分析。

一个完整的缺失数据处理办法通常包括三个步骤:识别缺失数据、检查数据缺失缘由、删除包含缺失值的字段或用合理的数值插补缺失值。其中,识别缺失值用于判断是否存在缺失值;检查数据缺失缘由是通过探索缺失值模式,了解哪些字段存在缺失值、数目有多少等,进而分析数据为何缺失。探索缺失值模式的方法包括列表显示缺失值、图形探究缺失数据、相关性探索缺失值等。对于行政登记记录的缺失值问题,宜选用插补法处理缺失信息,这是因为删除包含缺失值的字段会影响行政登记记录对人口统计信息的覆盖。热卡法、冷卡法等都是可选用的缺失信息处理方法。其中，热卡法选择当前数据集中与缺失值相似度较高的项目值作为插补值。热卡法要求行政记录库中存在与缺失项目相关程度较高的项目，满足此项条件的行政记录库可选用热卡法插补缺失值，如国家人口基础信息库中的出生地缺失，可由户口登记地项目值作为插补值。冷卡法则是从其他数据资料中获取与缺失值相似度较高的项目值作为插补值，如NCIIS系统数据库中的受教育程度缺失，可由全国中小学生电子学籍信息登记记录、中国高等教育学生信息登记记录中的学业完成情况作为插补值，对于性别、出生年月、民族等对象的固有属性信息还可由已存在的普查数据库获得。

（三）行政登记记录库的链接

1. 人口行政记录系统的链接编码

基本记录库之间通过链接编码实现双向链接，其中，国家人口基础信息库和NCIIS系统数据库通过公民身份号码实现双向链接。

辅助记录库通过公民身份号码、学籍编号、出生证明编号等链接编码单向链接至中央人口数据库。其中，全国中小学生电子学籍信息登记记录、中国高等教育学生信息登记记录、国（境）外学历学位信息登记记录经由学籍编号链接至中央人口数据库，就业失业登记记录、育龄妇女信息登记记录、人口出入境登记记录经由公民身份号码链接至中央人口数据库。人口行政记录系统的链接编码如表6-1所示。

表6-1　　　　　　　人口行政记录系统的链接编码

行政登记记录类型	链接编码
国家人口基础信息库	公民身份号码、地址编码*
全国公民身份信息系统	公民身份号码、地址编码、学籍编码、出生医学证明编号、护照号码
就业失业登记记录	公民身份号码
纳税登记记录	公民身份号码
全国中小学生电子学籍信息登记记录	学籍编号
中国高等教育学生信息登记记录	公民身份号码
国（境）外学历学位信息登记记录	公民身份号码

续表

行政登记记录类型	链接编码
民政统计信息名录库	公民身份号码
育龄妇女信息登记记录	公民身份号码
人口出生信息登记记录	出生医学证明编号
人口出入境登记记录	公民身份号码、护照号码
人口死亡信息登记记录	公民身份号码
土地登记记录	地址编码
居民住宅建设用地登记记录	地址编码

*：包括出生地、户籍地址、实际居住地址三项地址信息的编码。

2. 行政记录的链接方法

促成行政登记记录准确链接的前提是解决链接编码非唯一、登记对象不一致、存储软件不兼容等记录匹配问题。由于户籍地址、联系方式的非唯一性等，通过此类链接编码进行行政记录间的匹配可能产生一对多、多对一、多对多等非确定性匹配。如此一来，通过行政记录的匹配链接实现各种类型行政记录资源汇总的设想便难以完成，由此获取人口统计信息自然也无法施行。

费莱基和松泰尔（1969）提出了一种概率链接理论，可以有效地解决一对多、多对一、多对多的记录链接问题。FS 概率链接理论通过给出一个概率型链接的决策准则来解决概率型链接问题①。概率型链接的决策准则表示为：

$$\begin{cases} R \geq U, 匹配 \\ L \leq R \leq U, 可能匹配 \\ R \leq L, 不匹配 \end{cases} \quad (6-1)$$

公式（6-1）中似然比 R 的计算公式为：

$$R = \frac{P(\gamma \in \Gamma \mid r \in M)}{P(\gamma \in \Gamma \mid r \in U)} \quad (6-2)$$

其中，M 表示行政登记记录 A 和行政登记记录 B 完全匹配的记录对集合，U 表示未完全匹配的记录对集合，γ 表示比较空间 Γ 内的任意匹配记录对，r 表示 M、U 中的行政登记记录对。也就是说，当似然比 R 值大于一个给定的临界值 U 时，即可认为该记录为匹配关系；当似然比 R 值小于一个给定的临界值 L 时，

---

① 有关 FS 概率链接理论的具体情况可详见：Fellegi I P, Sunter A B. A Theory for Record Linkage [J]. *Journal of the American Statistical Association*, 1969, 64 (328): 1183–1210.

即可认为该记录对为不可能的匹配关系；当似然比 R 值处于临界值 L 和 U 之间时，即可认为该记录可能存在匹配关系。就中国"组合模式"人口普查而言，全国中小学生电子学籍信息登记记录无法通过公民身份号码链接至中央人口数据库，则可选择姓名、出生地、学历三个链接变量，结合 FS 概率链接理论，完成全国中小学生电子学籍信息登记记录与中央人口数据库记录对的匹配关系确认。

登记对象不同的行政记录数据库无法直接进行匹配链接，需要经过编辑识别变量、定义数据库对象、组合或分解对象单元、匹配链接新单元等过程。存储行政登记记录的软件不兼容，则需通过顶层设计、统一基础设施、统一应用软件、统一数据格式（统一数据接口规范）。

3. 行政记录编码的设定

链接编码、链接方法的确定解决了行政记录与行政记录之间的链接问题，实现了公安、教育、民政等不同行政部门的户籍、教育、婚育等记录的有效集成。由此，统计部门便可通过检索 PIN、地址编码等获取每一个登记对象的全部人口统计信息，用户亦可基于集成信息展开分地区、分年龄、分性别的相关研究。然而，这种将详细数据信息直接提供给用户的做法显然与个人隐私保护的前提相违背。

那么，设置行政记录编码（简称 RIN）替代 PIN、地址编码等链接编码则可有效解决数据安全保护和信息开发使用之间的矛盾。RIN 由四部分二十一位编码组成。(1) 包含用于人口统计分析系列分类变量的编码。RIN 应包含反映地区、年龄、性别三个分类变量的编码，以便用户利用人口统计信息开展相关领域的细化分析。提取 PIN 中记录户口登记地的六位编码、记录出生年月的四位编码、记录性别的一位编码，形成 RIN 的前十一位编码。(2) 包含反映调查对象状态的编码。RIN 应包含反映调查对象当前居住地址的六位编码，以便后续质量抽样调查的验证和修订。(3) 包含反映数据来源的编码。RIN 还应该记录数据的来源渠道，以便于信息的更新与反馈。出于数据安全的考虑，反映数据来源的行政部门代码不宜直接呈现在 RIN 中，因此，需对反映数据来源的行政部门代码进行加密运算并将运算结果保存于 RIN 的第十八至二十位。解密方法由负责数据更新维护的工作人员掌握。(4) 随机生成的验证码。由计算机随机产生，用于检验 RIN 的正确性，位于 RIN 的最后一位。

（四）人口行政记录系统的构建

总体来看，一个较为理想的人口行政记录系统是以国家人口基础信息库、NCIIS 系统数据库双向链接形成的中央人口数据库为基本记录库，以全国中小学生电子学籍信息登记记录、中国高等教育学生信息登记记录、国（境）外学历学位信息登记记录、就业失业登记记录、纳税登记记录、民政统计信息名录库、人口出生信息登记记录、人口死亡信息登记记录、育龄妇女信息登记记录、出入境登记记录、土地登记记录、居民住宅建设用地登记记录为辅助记录库。基本人口行政记录系统的构建及链接编码见图6-2。

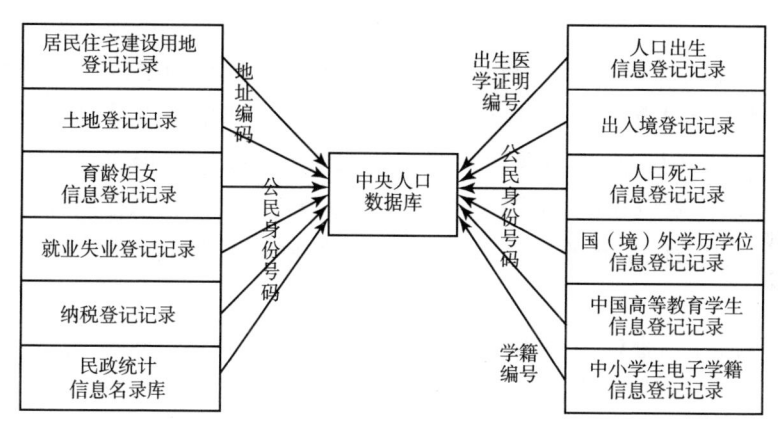

图6-2 人口行政记录系统的构成

三、专项调查：年度结构调查设计

（一）行政记录调查未覆盖的人口统计信息

年度结构调查是为获取人口就业状况、居住条件等行政记录调查未覆盖的人口普查信息而专门组织的抽样调查。为此，我们首先对行政记录调查未覆盖的人口普查信息进行梳理，如表6-2所示。

表6-2　　　　　　　行政记录调查未覆盖的人口普查项目

未覆盖普查内容	具体项目	表/填报类型
工作情况、居住条件等	H7. 本户住房间数；H9. 承重类型；H10. 住房建成年代；H11. 主要炊事燃料；H12. 住房内有无管道自来水；H13. 住房内有无厨房；H14. 住房内有无厕所；H15. 住房内有无洗澡设施；H16. 住房来源；H17. 月租房费用	长表/按户
	R13. 五年前常住地；R17. 工作情况；R20. 未工作原因；R21. 三个月内是否找过工作；R22. 能否工作；R23. 主要生活来源；R28. 身体健康状况	长表/按人

（二）年度结构调查设计基本思路

年度结构调查至少可以实现以下三项目标。（1）补充行政记录调查未涵盖信息，包括工作情况、未工作原因、三个月内是否找过工作等就业状况信息，以及承重类型、住房建成年代、主要炊事燃料、住房内有无管道自来水等居住条件信息。（2）校准行政记录调查的部分信息，包括2010年10月31日晚居住地、离开户口登记地时间、离开户口登记地原因、户口性质等个人信息，2009年11月1日至2010年10月31日期间出生人口、死亡人口等住户信息。（3）校准行政记录调查获取的人口总数初步估计。为了利用抽样调查数据对行政记录调查获取的人口总数进行校准，抽样调查还应该包含2010年10月31日晚居住地、户口登记地等确认调查对象范围的相关信息。

年度结构调查以全国为总体，各地级市为子总体，按分层、二阶段、概率比例、整群抽样方法[①]，抽取的样本量约占全国总人口的1%。同时，借助国家基础地理信息库中的地图数据，得到能够清楚呈现调查小区的地域范围和界限的调查小区图。抽样的第一阶段按照分层、概率比例抽样的方法抽取村级单位，第二阶段在抽中的村级单位中随机抽取一个调查小区。

年度结构调查的项目设定、标准时点、组织方式等也应与人口普查的组织方式一致，具体体现在五个方面。（1）调查问卷中对各个项目的备选答案设置参照其在人口普查中相应项目的备选答案，各项目答案的内涵与解释也与人口普查中相应备选答案的解释保持一致。（2）年度结构调查时间应与人口普查的标准时点保持一致，确定为11月1日零时。（3）数据采集与组织实施方式一致，采用调查员手持PDA入户询问、现场填报的方式收集数据（或由住户通过互联网自主填报的方式进行）。（4）数据处理与资料上报方式一致。抽样调查的编码规则、质量控制标准等应与人口普查保持一致。（5）资料的开发与分析方式一致。在获取调查数据以后，需要开展调查数据的事后质量抽查工作以提高数据质量。各级地方政府的统计机构在经上一级人民政府统计机构核准以后，以公报的形式对外公布调查数据。年度结构调查设计的相关信息如表6-3所示。

---

① 抽样方法参考《全国1%人口抽样调查方案》。

表6-3　　　　　　　　年度结构调查设计相关信息

调查目的	获取有关就业状况、住房条件等行政记录调查的剩余项目
抽样框	中央人口数据库
调查对象	样本小区内的全部人口
调查时间	11月1日零时
抽样方法	分层、二阶段、概率比例、整群抽样方法
按户填报的调查项目	本户详细地址、2009年11月1日至2010年10月31日期间出生与死亡人口、户别、本户应登记人数、本户住房间数、承重类型、住房建成年代、主要炊事燃料、住房内有无管道自来水、住房内有无厨房、住房内有无厕所、住房内有无洗澡设施、住房来源、月租房费用
按人填报的调查项目	姓名、与户主关系、性别、出生年月、公民身份号码、2010年10月31日晚居住地、户籍地址、离开户口登记地时间、离开户口登记地原因、户口性质、出生地、五年前常住地、工作情况、未工作原因、三个月内是否找过工作、能否工作、主要生活来源、身体健康状况

（三）年度结构调查表

1. 年度结构调查表——按户填报部分

以行政记录调查未覆盖项目为主体，我们设计了年度结构调查按户填报的调查表，涉及本户住房间数、承重类型、住房建成年代、主要炊事燃料、住房内有无管道自来水、住房内有无厨房、住房内有无厕所、住房内有无洗澡设施、住房来源、月租房费用10项信息，项目备选答案则完全遵循人口普查的相应设定。与此同时，为了实现对行政记录调查中人口总数初步估计结果的校准，设置2009年11月1日至2010年10月31日期间出生与死亡人口、本户应登记人数两个项目，并依人口普查表的设定分性别登记相应人口数。户别信息可用于对调查信息的归类；本户详细地址信息可用于调查户地址信息的核实，更重要的是，地址信息经过编码形成的地址编码还将作为链接编码，连接行政记录调查信息和年度结构调查信息两类数据资料。按户填报的年度结构调查表，如表6-4所示。

表6-4　　　　　　　　按户填报的年度结构调查表

项目	项目备选答案
一、本户详细地址	___县（市、区）___乡（镇、街道）___村___调查小区
二、2009年11月1日至2010年10月31日期间出生与死亡人口	出生人数_____ 男_____ 女_____ 死亡人数_____ 男_____ 女_____

续表

项目	项目备选答案
三、户别	1. 家庭户　2. 集体户
四、本户应登记人数	2010 年 10 月 31 日晚居住本户人口数＿＿＿　男＿＿＿女＿＿＿ 户口在本户，2010 年 10 月 31 日晚未居住本户的人数＿＿＿ 男＿＿＿女＿＿＿
五、本户住房间数	＿＿＿间
六、承重类型	1. 钢及钢筋混凝土结构　2. 混合结构 3. 砖木结构　4. 其他结构
七、住房建成年代	1. 1949 年以前　2. 1949～1959 年　3. 1960～1969 年 4. 1970～1979 年　5. 1980～1989 年　6. 2000 年以后
八、主要炊事燃料	1. 燃气　2. 电　3. 煤炭　4. 柴草　5. 其他
九、住房内有无管道自来水	1. 有　2. 无
十、住房内有无厨房	1. 独立使用　2. 与其他户合用　3. 无
十一、住房内有无厕所	1. 独立使用抽水式　2. 合用抽水式 3. 独立使用其他样式　4. 合用其他样式　5. 无
十二、住房内有无洗澡设施	1. 统一供热水　2. 家庭自装热水器　3. 无
十三、住房来源	1. 租赁廉租住房　2. 租赁其他住房　3. 自建住房（结束） 4. 购买商品房（结束）　5. 购买二手房（结束） 6. 购买经适房（结束）　7. 购买原公有住房（结束） 8. 其他（结束）
十四、月租房费用	1. 100 元以下　2. 100～200 元　3. 200～500 元 4. 500～1000 元　5. 1000～1500 元　6. 1500～2000 元 7. 2000～3000 元　8. 3000 元以上

2. 年度结构调查表——按人填报部分

以行政记录调查未覆盖项目为主体，我们设计了年度结构调查按人填报的调查表，涉及五年前常住地、工作情况、未工作原因、三个月内是否找过工作、能否工作、主要生活来源、身体健康状况 7 项内容，项目备选答案完全遵循人口普查的相应设定。与此同时，为进一步核实行政记录调查获取的人口基本信息，设置了姓名、与户主关系、性别、出生年月 4 项基本信息调查项目。考虑到日益频繁的人口流动对计数结果的显著影响，增设了出生地、2010 年 10 月 31 日晚居住地、户籍地址、离开户口登记地时间、离开户口登记地原因以校准行政记录调查中的迁移状况信息。户口性质信息可用于调查信息的归类，公民身份号码将作为链接编码连接行政记录调查信息和年度结构调查信息两类数据资料。按人填报的年度结构调查表，如表6–5所示。

表6–5　　　　　　　　　　按人填报的年度结构调查表

项目	项目备选答案
一、姓名	＿＿＿＿＿＿＿
二、与户主关系	1. 户主　2. 配偶　3. 子女　4. 父母　5. 祖父母　6. 媳婿　7. 孙子女　8. 兄弟姐妹　9. 其他
三、性别	1. 男　　　　2. 女
四、出生年月	＿＿年＿＿月
五、公民身份号码	＿＿＿＿＿＿
六、2010年10月31日晚居住地	1. 本普查小区　2. 本村（居）委会其他普查小区　3. 本乡（镇、街道）其他村（居）委会　4. 本县（市、区）其他乡（镇、街道）　5. 其他县（市、区）（请填报居住地址）＿＿省（区、市）＿＿地（市）＿＿县（市、区）　6. 港澳台或国外
七、户籍地址	＿＿省（区、市）＿＿地（市）＿＿县（市、区）＿＿乡（镇、街道）
八、离开户口登记地时间	1. 没有离开户口登记地（跳至项目十）　2. 半年以下　3. 半年至一年　4. 一至二年　5. 二至三年　6. 三至四年　7. 四至五年　8. 五至六年　9. 六年以上
九、离开户口登记地原因	1. 务工经商　2. 工作调动　3. 学习培训　4. 随迁家属　5. 投亲靠友　6. 拆迁搬家　7. 寄挂户口　8. 婚姻嫁娶　9. 其他
十、户口性质	1. 农业　　　2. 非农业
十一、五年前常住地	1. 省内　　2. 省外（请填报常住地址）＿＿＿省
五周岁及以上的人填报 — 十二、出生地	1. 本县市区　2. 本省其他市县区　3. 省外（请填报出生地）＿＿＿＿省
十五周岁及以上的人填报 — 十三、工作情况	1. 是（请填报上周工作时间）　2. 在职休假、学习、临时停工　3. 未做任何工作（跳至项目十四）
十五周岁及以上的人填报 — 十四、未工作原因	1. 在校学习（跳至项目十七）　2. 丧失工作能力（跳至项目十七）　3. 毕业后未工作　4. 因单位原因失去工作　5. 因本人原因失去工作　6. 承包土地被征用　7. 离退休　8. 料理家务　9. 其他
十五周岁及以上的人填报 — 十五、三个月内是否找过工作	1. 在职业介绍机构求职　2. 委托亲友找工作　3. 应答或刊登广告　4. 参加招聘会　5. 为自己经营做准备　6. 其他　　　　　　　7. 未找过工作
十五周岁及以上的人填报 — 十六、能否工作	1. 能（请填报未工作时间）＿＿个月　　2. 不能

207

续表

项目		项目备选答案
十五周岁及以上的人填报	十七、主要生活来源	1. 劳动收入　2. 离退休金养老金　3. 失业保险金　4. 最低生活保障金　5. 财产性收入　6. 家庭其他成员供养　7. 其他
六十周岁及以上的人填报	十八、身体健康状况	1. 健康　　　　2. 基本健康　3. 不健康　　　4. 生活不能自理

四、行政记录调查与专项调查的链接

（一）行政记录调查与专项调查的匹配路径

行政记录调查数据与专项调查数据直接通过多种途径结合。其中，基于专项调查的个人数据与国家人口基础信息库数据之间通过公民身份号码进行匹配链接，如图6-3中的"途径1"。由此，个人专项调查中的工作状况、未工作原因等就业状况数据被补充至人口行政记录系统，姓名、与户主关系、户籍地址等数据将与行政记录调查的相应数据形成比对。基于专项调查的住户数据与国家人口基础信息库之间通过地址编码（本户详细地址的地址编码与个人实际居住地址）进行匹配链接，如图6-3中的"途径2"。由此，住户专项调查中的承重类型、住房建成年代、主要炊事燃料等居住条件数据被补充至人口行政记录系统，户别、本户应登记人数、本户住房间数等数据将与行政记录调查的相应数据形成比对。基于专项调查的个人数据与基于专项调查的住户数据之间通过地址编码（普查时点居住地编码）进行匹配链接，如图6-3中的"途径3"。由此，专项调查的个人信息与住户信息被整合在一起。

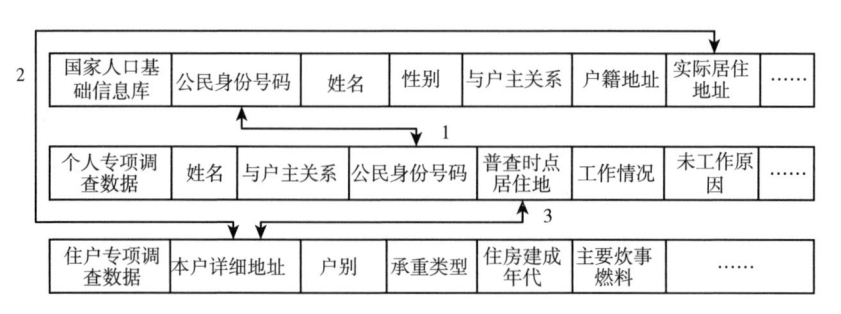

图6-3　行政记录调查与专项调查的匹配路径

（二）行政记录调查与专项调查数据整合

专项调查包含确认调查对象是否属于人口普查总体的相关信息，据此可以形成对人口总数初步估计结果的校准。具体来讲，我们利用抽样调查可以得到"2010 年 10 月 31 日晚居住本户人口数"、利用行政记录可以得到"本户登记人数"，且两类数据资料满足同质性、独立性假设，因此，可以利用两套数据资料构建人口总数的双系统估计量。

抽样调查对调查小区中每一个个体的居住状态进行核实，令 n_{1+} 为行政记录调查登记的 i 调查小区人数，即调查小区内所有住户单元"本户登记人数"的总和，n_{+1} 为抽样调查得到的 i 调查小区实际居住人数，即调查小区内所有住户单元"2010 年 10 月 31 日晚居住本户人口数"的总和，n_{11} 为居住并在该地区进行登记的人数。人口总数的双系统估计量如公式（6-3）：

$$N_{校准人口总数} = \frac{n_{1+} \times n_{+1}}{n_{11}} \qquad (6-3)$$

五、"行政记录调查 + 专项调查"的人口普查数据质量评估

（一）人口行政记录数据的质量评估

对人口行政记录数据的质量评估即是对国家人口基础信息库和 NCIIS 系统数据库两个基本记录库以及就业失业登记记录、育龄妇女信息登记记录、土地登记记录等十二个辅助记录库的数据质量进行评估和控制。该部分的数据质量是整个组合模式行政记录人口普查系统数据质量的基础，对人口普查信息的质量高低具有重要影响。参考 DQATAD 推崇的行政记录数据质量评估方法，我们设计了如下评估思路。

1. 初始发现阶段的质量评估

首先，从相关性出发，需要清楚行政记录的一般内容是什么。鉴于部分人口信息可源于多类行政记录，所以需要判断获取的信息是否来源于以提供该类信息为主的记录库。一般地，以该信息为主要内容的行政记录的数据质量相对较高。如"受教育程度"这一指标既可从 NCIIS 系统数据库中获取，亦可从全国中小学生学籍信息登记记录中获取；相较而言，从全国中小学生学籍信息登记记录中获取的数据质量相对较高。同时，需要判断所选行政记

录数据所属的最早日期和最晚日期。行政记录数据的日期越靠近人口普查的日期，二者之间的相关性越强，也就是说行政记录数据作为人口普查信息来源的数据质量越高。对相关性的考虑还包括对行政记录数据收集的频率、收集时间段的考察。其次，从数据的可访问性出发，对法律法规等限制条件进行考虑。有些行政记录虽然数据质量较高，但由于保密规定较难获得，转化为统计信息的过程自然相当困难，如铁路交通售票信息记录，民航售票信息记录中的人口流动信息，银行系统信息登记记录中公民身份号码、出生日期、年龄、学历、婚姻状况等信息。最后，从可释性角度出发，对行政记录变量及有效值进行描述。

2. 初次获取阶段的质量评估

一是从可访问性出发，了解行政记录由政府部门传输至统计部门的路径。二是从解释性出发，确认统计部门是否获得有关数据收集的一切表格和说明，以便于更好地使用行政数据。三是从一致性出发，明确行政记录库的数据分类系统是否与人口普查数据分类系统一致，如就业失业登记记录中对于就业失业者的定义是否与人口普查中就业失业的定义相一致，就业失业的登记库中的登记对象是否与人口普查的登记对象一致，地理区域界限的改变是否导致行政记录信息的改变等。四是从准确性出发，明确行政记录在收集过程中是否开展数据质量评估工作、行政记录中的重复记录和缺失值的比例，该比例是否在一定的误差范围内、行政记录数据已出现的无回答、编码等误差来源是什么、行政记录中的哪些项目进行了编辑或更新等，如就业失业登记记录中"职业"这一项目的缺失值比例不应高于5%（参考以色列中央统计局在线审计程序的数据操作定义），如果高于5%则认为其数据值得怀疑。同时，还应了解行政记录数据已经出现的项目无回答、变量值缺失、编码错误等误差的来源是什么、了解行政记录中的哪些项目进行了编辑或更新等。五是了解行政部门的数据质量验收标准，对比行政部门和统计部门的数据验收标准，确定行政记录数据转化阶段的质量评估方案。

3. 再次获取阶段的质量评估

首先，从准确性出发，判断是否存在现有记录的修改和新记录的增加等，如是否对就业失业登记记录中因就业失业定义的改变导致的新记录的产生进行了及时的修改，是否对行政记录系统中由于自然灾害等偶然因素导致的人口信息变动进行了及时修改。其次，从制度环境角度出发，描述提高数据质量的纠正措施。

据此，对人口行政记录数据的质量评估内容如表6-6所示。

表 6-6　　　　　　　　　人口行政记录数据的质量评估内容

阶段	行政记录类型	评估维度	评估内容
初始发现阶段	所有行政记录	相关性	数据是否来源于以该类信息为主的行政记录
			行政记录数据的最早日期和最晚日期
			行政记录数据收集的频率
			行政记录收集的时间段
			在参考时段结束后多久可以提供行政记录数据
		可访问性	行政记录的资料是否可获取；可取的形式是什么
		解释性	描述行政记录每个变量并说明它们的有效值
初次获取阶段	所有行政记录	可访问性	各个行政部门的数据文件将如何转移至统计部门
	所有行政记录	解释性	统计部门是否获得有关数据收集的一切表格和说明
	就业失业登记记录、纳税登记记录、全国中小学生电子学籍信息登记记录、中国高等教育学生信息登记记录、国（境）外学历学位信息登记记录	一致性	行政记录的数据分类系统是否与人口普查数据分类系统一致
	居民住宅建设用地登记记录、土地登记记录		地理区域界限改变是否会导致行政记录信息的改变
	所有行政记录	准确性	行政记录在收集过程中是否开展数据质量评估工作
			行政记录中的重复记录和缺失记录的比例，该比例是否在一定的误差范围内
			行政记录数据中的无回答、编码等误差来源是什么
			行政记录中的哪些项目进行了编辑或更新
		制度环境	行政部门对相关数据的质量验收标准是什么

续表

阶段	行政记录类型	评估维度	评估内容
再次获取阶段	所有行政记录	准确性	是否对数据进行了现有记录的修改和新记录的增加
		制度环境	描述提高数据质量的纠正措施

(二) 行政记录统计转化过程的质量评估

行政记录统计转化过程的质量评估是对行政记录编辑、比对、链接、插补等一系列统计化过程中的覆盖误差、匹配误差、插补误差大小的评估。

1. 覆盖误差评估方法

覆盖误差反映了人口行政记录系统的全部登记对象对普查时点人口普查总体的覆盖程度。构建覆盖误差指数 R，测度普查时点登记单位偏离目标总体的程度以反映行政记录的登记对象与人口普查总体的吻合程度。

$$R = \frac{N_{登记人口总数} - N_{不属于目标总体}}{N_{校准人口总数}} \quad (6-4)$$

其中，$N_{登记人口总数}$ 表示人口行政记录系统包含的全部登记对象，$N_{不属于目标总体}$ 表示人口行政记录系统包含的不属于人口普查总体的对象，反映了人口行政记录总体对人口普查总体的过覆盖。利用人口行政记录系统中登记对象普查时点居住地等信息，确定登记对象是否属于普查总体，排除不属于调查范围的登记对象（如已在国外定居的中国公民）、不属于普查标准时点的登记对象（如普查标准时点之后的出生人口、普查标准时点之前的死亡人口）、重复登记的对象等包含于人口行政记录系统不属于人口普查总体的登记对象。$N_{校准人口总数}$ 表示利用行政记录数据和抽样调查数据构建的真实人口的双系统估计量。

2. 匹配误差评估方法

匹配误差反映了行政记录与行政记录、行政记录与抽样调查数据之间通过链接编码实现一对一匹配的情况。因此，对匹配误差的评估可基于两种思路展开。一是通过直接匹配率、概率匹配率、未匹配率等直接衡量数据对匹配状况的指标反映匹配误差的大小。直接匹配率是指通过链接编码实现的一对一匹配数据对占所有数据对的比例；概率匹配率是指通过 FS 概率链接完成的概率匹配数据对占所有数据对的比例；未匹配率是指除直接匹配率、概率匹配率外的其他数据对占所有数据对的比例。二是从完整性、准确性等维度出发，通过链接编码的差错率反映匹配误差的大小,当编码差错率小于1%时[①],可以认为匹配误差较小。

3. 缺失误差评估方法

对缺失误差的评估也可基于两种思路展开。一是通过缺失单元率的大小直接反映数据缺失情况。缺失单元率是指缺失单元占全部单元数的比例。二是从缺失误差处理的角度,以插补技术的优劣评估缺失误差的大小。运用插补技术对部分已存在数据进行插补,并以插补结果与实际值的匹配情况反映插补技术的优劣。

(三)专项调查数据质量评估

对于专项调查与行政记录调查重合部分的信息,以行政记录调查中相匹配个体的具体信息为参照,以相匹配个体信息的一致程度高低衡量抽样调查的整体数据质量的高低;对于专项调查涉及的行政记录未覆盖信息,则基于传统数据质量评估的一般思路,从准确性、及时性、可访问性、解释性等评估维度来考察抽样调查的数据质量。

(四)"组合模式"人口普查数据质量评估

"组合模式"人口普查输出数据质量评估内容与传统人口普查大体一致,包括人口计数结果和分项信息,因此,可通过人口统计分析法、逻辑关系核查法分别对最终的人口计数结果和分项信息两部分数据质量展开评估。

人口统计分析法通过利用人口的出生、死亡、迁入、迁出、性别比率、生命周期表、历史普查数据序列等数据,由期末人口总数=期初人口总数+(出生人数-死亡人数)+(迁入人数-迁出人数),推算出目标总体的真实人口数。推算结果与校准人口总数的差值大小可以反映人口计数结果的精度。通过逻辑关系核查法对"组合模式"人口普查分项信息质量进行核查。逻辑关系核查法将基于"组合模式"人口普查获取的人口统计信息编纂成一份纵向数据文件,通过数据文件内部的匹配关系对人口统计信息质量进行评估。可选用的匹配关系包括新增人口数与新生儿数、毕业人数与新增就业人数等。

---

① 我国第六次人口普查编码阶段,数据编码的差错率验收标准为1%。匹配误差的评估标准可以以此为标准,也可以通过试普查阶段的结果重新制定。

第二节　全国层面"行政记录调查+非专项调查"人口普查方法设计

一、"行政记录调查+非专项调查"人口普查方法整体框架

（一）"行政记录调查+非专项调查"基本框架

对于行政记录调查未覆盖的人口普查项目，还可通过"非专项调查"获取。所谓非专项调查，是指在现有调查基础上穿插或附加部分项目以获取行政记录调查未覆盖的人口普查信息的调查方式。相应地，"非专项调查"便可与"行政记录调查"结合生成"组合模式"的另一种形式："行政记录调查+非专项调查"的人口普查方法。

以第六次人口普查对象和普查内容为例，我国"行政记录调查+非专项调查"人口普查包括"行政记录调查"和"非专项调查"两个部分，其整体框架如图6-4所示。其中，行政记录调查与"行政记录调查+专项调查"的相应部分基本一致，非专项调查的开展则是以现有基础调查为载体，获取人口部分特征（行政记录调查尚不能提供）的初步估计和对行政记录调查初步估计结果的校准信息。进一步地，对行政记录调查结果和非专项调查结果予以对接、评估，最终对人口普查信息进行发布。

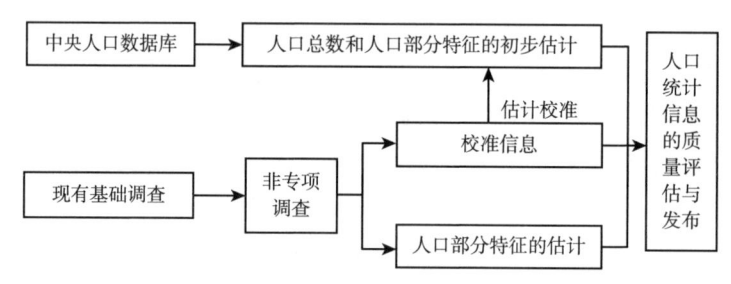

图6-4　全国层面的"行政记录调查+非专项调查"基本框架

（二）非专项调查载体的选择

非专项调查载体的选择应当以调查对象的一致性为前提，筛选调查主题、调查项目更为类似的基础调查。通过对我国统计调查制度体系的分析，我们发

现城镇住户调查、城镇劳动力调查、农村住户调查、人口变动抽样调查的调查对象与人口普查的调查对象一致。进一步比对行政记录调查未覆盖的普查项目与统计调查项目，我们认为以农村（城镇）住户调查作为非专项调查的载体更为合理，理由有三。其一，城镇居民家庭成员基本情况调查（W201表）、城镇居民家庭基本情况调查（W202表）、农村居民居住情况调查（T103表）、农村住户人口与劳动力就业情况（T104表）等抽样调查的调查对象为住户家庭或住户成员，相比于大多数针对住户家庭展开的调查，此类调查可以同时契合住户家庭及住户人员的特性。其二，行政记录调查未能覆盖人口普查的调查项目中大都涉及住房和就业信息，而农村（城镇）住户调查正是以这两方面的信息采集为主要目的的，如每年开展一次的农村居民居住情况调查涵盖住房基础设施、住房面积和住房价值、住房类型、住房结构以及新建（购）住房情况等调查内容，这与人口普查项目间存在较大程度的重合。其三，农村住户调查的调查时间为年度调查，城镇住户调查的调查时间为季度调查，二者可为人口普查提供更为及时、有效的信息。基于此，本部分将尝试以农村（城镇）住户调查为载体，设计覆盖住房条件、就业状况等普查信息的非专项调查。

二、非专项调查设计：以城镇居民家庭成员基本情况调查为依托

（一）设计思路

城镇居民家庭成员基本情况调查是以城镇区域内的所有家庭为对象，采用入户、季度调查的方式，获取抽中调查户全部成员的基本信息、就业情况、收入情况和社会保障支出情况等信息的一项抽样调查。为保持与人口普查标准时点的一致，同时获取行政记录调查的未覆盖信息，我们在城镇居民家庭成员基本情况第四季度调查表的基础上调整了部分项目。

（二）调查表设计

表6-7是以城镇居民家庭成员基本情况调查表为依托的人口普查剩余项目信息调查表。该表仅在人口基本信息和就业部分做了修改，调查表的其他内容维持不变。具体地，在该调查表中直接添加"五年前常住地"和"身体健康状况"两个普查项目。对于"三个月内是否找过工作"项目，可根据个人选择"就业情况"的选项情况选填。表6-7列示了部分修改的表式。

表6-7 以城镇居民家庭成员基本情况调查为依托的调查表（基本信息部分）

项目		计量单位	代码	家庭成员						
甲		乙	丙	1（户主）	2	3	4	5	6	7
	一、家庭成员代号									
	二、与户主关系									
	三、户口情况									
	四、五年前常住地									
	五、何时来本市城镇居住									
	六、性别									
	七、出生年月									
	八、文化程度									
此项由60周岁及以上的人填报	九、身体健康状况									
	十、婚姻状况									
	十一、开始参加工作年份									
	十二、就业情况									
此项由15周岁及以上且未做任何工作的人员填报	十三、三个月内是否找过工作									
	十四、行业									
	十五、职业									
	……									

资料来源：国家统计局《城镇住户调查方案》，http://wenku.baidu.com/view/66297b5a3b3567ec102d8a6f.html。

三、非专项调查设计：以城镇居民家庭基本情况调查为依托

（一）设计思路

城镇居民家庭基本情况调查对象是我国全部城镇居民家庭，采用入户、季度调查的方式，获取居民家庭住房情况、家庭人口情况、家庭耐用消费品情况以及家庭信息化情况的一项抽样调查。之所以选择城镇居民家庭基本情况调查作为人口普查剩余项目基础调查，是因为：（1）人口普查剩余项目的内容涉及住户家庭基本设施情况，与城镇居民家庭基本情况调查的主要目的相吻合；

第六章 "中国式"植入行政记录的人口普查方法设计

（2）城镇居民家庭基本情况调查中的住房情况模块与人口普查中的剩余项目存在一定程度的重复，这为通过非专项调查获取人口普查中的剩余项目信息提供了可能。也就是说，调查者只需在该表的基础上添加必要的普查项目，便可获取所需的普查信息。

（二）调查表设计

本书尝试在不改变原有调查项目和备选答案的基础上，完成人口普查剩余项目的信息采集。通过对城镇居民家庭基本情况调查表式的分析，我们对原有调查表进行如下调整：增加"本户应登记人数""房屋住房间数""建筑层数""承重类型""住房内有无厕所""住房内有无厨房""住房内有无洗澡设施"项目，并使这些项目的备选答案与人口普查中相应项目的备选答案保持一致；在饮用燃料使用情况下添加"主要炊事燃料"小类项目；调整"房屋产权"项目的原有答案，使其与人口普查中相应项目的备选答案一致。表6-8列出部分修改和添加的项目，原表中其他内容保持不变。

表6-8　以城镇居民家庭基本情况调查为依托的调查表（部分）

地区编码：　　　　户编码：

项目	计量单位	代码	数量
甲	乙	丙	1
……		……	……
（三）房屋产权 1. 租赁公房 （1）租赁廉租住房　（2）其他 2. 租赁私房 3. 原有私房 （1）自建住房　（2）其他 4. 房改私房　　5. 购买商品房　　6. 购买经济适用房 7. 购买二手房　8. 购买原公有住房　9. 其他	—	B24	
……		……	……
（十六）饮用燃料使用情况 1. 主要炊事燃料 （1）燃气　　（2）电　　（3）煤炭 （4）柴草　　（5）其他	—	B217 B2171	
……		……	……

217

续表

项目	计量单位	代码	数量
十八、本户应登记人数 1. 普查标准时点晚居住在本户的人数 2. 户口在本户，普查标准时点晚未住在本户的人数	人	B220	
十九、房屋住房间数	间	B221	
二十、建筑层数 1. 平房　　2. 2~3层楼房　　3. 4~6层楼房 4. 7~9层楼房　5. 10层以上楼房	—	B222	
二十一、承重类型 1. 钢及钢筋混凝土结构　2. 混合结构 3. 砖木结构　　　　　　4. 其他结构	年份	B223	
二十二、住房内有无厨房 1. 独立使用　2. 与其他户合用　3. 无	—	B224	
二十三、住房内有无厕所 1. 独立使用抽水式　2. 合用抽水式 3. 独立使用其他样式　4. 合用其他样式　5. 无	年份	B225	
二十四、住房内有无洗澡设施 1. 统一供热水　2. 家庭自装热水器　3. 其他　4. 无	元	B226	

资料来源：国家统计局《城镇住户调查方案》。

四、非专项调查设计：以农村居民居住情况调查为依托

（一）设计思路

农村住户调查的调查单位为农村常住户，包括长期（一年以上）居住在乡镇、城关镇所辖行政村或户口不在本地但在本地居住时间一年及以上的住户，不包括户口在本地但外出一年及以上的住户，与人口普查定义一致。农村住户调查每年开展一次，各调查队于当年12月31日前将调查结果上报至国家统计局。尽管农村住户调查的调查时点与人口普查标准时点不一致，但考虑到农村居民居住情况在短时间内不易发生较大变化，因此可尝试将其作为非专项调查的载体获取剩余人口普查信息。

(二) 调查表设计

农村居民居住情况调查表的项目可分为两部分：一部分是设有标准答案的调查项目；另一部分是由被调查者本身填报的项目。鉴于此，对剩余项目中按户填报的有标准答案的调查项，如"住房用途""建筑层数"和"住房建成年代"等可添加在表头；对剩余项目中无标准答案的调查项，如"住房间数""住房内人口数"等可添加于表下方的具体指标中。需要说明的是，为保证"卫生设备"项目的备选答案与人口普查项目备选答案的一致性，我们对项目备选答案做了修改，其余内容保持不变。表6-9列示了调整后调查表的部分内容。

表6-9　　　以农村居民居住情况调查为基础的调查表（部分）

省码：　　　县码：　　　乡（镇）码：　　　村码：　　　户码：

A1. 住房用途
1. 生活住房　2. 兼做生产经营用房　3. 无住房（答3，结束）
A2. 卫生设备
1. 独立使用水冲式厕所　2. 合用水冲式厕所　3. 独立使用其他样式　4. 合用其他样式　5. 无厕所
A3. 建筑层数
1. 平房　2. 2~3层楼房　3. 4~6层楼房　4. 7~9层楼房　5. 10层以上楼房
A4. 承重类型　1. 钢及钢筋混凝土结构　2. 混合结构　3. 砖木结构　4. 其他结构
A5. 住房建成年代
1. 1949年以前　2. 1949~1959年　3. 1960~1969年　4. 1970~1979年　5. 1980~1989年
6. 1990~1999年　7. 2000年以后
A6. 住房内有无厨房
1. 独立使用　2. 与其他户合用　3. 无
A7. 住房内有无洗澡设施
1. 统一供热水　2. 家庭自装热水器　3. 其他　4. 无
A8. 住房来源
1. 租赁廉租住房　2. 租赁其他住房　3. 自建住房　4. 购买商品房　5. 购买二手房　6. 购买经济适用房　7. 购买原共有住房　8. 其他（答3、4、5、6、7、8，跳过A9）
A9. 月租房费用
1. 100元以下　2. 100~200元　3. 200~500元　4. 500~1000元　5. 1000~1500元　6. 1500~2000元　7. 2000~3000元　8. 3000元以上
……

指标名称	代码	计量单位	数量
甲	乙	丙	1
一、期末住房情况	—	—	
……			

续表

指标名称	代码	计量单位	数量
（五）住房人数 1. 调查日当晚居住在本户的人数： 2. 户口在本户，调查日当晚未居住本户的人数：		人	
（六）住房间数	—	间	
……			

资料来源：国家统计局《农村住户调查方案》，http://www.doc88.com/p-309249230308.html.

五、非专项调查设计：以农村住户人口与劳动力就业情况调查为依托

（一）设计思路

农村住户人口与劳动力就业情况调查的内容包括"人口基本情况""16周岁以上人口的素质情况""就业情况""未外出从业人员情况""外出从业人员情况"等信息。剩余人口普查项目中关于就业部分信息的调查对象为15周岁及以上的人口，这与该调查表的填报对象不一致。因此，人口普查的就业信息不能直接基于该表进行修改，只能在原表基础上添加。此外，由于农村住户人口与劳动力就业情况调查表中不存在与"五年前常住地""身体健康状况"的相关项目，故此类调查项目只能额外添加至现有调查表。

（二）调查表设计

农村住户人口与劳动力就业情况调查的内容包括"人口基本情况""16周岁以上人口的素质情况""就业情况""未外出从业人员情况""外出从业人员情况"等信息，与人口普查设定的"15周岁及以上的人填报"的填报对象不一致。因此，剩余的就业部分信息不能在此表的基础上进行修改，只能基于原有调查表额外添加。此外，农村住户人口与劳动力就业情况调查表中亦不存在与"五年前常住地""身体健康状况"相似的项目，因此，我们在调查表中穿插了此类信息。表6-10列出了调整后调查表的部分内容。

表6–10 以农村住户人口与劳动力就业情况调查为基础的调查表（部分）

指标		代码	1	2	3	4	5	6	7
一、人口基本情况									
全部人口填报	姓名								
	与户主关系								
	性别								
	……								
	是否参加养老保险								
5周岁及以上的人填报	五年前常住地								
15周岁及以上的人填报	（一）您上周是否为取得收入而工作了一小时以上［答3，跳填（四）］								
	（二）行业 单位详细名称： 主要产品或业务：								
	（三）职业［跳填（七）］								
	（四）未工作原因								
	（五）三个月内是否找过工作								
	（六）能否工作								
	（七）主要生活来源								
60周岁及以上且未结婚的人填报	身体健康状况								
二、16周岁以上人口基本情况 （16周岁以上非在校人口填报）									
……									

资料来源：国家统计局《农村住户调查方案》。

六、行政记录调查与非专项调查的匹配路径

通过上文四类非专项调查设计，我们得到城镇居民家庭成员基本情况数据库、城镇居民家庭基本情况调查数据库、农村居民居住情况调查数据库、农村

住户人口与劳动力就业情况四种调查数据库。其中，城镇居民家庭成员基本情况数据库、农村住户人口与劳动力就业情况调查数据库中均包含"与户主关系"这一项目，故可经"与户主关系"这一链接变量实现中央人口数据库与这两个数据库的链接。城镇居民家庭基本情况调查数据库、农村居民居住情况调查数据库中均包含"地址编码"这一项目，故可经由"地址编码"这一链接变量实现中央人口数据库与这两个数据库的链接。

七、"行政记录调查+非专项调查"的人口普查数据质量评估

从数据质量评估的对象看，"行政记录调查+非专项调查"的人口普查数据质量评估包括行政记录调查数据质量评估、非专项调查数据质量评估、最终的人口普查信息质量评估三部分。其中，"行政记录调查+非专项调查"的行政记录调查数据质量评估、最终的人口普查信息质量评估可基于"行政记录调查+专项调查"的数据质量评估方法与思路展开；非专项调查的数据质量则依照所选择的调查载体的评估方法展开。

第三节 省级层面"完全模式"人口普查初步设计：以浙江省为例

一、浙江省实施"完全模式"人口普查方法的可行性分析

将行政记录应用于官方统计实践，改革我国传统人口普查方法是打造政府统计数据来源第二轨的必然之选，实施"完全模式"的人口普查更是大数据时代充分挖掘人口行政记录资源的必由之路。尽管当前并不具备实施国家层面"完全模式"人口普查的基本条件，但在综合借鉴芬兰、斯洛文尼亚、奥地利等国"完全模式"人口普查方法经验的基础上，开展省级层面"完全模式"人口普查设计是可以尝试的。以浙江省为例，近年来，浙江省在数据管理、行政记录数据库建设、统计信息化发展等方面为"完全模式"人口普查的开展提供了政策支持、数据支持和技术支持。

（一）浙江省实施"完全模式"人口普查的政策支持

浙江省政府先后出台了一系列管理办法及通知对公共数据集成、数据平台

管理、数据信息共享等予以规定。2011年11月,浙江省质监局发布的《浙江省质量技术监督事业发展"十二五"规划》,要求建立统一的信息数据标准规范,明确了开展信息数据标准化工作的需求以便于数据的有效集成;2016年2月,浙江省政府印发《浙江省促进大数据发展实施计划的通知》,对政府信息资源利用与共享、政府数据统一开放平台建设提出明确实施计划;2016年7月,浙江省政府印发《关于浙江省"标准化+"行动计划的通知》,强调提升标准化水平、增强标准化供给、释放"标准化+"效应。这些举措都在一定程度上有效推动了公共数据的集成。

浙江省政府还出台了一系列数据平台的管理办法,规范各类数据管理平台。2015年1月,浙江省政府出台《浙江省电子政务云计算平台管理办法》,明确全省政务云平台的使用、维护、安全管理办法;2016年9月,浙江省政府办公厅印发《浙江省标准强省质量强省品牌强省建设"十三五"规划》,提出要推进"互联网+政务服务",加快建立统一端口、统一标准的全省质量信用服务平台;2017年3月,浙江省政府印发《浙江省公共数据和电子政务管理办法》,对电子政务项目建设、公共数据来源渠道、公共数据安全保障、公共数据和电子政务管理人员权责予以规定;2018年10月,浙江省委、省政府召开全省机构改革动员大会,部署推进经党中央、国务院批准同意的《浙江省机构改革方案》,组建浙江省大数据发展管理局。

为了对互联网数据等公共数据资源的共享进行管理和约束,浙江省政府等出台了一系列数据共享的规划、办法。2006年10月,浙江省信息化工作领导小组办公室印发了《关于加强我省信息资源开发利用工作任务分工的通知》,指出:"由省委办公厅、省政府办公厅、省发改委分别牵头,结合政务信息公开工作和电子政务建设,重点推进需求迫切、效益明显的跨部门、跨地区信息共享,促进信息流程和工作流程的优化";2008年12月,浙江省政府办公厅制定《浙江省电子政务十一五发展规划》,将"有效开发利用政务信息资源,加快信息公开共享"作为首要任务,将"建设信息资源共享和应用系统互联互通工程"作为重点工程之一;2014年11月,浙江省政府通过《浙江政务服务网信息资源共享管理暂行办法》,对政务信息资源的更新机制、共享范围、共享渠道、信息安全等予以规定。浙江省出台的各类政策详见表6-11。

(二)浙江省实施"完全模式"人口普查的数据支持

浙江政务服务网、政务大数据云平台、公共数据基础平台建设提供了不同

表 6-11　　浙江省实施"完全模式"人口普查的政策梳理

政策目标	时间	名称	内容
公共数据集成	2011.11	《浙江省质量技术监督事业发展"十二五"规划》	建立统一的信息数据标准规范，实现信息数据交换和资源共享，明确了开展信息数据标准化工作的需求
	2016.2	《浙江省促进大数据发展实施计划的通知》	完善政府基础信息数据库建设
	2016.7	《关于浙江省"标准化+"行动计划的通知》	进一步完善标准创新体系、提升标准化水平、增强标准化供给、释放"标准化+"效应
数据平台管理	2003.6	《关于我省电子政务建设指导意见》	建设和整合统一的电子政务网络平台
	2003.11	《关于建设省电子政务网络平台的通知》	对建设内容、联网范围、连接方式等予以规定
	2015.1	《浙江省电子政务云计算平台管理办法》	明确全省政务云平台的使用、维护、安全管理办法
	2016.2	《浙江省促进大数据发展实施计划的通知》	统筹政府数据基础设施建设：电子政务云平台
	2016.9	《浙江省标准强省质量强省品牌强省建设"十三五"规划》	加快建立统一端口、统一标准的全省质量信用服务平台
	2017.3	《浙江省公共数据和电子政务管理办法》	对公共数据来源渠道、公共数据安全保障、公共数据管理人员权责予以规定；做好电子政务基础设施、电子政务网络、电子政务云平台建设
	2018.10	《浙江省机构改革方案》	组建浙江省大数据发展管理局
数据信息共享	2006.10	《关于加强我省信息资源开发利用工作任务分工的通知》	建立健全信息共享机制，重点推进需求迫切、效益明显的跨部门、跨地区信息共享，促进信息流程和工作流程的优化
	2008.12	《浙江省电子政务十一五发展规划》	有效开发利用政务信息资源，加快信息公开共享；建设信息资源共享和应用系统互联互通工程
	2014.11	《浙江政务服务网信息资源共享管理暂行办法》	对政务信息资源的更新机制、共享范围、共享渠道、信息安全等予以规定

续表

政策目标	时间	名称	内容
数据信息共享	2016.2	《浙江省促进大数据发展实施计划的通知》	推进政府数据资源共享交换
	2016.9	《浙江省标准强省质量强省品牌强省建设"十三五"规划》	推动部门间政务服务相互衔接、协同联动、信息共享

部门的行政记录资源集结、数据资源存储、公共数据使用的平台，为"完全模式"人口普查跨部门的数据需求提供了支持。政务服务网为涵盖政府部门、金融机构、电信等66个公共企事业单位的18000多个数据项集结提供了管理平台；政务大数据云平台搭建了省市两级架构、分域管理、安全可靠的平台；贯通省市县三级的浙江省公共数据基础平台为公共数据交换、数据无缝隙流通奠定了基础。此外，浙江省政府于2015年11月成立了浙江省数据管理中心，以强化大数据建设、发展顶层设计。

同时，浙江省工商局、民政局、税务局等部门基于日常行政管理的目的，积累了极为丰富的行政登记记录信息。全员人口数据库、法人数据库的建成更是为"完全模式"人口普查方法的实现提供了可能。2012年4月，浙江省率先提出"一库一平台"建设号召，即以"浙江省全员人口数据库"建设为核心，以"浙江省人口和计划生育管理服务综合平台"建设为重点，推进数据库建设、信息资源采集整合；2015年6月，《浙江省政府办公厅关于印发2015年浙江省深化"四张清单一张网"改革推进简政放权放管结合转变政府职能工作方案的通知》，明确提出"健全人口、法人、地理空间等基础数据库，并实现向政务云平台迁移"的任务；2015年12月，覆盖6197余万个案，涉及姓名、公民身份号码、性别、出生地、出生日期、民族、户籍地址、居住地址、当前婚姻、户口性质、照片等13项基础数据的人口基础数据库在浙江政务服务网政务专有云平台落地；来源于工商、质监、民政等多个部门的法人数据库，集结了法人单位的基本登记信息、存续状态、成员与人员信息、场所信息、资本信息等；2017年11月，浙江省质量技术监督局发布《法人库数据规范》，对法人数据库信息分类模式、分类编码规则、数据框架、基础数据元等多个方面的建设内容予以规范，以确保法人数据库的准确性、及时性、安全性和权威性，如今人口综合库已由13个基本字段扩展为近2000个属性字段，法人综合库从9个基本字段扩展为3800余个字段。

（三）浙江省实施"完全模式"人口普查的技术支持

浙江省电子政务网络体系发展、统计信息化建设及大数据技术的推广应用为实施"完全模式"人口普查的数据集结、数据获取、数据处理提供了技术支持。

电子政务发展给政府行政管理带来的革命性变化使行政记录的获取和数据共享成为可能。2002年，中共浙江省第十一次党员代表大会将电子政务建设确定为"数字浙江"建设的核心工程。2004年底，电子政务网基础性支撑平台建成，90%以上的政府单位（含省政府）采用电信提供的线路和服务开展电子政务，浙江电子政务网成为政府信息资源的聚集库和开发中心。2005年，浙江省电子政务网络在构建骨干网络统一平台的同时实现各办公部门的业务接入，并逐步实现视频、语音、数据的"三网合一"。2006年底，浙江省政府电子政务网络形成了"星+环"的拓扑结构，全省电子政务网络传输网基本建成。目前，浙江省电子政务网络平台由国家广域政务内网的接入网、省政务内网和省政务外网构成，保证多种业务系统的运行及提供政务公开的社会应用。

近年来，浙江省统计信息化水平继续稳步发展并取得了较为显著的成就。目前，统计数据内部管理系统已实现省市县三级统计部门综合数据推算的自动化计算及省局各信息内容的在线统一发布。统计数据库已实现省市县三级统计部门发布综合报表指标的定制开发和数据加载管理，面向社会公众提供数据查询服务，实现与浙江政务服务网站对接和App应用接入。小型机等系统维保服务质量提高，联网直报，对相关的小型机服务器、统计广域网网络设备、内网网站等进行故障维护。网站安全保障服务改善，实现全省统计局系统外网门户网站和重要信息系统的云安全监测和防护服务更新。

以云计算、大数据为代表的新一代信息技术的发展将促进行政部门对各类数据的处理能力的提升。浙江已初步构建起大数据产业的生态系统，全省共建设14家大数据省级重点企业研究院，用以对大数据核心技术进行攻关，选出了75家大数据应用示范企业，在全省范围内树立推广大数据应用标杆。

二、浙江省"完全模式"人口普查方法整体框架

（一）人口行政记录类型和基本记录库筛选

1. 人口行政记录类型选择

为构建浙江省"完全模式"人口普查的人口行政记录系统，我们基于"单位准匹配"原则，结合人口普查项目要求，选择了10种不同类型的行政记录，包括全员人口数据库、浙江省法人数据库、就业失业登记记录、纳税登记记录、居民就医信息登记记录、人口出生信息登记记录、人口出入境登记记

录、浙江省中小学学生学籍信息登记记录、留学人员信息登记记录、人口与计划生育管理服务综合平台信息记录。基于"内容准匹配"原则，选择了浙江省土地登记信息记录。各行政记录从人口流动情况、受教育程度、婚育状况等方面为人口普查提供了不同维度的信息。具体地，全员人口数据库主要为人口普查提供户籍人口、流动人口的基本信息；浙江省法人数据库、就业失业登记记录、纳税登记记录主要为人口普查提供行业、职业、工作情况等与就业有关的信息；居民就医信息登记记录提供户籍人口、流动人口就医记录信息；人口出生信息登记记录提供新生儿及其亲生父母的身份等信息；人口出入境登记记录提供境内外人员基本信息、出入境时间、目的等信息；浙江省中小学学生学籍信息登记记录提供学校信息、学生学籍变动、转学、升学等信息；留学人员信息登记记录提供出国留学人员、来华留学人员基本个人信息及留学单位基本情况等信息；人口与计划生育管理服务综合平台信息记录提供非育龄人员的信息变更，常住和流动育龄人员结婚、怀孕、出生等信息；浙江省土地登记信息记录主要为人口普查提供土地使用权、住宅楼栋的物理状况、房屋产权和使用状况、建筑物的具体坐标等信息。

2. 基本记录库筛选

我们将以上 11 种类型的行政记录区分为基本记录库和辅助记录库两类。其中，基本记录库包括全员人口数据库、浙江省法人数据库和浙江省土地登记信息记录 3 个，辅助记录库包括就业失业登记记录、纳税登记记录、居民就医信息登记记录、人口出生信息登记记录、人口出入境登记记录、浙江省中小学学生学籍信息登记记录、留学人员信息登记记录、人口与计划生育管理服务综合平台信息记录 8 个。

之所以选择全员人口数据库作为基本记录库，主要是基于以下四个方面的考虑。

（1）全员人口数据库覆盖了较多的人口普查信息。全员人口数据库作为浙江省信息化建设体系的核心，提供了户籍人口、流动人口的姓名、与户主关系、性别、民族、出生日期、身份证号码、户口性质、户籍地详址、现居住地详址等完整的个案人口信息。以第六次全国人口普查为例，全员人口数据库可提供普查表短表中按人填报的姓名、与户主关系、性别等 10 项信息；全员人口数据库可提供普查表长表中按人填报的户口登记地类型、五年前常住地、婚姻状况等 14 项信息；全员人口数据库可提供死亡人口调查表中户编号、姓名、性别等 6 项信息。

（2）全员人口数据库数据质量较高。全员人口数据库作为省级层面"完全模式"人口普查实践的基本记录库，其数据质量是有保证的。2010 年，结合第六次全国人口普查，全省各乡（街道）应用全员综合平台核查程序开展了人口核查工作。全员人口核查工作校准了 4700 万户籍人口个案信息，其中新增个案信息 298 万，清理重复个案信息 28 万，与公安部门户籍人口数相比，入库率达 96.5%。同时，全员人口数据库有助于提高其他数据库的数据质量，如以全员人口数据库为基础开展的全省 1800 万人育龄妇女个案信息核查工作，借助于全员人口数据库综合管理平台对数据库新增信息的分析，人口出生信息登记记录的出生上报率达 95% 以上。

（3）全员人口数据库的数据更新频率较高。全员人口数据库的信息收集不同于以往的"层级式采集"，其数据以乡、镇收集为起点，直接汇总至省级全员人口数据库，由此保证了数据收集的效率及更新的频率。2010 年，浙江省全员人口数据库的数据日均更新信息记录在 13 万条左右。

（4）全员人口数据库作为基本记录库的可链接性强。全员人口数据库制定全省统一标准，规范 340 项人口信息代码，并通过开发应用代码管理程序模块，收集规范新的信息标准。统一的信息代码提高了全员人口数据库与其他记录的可链接性，如全员人口数据库以《2010 年浙江省统计用区划代码和城乡分类码》为参考，将全员人口数据库中的户籍地地址、居住地地址、户籍管理地地址转化为户籍地代码、居住地代码、户籍管理地代码。据此，全员人口数据库可经由统一的地址编码链接至浙江省土地登记信息记录；2010 年，按照统一信息标准开发的人口计生管理服务程序保证了全员人口数据库和人口与计划生育管理服务综合平台信息记录的链接。

之所以选择浙江省法人数据库作为基本记录库，主要是基于以下三个方面的考虑。

（1）浙江省法人数据库作为基本记录库可提供多类普查信息。法人数据库将提供人口普查对象的行业、职业等就业状况信息；同时，数据库中法人单位成员与从业人员的姓名、公民身份号码、学历等信息可用于行政记录之间的信息补充、校对与验证。

（2）浙江省法人数据库作为基本记录库的可链接性强。自 2017 年 1 月 1 日起，浙江省法人单位均可申领一张数字证书，以便为各类法人在不同政府部门、不同业务系统在线办事提供统一数字认证服务。数字证书包含法人网上身份的统一标识——统一社会信用代码，满足了汇总不同政府部门、不同业务系统法人单位信息的基本前提。与此同时，浙江政务服务网已经实现了全员人口数据库与浙江省法人数据库的信息链接。

（3）浙江省法人数据库作为基本记录库具备完善的数据库维护、更新及安全保障措施。作为法人数据库最重要的信息之一,法人数字证书为法人单位的电子公章、电子执照等数据设定了加解密的功能,有效保证了信息的安全性。有关选择浙江省土地登记信息记录作为基本记录库的原因,我们将在后文进行讨论。

(二) 已存在统计数据库选择

梳理以上行政记录资源,不难发现,已选择的行政记录并未覆盖描述居民居住状况的相关信息。为拓宽"完全模式"人口普查信息的数据来源,我们将农村居民居住情况调查数据库和城镇居民家庭基本情况调查数据库2项统计数据库纳入扩展的人口行政记录系统,用于提供人口普查中反映居民家庭住房面积、住房水源、住房来源等描述居民居住情况的信息。同时,选择劳动力调查数据库进一步补充、校准人口普查中反映调查对象就业状况的信息。统计数据库虽然不是严格意义上的行政记录资料,但可将其视为一种特殊的行政记录资源纳入新人口普查统计系统。已存在统计数据库为人口普查提供的数据库信息见表6-12。

表6-12 已存在统计数据库选择与主要信息

统计数据库类型	信息
农村居民居住情况调查数据库	一、卫生设备　　二、取暖设备　　　　　三、炊事使用的主要能源 四、饮用水源　五、住宅外道路路面状况　六、期末住房情况 七、期内新建(购)住房情况
城镇居民家庭基本情况调查数据库	一、家庭住房情况　　　　二、家庭人口情况(按月评价) 三、家庭耐用消费品情况　四、家庭信息化调查
劳动力调查数据库	一、按户填报的项目有户编号、户别、调查时点居住在本户的人口数,调查时点居住在本户已满16周岁的人口数、本户家庭成员中离开本乡镇街道且已满16周岁的人口数 二、按人填报的项目有姓名、与户主关系、性别、出生年月、户口登记地、住本户时间、户口性质、受教育程度、婚姻状况、是否为取得收入而工作、就业身份、未工作原因、是否想工作、是否寻找工作、未寻找工作原因、当前能否工作、不能工作的原因、行业、职业等

然而,农村居民居住情况调查数据库和城镇居民家庭基本情况调查数据库2项统计数据库无法通过公民身法号码与全员人口数据库链接,也无法通过统一社会信用代码与浙江省法人数据库实现链接。这就意味着,当前的人口行政记录系统还需增加一个既可与农村居民居住情况调查数据库、城镇居民家庭基

本情况调查数据库实现链接,又可与全员人口数据库、浙江省法人数据库两类基本记录库实现双向链接的行政记录。为此,我们将浙江省土地登记信息记录作为基本记录库纳入人口行政记录系统。

(三) 行政记录系统和已存在统计数据系统提供的人口普查信息

至此,"完全模式"人口普查数据源筛选完成。从第六次全国人口普查要求的四类普查表(即普查表长表、普查表短表、死亡人口调查表和境外人员普查表)信息看,14类数据库基本实现了对人口普查信息的完全覆盖。

全员人口数据库主要提供户籍人口、流动人口的个人基本信息,具体包括姓名、性别、与户主关系等10项普查表短表信息,户口登记地类型、五年前常住地等14项普查表长表信息,户编号、姓名、性别等6项死亡人口调查表信息;居民就医信息登记记录主要提供人口普查中与出生时间、死亡时间相关的信息,具体包括普查表长表、短表中的2009年11月1日~2010年10月31日死亡人口1项信息,死亡人口调查表中的出生时间和死亡时间2项信息;人口出生信息登记记录提供普查表长表、短表中的2009年11月1日~2010年10月31日出生人口、出生地2项信息;浙江省中小学学生学籍信息登记记录和留学人员信息登记记录为人口普查提供与文化程度相关的信息,具体包括普查表长表、短表中的受教育程度等3项信息;人口与计划生育管理服务综合平台信息记录主要为人口普查提供与生育状况相关的信息,具体包括普查表长表中的结婚(初婚)年月、生育子女数、2009年11月1日~2010年10月31日的生育状况3项信息;浙江省法人数据库、就业失业登记记录、纳税登记记录、劳动力调查数据库主要为人口普查提供与就业相关的信息,具体包括普查表长表、短表中按户填报的户编码、户别、本户应登记人数3项信息,普查表长表中按人填报的行业、职业、未工作原因、三个月内是否找过工作等7项信息;浙江省土地登记信息记录、农村居民居住情况调查数据库和城镇居民家庭基本情况调查数据库主要为人口普查提供与居住状况相关的信息,具体包括普查表长表、短表中的本户住房建筑面积、本户住房间数2项信息,普查表长表中的建筑层数、主要炊事燃料、住房内有无管道自来水、住房内有无厨房等11项信息;人口出入境登记记录为人口普查提供在浙江省长期定居的境外人员及短期出境人员的基本信息,具体包括境外人员普查表中的姓名、与户主关系、来大陆或来华目的、身份或国籍等11项信息。各行政记录所提供的具体人口普查信息见表6-13。

表 6-13　"完全模式"人口普查方法提供的人口普查信息

登记记录类型	普查表类型	人口普查的普查信息
全员人口数据库	普查表长表、短表	姓名、与户主关系、性别、出生年月、民族、普查时点居住地、户口登记地、离开户口登记地时间、离开户口登记地原因、户口性质
	普查表长表	户口登记地类型、五年前常住地、婚姻状况、身体健康状况
	死亡人口调查表	户编号、姓名、性别、民族、受教育程度、婚姻状况
居民就医信息登记记录	普查表长表、短表	2009 年 11 月 1 日~2010 年 10 月 31 日死亡人口
	死亡人口调查表	出生时间、死亡时间
人口出生信息登记记录	普查表长表、短表	2009 年 11 月 1 日~2010 年 10 月 31 日出生人口、出生地
浙江省中小学学生学籍信息登记记录	普查表长表、短表	是否识字、受教育程度、学业完成情况
留学人员信息登记记录		
人口与计划生育管理服务综合平台信息记录	普查表长表	结婚（初婚）年月、生育子女数、2009 年 11 月 1 日~2010 年 10 月 31 日的生育状况
浙江省法人数据库	普查表长表、短表	户编码、户别、本户应登记人数
就业失业登记记录		
纳税登记记录	普查表长表	工作情况、行业、职业、未工作原因、三个月内是否找过工作、能否工作、主要生活来源
劳动力调查数据库		
浙江省土地登记信息记录	普查表长表、短表	本户住房建筑面积、本户住房间数
农村居民居住情况调查数据库	普查表长表	住房用途、建筑层数、承重类型、住房建成年代、主要炊事燃料、住房内有无管道自来水、住房内有无厨房、住房内有无厕所、住房内有无洗澡设施、住房来源、月租房费用
城镇居民家庭基本情况调查数据库		
人口出入境登记记录	境外人员普查表	姓名、与户主关系、性别、出生年月、来大陆或来华目的、已在大陆或在华居住时间、受教育程度、身份或国籍、过去六个月回港澳台居住时间、行业、职业

（四）"完全模式"人口普查整体框架

我们认为，可基于"多对一"结构人口行政记录系统实现行政记录间的链接、基于以"人口行政记录库为主"的对接模式实现行政记录库与已存在统计数据库的匹配完成浙江省"完全模式"人口普查整体框架的搭建，即以全员人口数据库、浙江法人数据库和浙江省土地登记信息记录为基本记录库，以就业失业登记记录、纳税登记记录、居民就医信息登记记录、人口出生信息登记记录、浙江省中小学学生学籍信息登记记录、人口与计划生育管理服务综合平台信息记录、人口出入境登记记录、留学人员信息登记记录为补充形成基本行政记录系统，结合劳动力调查数据库、农村居民居住情况调查数据库和城镇居民家庭基本情况调查数据库形成拓展的人口行政记录系统，获取新人口普查统计信息，如图6-5所示。

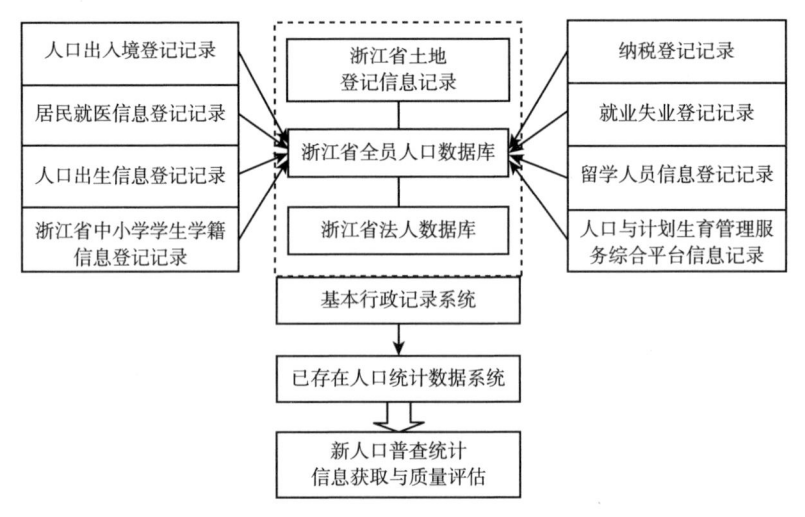

图6-5 省级层面的"完全模式"人口普查整体框架

三、浙江省"完全模式"人口行政记录系统构建

在"完全模式"人口普查整体框架设计的基础上，明确行政记录项目与人口普查项目核对调整的方法、行政记录与行政记录间、行政记录与已存在统计数据间的匹配链接规则是人口行政记录系统构建需要探讨的问题①。

---

① 有关行政记录重复项目的比对方法、行政记录缺失信息的处理方法、行政记录的链接方法与"行政记录调查+专项调查"的人口普查模式基本一致，此处不再赘述。

（一）行政记录项目与人口普查项目的核对与调整

尽管行政记录覆盖了人口普查项目的全部信息，但二者在项目名称、内涵、备选答案间存有差异。因此，需要对行政记录的项目名称、内涵口径、备选答案进行核对与调整。对于项目名称的不同，仅需更改行政记录中项目名称，以确保行政记录项目编码与人口普查项目编码保持一致；对于内涵口径的不同，则需依照人口普查项目口径，对行政记录项目进行合并、截断以实现二者一致；对于项目备选答案不一致，则需将行政记录项目备选答案进行合并、拆分，使其与人口普查相应项目备选答案保持一致。

1. 全员人口数据库项目与人口普查项目的核对与调整

全员人口数据库中的某些项目与人口普查中的对应项目只是名称不同，其具体项目口径及项目备选答案均保持一致。对于此类项目，仅需调整其在全员人口数据库中的名称，使其与人口普查对应项目名称相同即可。具体地，将全员人口数据库中"现居住地"项目名称调整为其与人口普查中对应项目的名称"普查时点居住地"。

全员人口数据库中的某些项目与人口普查中的对应项目名称、项目备选答案均不同。对此类项目的调整，需针对其具体的项目内容进行调整。如全员人口数据库中的"出生日期"项目与人口普查中的"出生年月"项目相对应，但二者在项目名称和项目答案上均不同。全员人口数据库中"出生日期"项目的填写格式为"年—月—日"，而人口普查中"出生年月"项目的填写格式为"年—月"。所以，只需取全员人口数据库中"出生日期"项目答案的前六个字节便可获得人口普查的对应信息；全员人口数据库中的"户籍所在地"对应于人口普查中的"户口登记地""户口登记地类型"项目。人口普查中的"户口登记地"项目设有"本村（居）委会""本乡（镇、街道）其他村（居）委会""本县（市、区）其他（镇、街道）""其他县（市、区）""户口待定"五个标准答案，而全员人口数据库中的"户籍所在地"项目则要求填写户籍地的具体地址。故可由具体地址信息匹配至人口普查"户口登记地"项目的五个项目备选答案以获取相应信息。同样地，我们可通过具体地址信息匹配至人口普查"户口登记地类型"项目的"乡""镇的居委会""镇的村委会""街道"四个项目答案。

2. 农村居民居住情况调查数据库、城镇居民家庭基本情况调查数据库与人口普查项目的核对与调整

农村居民居住情况调查数据库、城镇居民家庭基本情况调查数据库中的某

些项目与人口普查中的对应项目只是名称不同,其具体项目口径及项目备选答案均保持一致。具体地,农村居民居住情况调查数据库、城镇居民家庭基本情况调查数据库中的"饮用水源"项目与人口普查中的"住房内有无管道自来水"项目只是项目名称不同,我们只需将建筑物与住房信息登记记录中的"饮用水源"项目名称调整为"住房内有无管道自来水"即可。

3. 劳动力调查数据库与人口普查项目的核对与调整

劳动力调查数据库中的某些项目与人口普查中的对应项目名称及含义相同,但其具体项目备选答案略有差异。对于此类项目,需将其在劳动力调查数据库中的项目答案匹配至其在人口普查中的对应项目答案。如"三个月内是否找过工作"这一项目在劳动力调查数据库中的项目答案比其在人口普查相应项目的备选答案多出"浏览招聘广告"这一项。在此情形下,我们认为,可以将"浏览招聘广告"这一项归入人口普查中"参加招聘会"这一选项信息下。

人口普查中的某些项目无法通过劳动力调查数据库中对应项目的信息获取,但可根据其他项目信息推断得出。如人口普查中"主要生活来源"项目无法通过劳动力调查数据库中的项目直接获取信息,但我们可以通过"工作情况"和"未工作原因"项目信息推断出"主要生活来源"的项目信息。具体地,如果被调查者"工作情况"项目的答案为"是",则认为其"主要生活来源"为"劳动收入";如果被调查者"工作情况"项目的答案为"否",则需结合"未工作原因"项目考虑其主要生活来源。若"未工作原因"项目的答案为"丧失工作能力",则认为其"主要生活来源"为"最低生活保障金";若"未工作原因"项目的答案为"在校学习""毕业后未工作""因本人原因失去工作""料理家务",则认为其"主要生活来源"为"家庭其他成员供养";若"未工作原因"项目的答案为"因单位原因失去工作",则认为其"主要生活来源"为"失业保险金";若"未工作原因"项目的答案为"承包土地被征用",则认为其"主要生活来源"为"财产性收入";若"未工作原因"项目的答案为"离退休",则认为其"主要生活来源"为"离退休金养老金";若"未工作原因"项目的答案为"其他",则认为其"主要生活来源"为"其他"。

4. 教育信息登记记录库与人口普查项目的核对与调整

教育信息登记记录库[①]中的某些项目与人口普查中的对应项目只是名称不同,其具体项目口径、项目备选答案均保持一致。对于此类项目,仅需调整其

---

① 为方便说明,我们将浙江省中小学学生学籍信息登记记录和留学人员信息登记记录两个记录库合称为教育信息登记记录库。

在教育信息登记记录库中的名称，使其与人口普查对应项目名称相同即可。将教育信息登记记录库中"文化程度"项目名称调整为其与人口普查中对应项目的名称"受教育程度"。

人口普查中的某些项目无法通过教育信息登记记录库中对应项目的信息获取，但可由其他项目信息推断得出。如人口普查中"是否识字"项目无法通过教育信息登记记录库中的项目直接获取信息，但我们可以通过"文化程度"项目信息推断出"是否识字"项目的项目信息。具体地，若教育信息登记记录库中"文化程度"项目答案为"小学""初中""高中""大学专科""大学本科""研究生"，则认为人口普查"是否识字"项目的项目答案为"是"；若教育信息登记记录库中"文化程度"项目答案为"未上过学"，则认为人口普查"是否识字"项目的项目答案为"否"。

行政记录项目与人口普查项目核对与调整的具体情况如表6-14所示。

表6-14　行政记录项目与人口普查项目的核对与调整

项目调整类型	行政记录	行政记录登记项目	人口普查项目
项目名称不同	全员人口数据库	现居住地	普查时点居住地
	教育信息登记记录库	文化程度	受教育程度
	农村居民居住情况调查数据库、城镇居民家庭基本情况调查数据库	饮用水源	住房内有无管道自来水
项目答案不同	劳动力调查数据库	三个月内是否找过工作（在职业介绍机构求职、委托亲友找工作、应答或刊登广告、浏览招聘广告、参加招聘会、为自己经营做准备、其他、未找过工作）	三个月内是否找过工作（在职业介绍机构求职、委托亲友找工作、应答或刊登广告、参加招聘会、为自己经营做准备、其他、未找过工作）
项目名称、项目答案均不同	全员人口数据库	出生日期	出生年月
		户籍所在地	户口登记地
		户籍所在地	户口登记地类型
无对应项目	教育信息登记记录库	文化程度	是否识字
	劳动力调查数据库	工作情况、为工作原因	主要生活来源

（二）基本记录库、辅助记录库及统计数据系统的链接途径

作为"完全模式"人口普查系统的基本记录库，全员人口数据库和浙江省土地登记信息记录分别通过公民身份号码（PIN）和地址编码（AC）实现双向链接，全员人口数据库和浙江省法人数据库通过公司法人的 PIN 实现链接，浙江省土地登记信息记录和浙江省法人数据库通过地址编码（法人单位地址编码）实现链接。留学人员信息登记记录、人口与计划生育管理服务综合平台信息记录、居民就医信息登记记录、人口出入境登记记录经由 PIN 链接至全员人口数据库；人口出生信息登记记录经由出生医学证明编号（medical certificate of birth number，MCBN）链接至全员人口数据库；浙江省中小学生信息登记记录经由学籍编号（enrollment status number，ESN）链接至全员人口数据库；就业失业登记记录、纳税登记记录和劳动力调查数据库经由 PIN 与浙江省法人数据库中成员与从业人员信息匹配；农村居民居住情况调查数据库和城镇居民家庭基本情况调查数据库经由 AC 链接至浙江省土地登记信息记录。人口行政记录系统结构及与统计数据系统的具体链接如表 6 – 15 所示。

表 6 – 15　　人口行政记录系统结构及与统计数据系统中的链接编码

行政记录/统计数据类型	链接编码
全员人口数据库	公民身份号码、地址编码、出生医学证明编号、学籍编号
浙江省法人数据库	公民身份号码、统一社会信用代码
浙江省土地登记信息记录	公民身份号码、地址编码
人口出生信息登记记录	出生医学证明编号
浙江省中小学学生学籍信息登记记录	学籍编号
农村居民居住情况调查数据库	地址编码
城镇居民家庭基本情况调查数据库	地址编码
其他行政记录或统计数据资源	公民身份号码

（三）省级层面的"完全模式"人口行政记录系统构建

浙江省"完全模式"人口普查人口行政记录系统构建的整体框架是由浙江省全员人口数据库、浙江省法人数据库和浙江省土地登记记录构成的"独立结构"。该框架由三个"多对一"结构的人口行政记录系统组合形成，分别是：以"全员人口数据库"为主，以浙江省中小学学生学籍信息登记记录、留学人员信息登记记录、人口与计划生育管理服务综合平台信息记录、居民就

医信息登记记录、人口出生信息登记记录、人口出入境登记记录为辅的"多对一"结构；以"浙江省法人数据库"为主，以纳税登记记录、就业失业登记记录、劳动力调查数据库为辅的"多对一"结构；以"浙江省土地登记信息记录"为主，以农村居民居住情况调查数据库、城镇居民家庭基本情况调查数据库为辅的"多对一"结构，如图6-6所示。

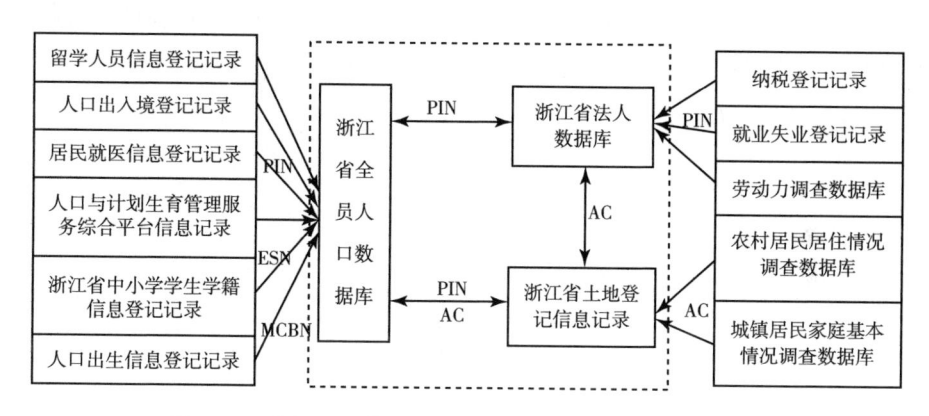

图6-6 省级层面的"完全模式"人口行政记录系统构建

四、浙江省"完全模式"人口普查数据质量评估

基于浙江省"完全模式"人口普查的实施路径，人口统计信息的质量评估应涵盖行政记录调查信息的质量评估、统计化转化过程的质量评估以及最终人口统计信息的质量评估三部分。因此，"完全模式"人口普查方法质量评估可依照"行政记录调查+专项调查"人口普查的数据质量评估方法与思路。

此外，"完全模式"人口普查的行政记录调查数据质量评估亦可置于行政记录数据质量控制的框架下。作为一种较为常用的行政记录数据质量控制手段，匹配关系核查是指在从行政记录登记库获得初级数据资料时，设定核查程序，对行政记录之间的匹配关系进行初步判断。如在"出生年月"项目的月份信息中，不应该存在1~12以外的其他数据；若"年龄"的项目答案小于15，则认为其"婚姻状况"项目答案为"未婚"，反之，则认为此条记录的真实性有待考证；若"与户主关系"的项目答案为"子女"，则户主年龄和子女年龄差应大于15，反之，则认为此条记录的真实性有待考证；"本户住房间数""本户应登记人数"等项目的项目答案应在一个给定的范围内（如住房间数设为1~5之间），当超出给定范围时，认为其数据真实性值得怀疑；当

"月租房费用"为"2000~3000元"或"3000元以上"时，若"住房内有无厨房""住房内有无厕所"的选项答案为"无"，则认为其数据质量有待进一步考量。除以上从行政记录内部各记录间的匹配关系出发考量数据质量，还可从数据更新的角度出发，对行政记录之间的记录匹配关系进行考量。如就业失业登记记录中新增休产假女性人数与劳动力调查数据库中新增料理家务的女性人数之间存在一定的数量关系；浙江省土地登记信息记录中的居住地地址编码应该与全员人口数据库中居住地邮政编码保持一致。

第七章
改革我国传统人口普查方法的若干建议

第一节 夯实法律基础，为实施植入行政记录的人口普查提供制度保障

一、将植入行政记录人口普查相关内容纳入现行统计法规的修订版本

众多国家的经验表明，强大的法律支撑是开展植入行政记录的人口普查的必要前提，如芬兰制定的《人口普查法》、斯洛文尼亚制定的《2001年斯洛文尼亚共和国人口、住户和住房普查法》、奥地利制定的《人口普查法》和《基于行政记录的普查法》、以色列制定的《人口普查规则》、瑞士制定的《联邦人口普查法》等有关人口普查的专项法律法规，均为其成功实施植入行政记录的人口普查提供了坚实的制度保障。

我国自1983年12月8日第六届全国人大常委会第三次会议通过了第一部（也是唯一一部）统计法律——《中华人民共和国统计法》以来，尚未出台其他与统计工作相关的法律。尽管经两次修订形成的《中华人民共和国统计法》（最新修订时间为2009年，修订版本于2010年1月1日起施行）对统计局、行政机构和广大居民在开展统计工作、实施或接受统计调查、处理统计资料、发布统计信息等方面做出了较细致的规定，但其制定与修订背景仍是基于传统的统计调查模式，未体现统计工作中出现的新问题和新需求。就人口普查工作而言，自2010年5月12日国务院第111次常务会议通过《全国人口普查条例》（2010年6月1日起施行）以来，并未对该条例进行修订。尽管《全国人

口普查条例》对有效组织实施全国的人口普查，保障人口普查数据的真实性、准确性、完整性和及时性等方面做出了较翔实的规定，但其制定背景是人口普查的"传统"模式，亦未体现对人口普查新模式的拓展思考。

植入行政记录的人口普查方法打破了传统统计调查的固有范式，现行的《统计法》和《全国人口普查条例》理应做出必要的修订。我们认为，修订后的《统计法》应进一步明确行政记录供给方和使用方的权利和义务，如明确统计部门具有分享其他单位原始行政记录的权利、具有检索其他单位原始行政记录信息库的权利、具有整合各类行政记录资源的义务、具有对各类行政记录保密的义务等；明确其他行政机构具有分享统计局相关统计数据的权利、具有向统计部门提供原始行政记录的义务、具有配合统计部门进行行政记录库建设的义务，具有及时更新行政记录的义务等；明确广大居民、机构单位、产业单位等具有真实登记行政记录与及时更新的义务等。当然，修订后的《统计法》还应明确规定行政记录的使用方法与流程、明确规定统计部门使用行政记录生产统计产品的数据发布机制等。作为针对人口普查的专项法规，修订后的《全国人口普查条例》应明确将开展"组合模式"人口普查视为现阶段改革我国传统人口普查方法的有效途径；应充分阐释我国"组合模式"人口普查的对象、内容与方法，规范我国"组合模式"人口普查的组织实施前提与实施过程，明确我国"组合模式"人口普查资料的管理与公布，追究不配合实施"组合模式"人口普查责任人的法律责任。

二、将人口行政记录数据纳入个人信息保护法的管理范畴

植入行政记录的人口普查的顺利实施需要以"个人隐私保护"为基本前提，为此，各国政府纷纷出台了专门针对个人数据保护的法律法规，如芬兰出台的《个人数据法》、斯洛文尼亚出台的《个人数据保护法》、奥地利出台的《数据保护法》、瑞士出台的《数据保护法》、西班牙出台的《数据保护法》、德国出台的《联邦个人资料保护法》等。此外，部分国家还制定了有关行政记录数据、互联网大数据资源等信息安全的法律法规，如美国颁布的《信息安全法》《政府信息公开法》《美国联邦信息资源管理法》，英国颁布的《官方信息保护法》，新加坡颁布的《信息安全指南》，加拿大颁布的针对政府信息安全的《可信计算机产品评测标准》，瑞典颁布的世界上第一部保护计算机数据的法律《瑞典国家数据保护法》等。

目前，我国有关个人信息保护的立法相对分散，近40部法律、30余部法

规、200多部部门规章，涉及互联网信息、医疗信息、个人信用管理等多个领域的个人信息保护问题。《网络安全法》第二十二条、四十条、四十一条、四十四条，《民法总则》第一百一十一条，《消费者权益保护法》第十四条、第二十九条、第五十条、第五十六条等对不同领域的个人信息管理提供了法律依据。《关于加强网络信息保护的决定》第十一条，《电子商务法》第七十九条，《公安机关互联网安全监督检查规定（征求意见稿）》第二十五条，《网络交易管理办法》第五十条等规定了违反个人信息管理应承担的法律责任。《统计法》规定了统计工作中的个人隐私保护问题，"统计调查中获得的能够识别或者推断单个统计调查对象身份的资料，任何单位和个人不得对外提供、泄露，不得用于统计以外的目的"。《全国人口普查条例》亦涉及普查资料的保护，规定"违法公布人口普查资料""泄露或者向他人提供能够识别或者推断单个普查对象身份的资料"等依法给予处分。然而，《统计法》和《全国人口普查条例》均局限于对传统调查数据源资料收集、存储过程的安全规定，并未涉及人口普查可能使用的行政记录等大数据资源的使用规定。

开展植入行政记录的人口普查必然建立在充分挖掘人口行政记录信息资源的基础上，因此，对于个人信息保护的范围也应拓展至人口行政记录资源、互联网大数据等一切包含个人信息的数据形式。2018年9月7日公布的《十三届全国人大常委会立法规划》将《个人信息保护法》列入第一类项目，也就是说，个人信息保护法发布的条件已比较成熟。我们认为，《个人信息保护法》应该包括行政记录资源、互联网大数据的安全使用规定。一方面，《个人信息保护法》应清楚界定个人信息保护的范畴，明确哪些个人信息可以自由流动，哪些需要信息主体的授权，哪些即使取得了授权也应受到限制等，还需明确隐私权和知情权的界限，行使知情权不能侵犯他人隐私权，但也不能以保护隐私权为理由拒绝正常知情权的行使。另一方面，《个人信息保护法》应明确侵权人的法律责任和后果，制定可操作性标准，明确侵犯隐私权的行为达到何种程度，侵权人才应承担相应的法律责任；法律应该明确各类侵权行为需承担的具体法律责任。当然，行政部门也应形成行政记录资源的单项传输机制和信息加密管理，构建配套的保密机制，确保使用行政记录生产的统计产品不侵犯个人隐私，做到将个人信息保护融入数据生产至使用的每个环节。

三、构建电子政务法律体系

近年来，"互联网+政务服务"得到了党中央和国务院的高度重视，习近平总书记2016年4月在网络安全和信息化工作座谈会上指出，要以信息化推进国家治理体系和治理能力现代化，统筹发展电子政务，构建一体化在线服务平台。李克强总理在2016年政府工作报告中提出，要大力推行"互联网+政务服务"，实现部门间数据共享，让居民和群众少跑腿、好办事、不添堵。推进电子政务法律体系的构建是实现"互联网+政务服务"长远发展的基石。然而，我国目前的电子政务法律体系构建仍处于起步阶段，部分与电子政务有关的法律、法规分散在计算机、互联网、信息化建设、计算机软件保护、电子签名、政府信息公开等法规之中，亟须形成一部完整的电子政务法律。

基于行政记录的人口普查以行政记录大数据资源为基础，通过行政记录的匹配、编辑、插补等信息技术输出人口统计信息，其过程必然涉及信息共享、多来源数据的匹配、信息发布等电子政务技术。出台涉及电子政务技术的法律法规，即是对应用信息技术所产生的技术性法律问题进行规范，涉及共享信息的权限范围、信息技术的标准规范、发布信息的隐私安全等方面。具体地，电子政务技术法应当对行政部门搜集和处理数据的范围、程序和手段等问题予以限定，以实现数据开发和数据保护的平衡；对各级行政部门电子政务建设的参照标准予以统一，有效地解决"信息孤岛""数字鸿沟"等问题，从而有效提高多来源数据的匹配效率；对信息公开发布的范围、条件、使用程序予以规范，提高基于行政记录的人口普查信息的法律效力。

构建电子政务的法律体系，不仅需对电子政务的战略地位予以认定和保障，还需要对政府部门间信息的共享范围予以明确、对政府部门电子政务技术使用予以规范、对政府信息发布的法律效力予以认证、对政府信息公开的网络信息安全予以保障，以形成一个包括电子政务基本法、电子政务信息法、电子政务技术法、电子政务监督法等法律的完整体系。

第二节 汇聚数据资源，为实施植入行政记录的人口普查提供数据基础

一、梳理海量行政记录，挖掘可构成人口普查数据来源的行政记录资源

我国拥有极为丰富的行政记录资源，形成于办证、登记、入职、入学、检

查、保险、培训、税收、付费、罚款等不同行为环节,见诸登记册、档案表、申报表、记录表、裁决书等不同形式,分布于公安、民政、工商、税务、卫生、法律等不同行政单位。对已有的行政记录进行梳理、对可构成人口普查数据来源的行政记录资源进行挖掘,是普查成功开展的重要前提,可以为实施植入行政记录的人口普查提供良好的数据基础。

我们认为,对行政记录资源的挖掘可分两阶段实施。首先,国家统计局应牵头开展我国已有行政记录的梳理工作,按"单位准匹配型"和"内容准匹配型"归类标准对现有行政记录进行筛选,对可构成人口普查数据来源的行政记录进行初步归类。梳理已有的行政记录,对可构成人口普查数据来源的行政记录资源进行挖掘。其次,基于人口普查内容开展可构成人口普查数据来源的行政记录比对工作,对所有可从行政记录中直接获取的普查变量进行汇总,对所有可能从行政记录中间接获取的普查变量开展相关调整、编辑或估算工作。

二、建设基本记录库,完善国家人口基础数据库、国家基础地理信息库

2015年,由国家发改委牵头建设的"国家自然资源和空间地理基础数据库"验收完成并投入使用。国家自然资源和空间地理基础数据库建立了统一的地理空间信息分类编码体系,该编码体系对于行政记录系统的地址编码具有较好的参考作用。2017年11月17日,国家人口基础信息库竣工验收,初步实现了公安部、教育部、民政部、人力资源和社会保障部、卫生和计划生育委员会人口行政登记信息的有效集成,达成了对我国人口基础信息统筹管理的预期。

我们认为,国家统计局应该以"国家人口基础信息库""国家基础地理信息库"竣工验收为契机,尝试开展以"国家人口基础信息库"和"国家基础地理信息库"为基本记录库的人口普查行政记录系统建设前期工作。前期工作应以"国家人口基础信息库'统计化'"和"国家基础地理信息库'数字化'"为核心。具体来看,"国家人口基础信息库'统计化'"是指将国家人口基础信息库作为基本记录库纳入人口行政记录系统时应充分考虑统计特征,国家统计局应充分强调国家基础信息记录统计转化工作对实施我国人口普查工作的重要性,致力于将人口普查的统计标准引入国家人口基础信息库,努力实现

国家人口基础信息库信息与人口普查信息的无缝对接;"国家基础地理信息库'数字化'"是指在提取国家基础地理信息库建筑物、住房地址等信息的同时,引入人口普查地址编码规则,努力实现国家基础地理信息库与人口普查信息的无缝对接。

三、完善国家编码体系,支持人口行政记录系统匹配链接

"可识别""可链接"的国家行政记录编码系统是开展植入行政记录人口普查的核心条件,各国都对行政记录编码系统建设给予了充分的重视。如芬兰具有统一的编码系统,对基于居民个人的身份识别码、基于房产的房地产识别码、基于建筑物的建筑物识别码、基于住宅的住宅识别码等编码规则均有统一的规定。目前各国最常用的识别码是个人身份识别码,基于个人身份识别码可实现登记个体的识别和登记个体之间的有效区分,建筑物识别码、住宅识别码、企业识别码、组织机构识别码也是较常用的识别码。

我国目前已经拥有涉及多类行政记录信息的行政登记系统,如户籍登记、出生登记、教育登记、纳税登记、工商登记、进出口登记等行政登记系统,包含各类行政登记系统的多种记录编码。如每个年满十八周岁的公民拥有的一个独一无二的个人身份证编码、自出生起便拥有的出生医学证明编号、由于学生学籍管理需要设定的学籍编号等多类个人编码,企业拥有的唯一的工商营业执照注册号编码、由于税务管理需要设定的税务登记证号等单位编码,建筑物拥有的所在地区的行政区划编码、各省市设定的土地编码、房屋编码等建筑物编码。这种编码的不唯一性在一定程度上增加了不同行政记录之间的链接难度,对我国开展植入行政记录的人口普查造成了一定影响。这就需要一种统一的个人识别码、企业识别码或建筑物识别码等用于个体间有效识别的编码,以实现不同行政记录系统间的记录匹配。

第三节 攻克技术难题,为实施植入行政记录的人口普查提供方法支撑

一、开展非传统数据缺失问题处理方法研究

行政记录是政务大数据的主要构成,是现阶段数量最庞大、价值密度最高

的数据资源。尽管多年来我国政府一直致力于推进信息化建设、完善行政记录体系、提高数据质量，但信息管理分散、登记对象遗漏、记录数据缺失等问题依旧存在。对分布于公安、计生、教育、税务、民政、人社、工商、卫生、房管、住建等部门的人口行政记录进行统一核查，基于"统计使用"目的对行政记录登记对象遗漏、行政记录数据缺失及原因进行探究，组织行政记录数据缺失问题处理方法研究有助于行政记录数据质量的提升，进而有助于植入行政记录的人口普查的顺利开展。

行政记录的数据缺失问题处理与传统数据缺失问题存在一定程度的差异性。其一，传统数据资料的信息存储以变量属性为单位，行政记录数据的信息存储则以登记对象为单位。也就是说，对于传统数据库，每个变量属性中的变量值往往表现为数值型或文本型的单一数据类型；对于行政记录库，每个登记对象的数据记录可能同时包含数值型和文本型的数据类型，这无疑增加了缺失数据处理的难度。其二，传统数据库中各属性变量值之间相互独立，而提供人口统计信息的人口行政记录系统由多个彼此相关的行政记录相互链接而成，各个记录库之间存在一定程度的信息重叠。人口行政记录系统中的一类行政记录往往可以作为另一类行政记录数据插补的信息来源，数据缺失问题处理方法的选择需要在综合考虑缺失数据处理的一般方法和行政记录系统整体一致性、协调性的基础上，对插补值质量效果进行比较。因此，开展行政记录库缺失问题研究，应该立足于行政记录数据与传统调查数据的差异，在分析传统数据缺失问题的基础上，选择适当的数据插补方法，或基于已有的数据插补方法做出必要的适用性调整。当然，开展非传统数据缺失问题处理方法研究，不应局限于已有的缺失问题处理方法的筛选、优化和扩展，还应从行政记录数据自身的特点出发，研究处理行政记录数据缺失问题的新方法。

二、开展非确定性概率链接方法研究

人口行政记录系统是植入行政记录的人口普查最为重要的信息来源。相应地，能否构建一个合理有效的人口行政记录系统便成为普查成功与否最为关键的一个环节。人口行政记录系统的构建即是将不同来源的数据资料，通过记录链接方法进行匹配，以形成一个统一的整体。因此，开展行政记录的链接方法研究对于人口行政记录系统的成功搭建至关重要。

人口行政记录系统的构建是通过行政记录与行政记录、行政记录与已存在统计数据的匹配来完成的，相应地，行政记录的链接方法研究应包含行政记录数据集成技术研究和行政记录与调查数据（或已存在统计数据库）对接方法研究两部分。其中，行政记录数据集成研究着眼于记录匹配的数据预处理问题探索，如不同格式的记录的标准化方法、行政记录地址信息的关键字选择、行政记录的统一编码方法、记录分块方法、重复数据的删除方法等。行政记录库与调查数据（或已存在统计数据库）对接方法研究，不仅需要考虑以上记录匹配的一般问题，还需要展开数据结构的差异性分析。

三、开展数据质量评估方法的创新研究

作为普查的关键组成部分，数据质量关乎人口普查的"生命"。高质量的人口普查数据应兼具准确性、及时性、可比性、适用性、全面性和可衔接性。植入行政记录的人口普查完全颠覆了传统调查的固有范式，其将调查对象界定、调查范围限定、调查内容设定、调查时间选定、调查过程组织等基本要素转化为行政记录选择、行政记录系统构建、不同记录的编辑与转换、不同变量的补充与推断等一系列新步骤。因此，传统人口普查数据质量评估方法已不能满足植入行政记录的人口普查的技术需要，亟待扩展创新。

开展植入行政记录的人口普查数据质量评估问题研究，需要就"统计使用"目的对行政记录系统的数据"输入"、行政记录系统的"统计生产"过程、行政记录系统"输出"的人口信息等方面开展数据质量评估方法的统一架构与数据质量评估方法研究。"数据输入"阶段的数据质量评估方法研究重点在于评估对象已经由调查数据转变为非传统数据，即行政记录，其数据质量评估的维度与评估方法将不再适用，如何筛选行政记录数据的评估维度并进行质量水平测算是首先需要考虑的一个问题。"数据转化"阶段的数据质量评估方法研究则应集中于对行政记录统计转化过程可能出现的覆盖误差、缺失误差、匹配误差等误差评估方法的探索。基于行政记录的人口普查覆盖误差评估方法的探索侧重于对涉及行政记录数据覆盖程度的探索；缺失误差评估方法的探索需要与缺失问题方法探索结合综合考察；匹配误差评估方法的探索则涉及对链接方法的考评。"数据输出"阶段，两种模式的人口普查质量评估方法并无显著差异，相对而言，植入行政记录的人口普查"数据输出"的数据质量评估方法需强调从准确性、经济性、及时性等更多维度的整体把控。

主要参考文献

[1] 边燕杰. 现代人口普查的发展和特点 [J]. 社会科学, 1981 (5): 86-87.

[2] 陈新华, 胡桂华. 国外人口普查: 从全面调查到行政记录 [J]. 西北人口, 2010, 31 (4): 59-62.

[3] 陈婉清. 中国人口普查的改革与发展研究 [J]. 调研世界, 2012 (11): 48-52.

[4] 陈婉清. 第六次人口普查数据质量控制探讨 [J]. 调研世界, 2010 (8): 11-13.

[5] 陈东进. 行政记录在政府统计中的使用研究 [D]. 暨南大学, 2013.

[6] 方越峦, 刘建平. 行政记录: 政府统计不可忽略的数据资源 [J]. 统计研究, 2013, 30 (10): 22-29.

[7] 方越峦. 行政记录在我国官方统计中的应用研究 [D]. 暨南大学, 2013.

[8] 高翔. 完善人口普查方法之我见 [J]. 中国统计, 2011 (4): 41-42.

[9] 国务院全国1%人口抽样调查领导小组办公室. 人口抽样调查方法研究: 2005年全国1%人口抽样调查技术业务总结论文集 [M]. 中国统计出版社, 2007.

[10] 胡桂华, 韦建英. 行政记录的统计使用 [J]. 中国统计, 2009 (11): 48-50.

[11] 胡桂华. 行政记录在人口普查质量评估中的应用 [J]. 徐州工程学院学报 (自然科学版), 2011, 26 (3): 21-30.

[12] 胡桂华. 基于行政记录的广西人口数目估计 [J]. 广西财经学院学报, 2011, 24 (4): 1-6.

[13] 贾宏宇. 现代人口普查的作用和特点 [J]. 外国经济与管理, 1982 (5): 14-16.

[14] 姜澍. 芬兰：官方统计产品96%源自行政记录［J］. 数据, 2011 (5)：26-27.

[15] 姜澍. 使用行政登记数据进行官方统计及国际经验研究［J］. 调研世界, 2011 (4)：6-60.

[16] 嵇留洋, 王邦兆. 统计信息化建设的不足、变革与挑战［J］. 统计与决策, 2017 (2)：2+189.

[17] 金明生. 电子政务发展的浙江范式——实证及其信息安全隐患防范之对策研究［J］. 情报科学, 2008 (9)：1419-1424.

[18] 李金昌, 史龙梅, 徐蔼婷. 高质量发展评价指标体系探讨［J］. 统计研究, 2019, 36 (1)：4-14.

[19] 李金昌, 徐蔼婷. 未被观测经济估算方法新探［J］. 统计研究, 2005 (11)：21-26.

[20] 李金昌, 刘波, 徐蔼婷. 中国贸易开放的非正规就业效应研究［J］. 中国人口科学, 2014 (4)：35-45.

[21] 李佩瑾, 徐蔼婷. 参考利率风险调整思路的比较与重构［J］. 统计研究, 2016, 33 (6)：103-112.

[22] 李佩瑾, 徐蔼婷. 2008年版国民账户体系关于中央银行服务产出核算的处理及中国有关核算的改革研究［J］. 南方金融, 2014 (9)：28-34.

[23] 李强. 精心实施四大工程 推进统计信息化再上新台阶［J］. 统计研究, 2011, 28 (7)：3-8.

[24] 刘波, 徐蔼婷. 家庭收入对居民非正规就业选择的影响研究——基于CHNS数的发现［J］. 调研世界, 2014 (3)：22-27.

[25] 刘波, 徐蔼婷. 我国非正规经济投入产出表编制与应用分析［J］. 统计研究, 2018, 35 (2)：109-118.

[26] 刘波, 徐蔼婷, 李金昌. 中国非正规部门社会核算矩阵编制研究［J］. 经济统计学（季刊）, 2014 (2)：51-67.

[27] 刘波, 徐蔼婷. 家庭收入对居民非正规就业选择的影响研究——基于CHNS数据的发现［J］. 调研世界, 2014 (3)：22-27.

[28] 刘建平. 辅助信息在抽样调查中的应用模型与方法［M］. 中国统计出版社, 2008.

[29] 刘俊豪, 孙晶莹. 2011年德国人口普查的新技术：记录链接［J］. 中国统计, 2011 (8)：41-43.

[30] 陆康强. 现代人口调查的格局与发展［J］. 南京人口管理干部学院

学报, 2010, 26 (3): 11-14.

[31] 骆晓斌. 浅谈人口普查工作的问题与对策 [J]. 统计科学与实践, 2011 (10): 60-61.

[32] 茅铭晨. 中国行政登记法律制度研究 [M]. 上海财经大学出版社, 2010.

[33] 彭松建. 论现代人口普查的特点 [J]. 经济科学, 1982 (1): 23-28.

[34] 史龙梅, 徐蔼婷. 以色列"组合模式"人口普查方法阐释及对我国的启示 [J]. 西北人口, 2018, 39 (4): 81-88.

[35] 石薇, 徐蔼婷, 李金昌, 汪劲松. 自然资源资产负债表编制研究——以林木资源为例 [J]. 自然资源学报, 2018, 33 (4): 541-551.

[36] 石薇, 徐蔼婷. 自然资源资产负债表"为何"与"何为"问题探讨 [J]. 中国统计, 2017 (5): 68-69.

[37] 孙兢新, 孟庆普. 十一亿人口的普查——中国1990年人口普查工作的组织实施 [J]. 人口研究, 1992 (6): 1-15.

[38] 王谦, 崔红艳, 李睿, 庞江倩, 陈卫, 杨胜慧. 中国第六次人口普查: 经验与启示 [J]. 人口研究, 2010 (6): 19-31.

[39] 王颖超. 第六次全国人口普查面临的问题及对策 [J]. 统计研究, 2010 (8): 109-110.

[40] 武洁. 人口普查中的事后质量抽样调查 [J]. 南方人口, 2002 (3): 7.

[41] 徐蔼婷, 祝瑜晗. R&D卫星账户整体架构与编制的国际实践 [J]. 统计研究, 2017, 34 (9): 76-89.

[42] 徐蔼婷, 杨玉香. 基于行政记录人口普查方法的国际比较 [J]. 统计研究, 2015, 32 (11): 88-96.

[43] 徐蔼婷. 劳动收入份额及其变化趋势 [J]. 统计研究, 2014, 31 (4): 64-71.

[44] 徐蔼婷, 刘波. 贸易开放对非正规就业规模影响的实证研究——来自中国省级面板数据的证据 [J]. 商业经济与管理, 2014 (6): 86-96.

[45] 徐蔼婷, 李金昌. 非正规部门角色定位与发展机理: 基于机构部门的考察 [J]. 统计研究, 2012, 29 (6): 10-17.

[46] 徐蔼婷, 刘波, 李金昌. 居民收入分配如何影响非正规经济规模——基于城镇中等收入阶层收入份额的考察 [J]. 经济学家, 2012 (4): 29-36.

[47] 徐蔼婷. 基于 SNA 生产观的生产负担不均等测度与分解 [J]. 统计研究, 2011, 28 (4): 33 – 41.

[48] 徐蔼婷. 月度工业生产发展速度指标解读: 差异比较与经验启示——以 OECD 国家为例 [J]. 统计研究, 2009, 26 (9): 8 – 14.

[49] 徐刚. 记录链接理论及应用 [J]. 统计与决策, 2016 (7): 78 – 82.

[50] 许福娇. 开发行政记录提高数据质量 [J]. 统计科学与实践, 2011 (12): 54 – 55.

[51] 肖升初, 伍江斌, 周述明. 人口普查工作的难点解析 [J]. 中国统计, 2010 (6): 37 – 39.

[52] 薛璐馨. 信息化支撑人口普查: 探视澳大利亚 2006 年人口普查 [J]. 数据, 2010 (1): 34 – 35.

[53] 徐荣华, 王传玉. 行政记录信息的统计开发与利用 [J]. 统计研究, 2005 (9): 19 – 21.

[54] 许永洪. 行政记录和政府统计的多视角研究 [J]. 统计研究, 2012, 29 (4): 3 – 7.

[55] 谢惊时. 数据匹配问题中的记录链接模型 [D]. 天津财经大学, 2013.

[56] 颜贝珊, 余清祥. 2010 年各国人口普查制度之研究 [J]. 人口学刊, 2010 (40): 203 – 229.

[57] 于洪彦. 新的统计数据之源——行政记录 [J]. 中国统计, 1994 (4): 33 – 34.

[58] 周彦. 德国行政记录在经济统计中的应用及启示 [J]. 中国统计, 2011, (10): 47 – 48.

[59] 周汉华. 电子政务法研究 [J]. 法学研究, 2007 (3): 3 – 19.

[60] 朱向东. 我国 2000 年第五次人口普查方案的主要特点 [C]. 第五次全国人口普查科学讨论会论文集, 2003.

[61] 张为民. 数据处理是全国人口普查工作重要环节 [EB/OL]. 2010 - 6 - 7.

[62] Andridge R., Little R J. A Review of Hot Deck Imputation for Survey Non-response [J]. *International Statistical Review*, 2010 (78): 40 – 64.

[63] Arts K., Bakker B F M., Van L E. Linking Administrative Registers and Household Surveys [J]. *Netherlands Official Statistics*, 2000, 15 (2): 16 – 22.

[64] Argüeso A., Vega J L. A Population Census Based on Registers and A "10% Survey" Methodological Challenges and Conclusions [J]. *Statistical Journal of the IAOS*, 2014, 30 (1): 35 – 39.

[65] Bauer A. Statistics Austria. Population Statistics IPUMS-Europe Country Report [R]. Austria, 2001.

[66] Bankier M. Alternative Method of Doing Quantitative Variable Imputation [J]. *Statistics Canada*, 1991.

[67] Bankier M D., Lachance M., Poirier P. 2001 Canadian Census Minimum Change Donor Imputation Methodology [R]. Conference of European Statisticians: UNECE Work Session on Statistical Data Editing, 18 – 20 October 2000, Cardiff, United Kingdom.

[68] Bakker B F M., Daas P J H. Methodological Challenges of Register-based Research [J]. *Statistica Neerlandica*, 2012, 66 (1): 2 – 7.

[69] Belin T R., Rubin D B. A Method for Calibrating False-Match Rates in Record Linkage [J]. *Journal of the American Statistical Association*, 1995, 90 (430): 694 – 707.

[70] Berka C., Humer S., Lenk M., et al. A Quality Framework for Statistics Based on Administrative Data Sources Using the Example of the Austrian Census 2011 [J]. *Austrian Journal of Statistics*, 2010, 39 (4): 299 – 308.

[71] Berka C., Humer S., Moser M., et al. Combination of Evidence from Multiple Administrative Data Sources: Quality Assessment of the Austrian Register-based Census 2011 [J]. *Statistica Neerlandica*, 2012, 66 (1): 18 – 33.

[72] Bee-Geok L., Eng-Chuan K. Combining Survey and Administrative Data for Singapore Census of Population 2000 [J]. *Singapore Department of Statistics*, 2001.

[73] Blakely T., Salmond C. Probabilistic Record Linkage and A Method to Calculate the Positive Predictive Value [J]. *International journal of epidemiology*, 2002, 31 (6): 1246 – 1252.

[74] Boruch R F. Administrative Record Quality and Integrated Data Systems [J]. *Actionable Intelligence for Social Policy (AISP)*, University of Pennsylvania, 2012.

[75] Bruni R., Reale A., Torelli R. Optimization Techniques for Edit Validation and Data Imputation [C]. Proceedings of Statistics Canada Symposium 2001 "Achieving Data Quality in a Statistical Agency: a Methodological Perspective" XVIII-

th International Symposium on Methodological Issues. 2001.

［76］ Bruni R. Discrete Models for Data Imputation ［J］. *Discrete Applied Mathematics*, 2004, 144 (1 –2): 59 –69.

［77］ Bryant J R., Graham P. A Bayesian Approach to Population Estimation with Administrative Data ［J］. *Journal of Official Statistics*, 2015, 31 (3): 475 –487.

［78］ Central Stastical Bureau of Latvia. Populationand Housing Census in Latvia-Innovations and Lessons Learned ［R］. Economic Commission for Europe, Conference of European Statisticians, Sixtieth Plenary Session, Paris, 2012.

［79］ Central Statistical Office of Poland. Lessons Learned from the Population and Housing Census in Poland ［R］. Paris: Economic Commission for Europe Conference of European Statisticians, 2012.

［80］ Cerroni F., Di Bella G., Galiè L. Evaluating Administrative Data Quality as Input of the Statistical Production Process ［J］. *A methodological approach based on indirect sampling to survey the homeless population*, 2014: 117.

［81］ Chambers R. Evaluation Criteria for Statistical Editing and Imputation ［J］. *National Statistics Methodological*, 2001 (28): 1 –41.

［82］ Corbey P. Exit the Population Census ［J］. *Netherlands Official Statistics*, 1994 (9): 41 –44.

［83］ Daas P J H., Fonville T C. Quality Control of Dutch Administrative Registers: An Inventory of Quality Aspects ［C］. Paper for the Seminar on Registers in Statistics Methodology and Quality. 2007: 21 –23.

［84］ Daas P., Ossen S., Vis – Visschers R., et al. Checklist for the Quality Evaluation of Administrative Data Sources ［J］. *Statistics Netherlands Discussion Paper*, 2009, 9042.

［85］ Daas P., Ossen S., Tennekes M., et al. Report on Methods Preferred for the Quality Indicators of Administrative Data Sources ［J］. *Second deliverable of workpackage*, 2011, 4.

［86］ Daas P J H., Arends-Tóth J., Schouten B., et al. Quality Framework for the Evaluation of Administrative Data ［C］. Proceedings of Q2008 European Conference on Quality in Official Statistics. Statistics Italy and Eurostat, 2008.

［87］ Daas P J H., Ossen S J L., Tennekes M. Determination of Administrative Data Quality: Recent results and New Developments ［C］. Paper for the European Conference on Quality in Official Statistics. 2010.

[88] Daas P J H., Ossen S J L. Metadata Quality Evaluation of Secondary Data Sources [J]. *International Journal for Quality Research*, 2011, 5 (2): 57-66.

[89] Dolenc D., Miklič E. Register-based Census of Population, Households and Housing, Slovenia, 1January 2011: Methodological Explanation [R], 2014.

[90] Denmark S. Statistics on Persons in Denmark-A Register-based Statistical System [J]. *Eurostat*, 1995.

[91] De Vries W. Dimensions of Statistical Quality-A Discussion Note about the Quality Initiatives of Some International Organisations [C]. Inter-Agency Meeting on Coordination of Statistical Activities, New York, 2002: 17-19.

[92] Di Bella G., Ambroselli S. Towards a More Efficient System of Administrative Data Management and Quality Evaluation to Support Statistics Production in Istat [C]. European Conference on Quality in Official Statistics (Q2014) Held Vienna. 2014: 3-5.

[93] Di Zio M., Scanu M., Coppola L., et al. Bayesian Networks for Imputation [J]. *Journal of the Royal Statistical Society: Series A (Statistics in Society)*, 2004, 167 (2): 309-322.

[94] Dolenc D. First Register-based Census in Slovenia: How to Convert Administrative Source to Statistics [R]. Ottawa Canada: Statistical Canada Symposium, 2010.

[95] Dolenc D. Quality Assessment in Register-based Census—Administrative Versus Statistical Concepts in the Case of Household [R]. Helsinki Finland: European Conference on Quality in Official Statistics, 2010.

[96] Eppmann H., Krügener S., Schäfer J. First German Register Based Census in 2011 [J]. *Allgemeines Statistisches Archiv*, 2006, 90 (3): 465-482.

[97] Eric S N., Marijke H., Rita G. The Dutch Virtual Census of 2001, Analysis and Methodology [R/OL]. Statistics Netherlands, 2004.

[98] Eurostat. Quality Assessment of Administrative Data for Statistical Purposes [R]. Contribution for the Working Group "Assessment of Quality in Statistics", Luxembourg, October 2-3, 2003.

[99] Federal Statistical Office. Data Collection Programme of the Federal Census [R], 2008.

[100] Fellegi I P., Holt D. A Systematic Approach to Automatic Edit and Imputation [J]. *Journal of the American Statistical association*, 1976, 71 (353):

17 - 35.

[101] Fellegi I P., Sunter A B. A Theory for Record Linkage [J]. *Journal of the American Statistical Association*, 1969, 64 (328): 1183 - 1210.

[102] Frost J M., Green S., Pereira H., et al. Development of Quality Indicators for Business Statistics Involving Administrative Data [C]. Paper for the European Conference on Quality in Official Statistics. 2010.

[103] Glickman H., Nirel R., Ben-Hur D. False Captures in Capture-Recapture Experiments with Application to Census Adjustment [J]. *Bulletin of the International Statistical Institute*, 2003: 413 - 414.

[104] Harala R, Reinikainen A L. Confidentiality in the Use of Administrative Data Sources [J]. *Statistical Journal of the United Nations Economic Commission for Europe*, 1996, 13 (4): 361 - 368.

[105] Hammill B G., Hernandez A F., Peterson E D., et al. Linking Inpatient Clinical Registry Data to Medicare Claims Data Using Indirect Identifiers [J]. *American heart journal*, 2009, 157 (6): 995 - 1000.

[106] Herzog T N., Scheuren F J., Winkler W E. Data Quality and Record Linkage Techniques [M]. New York: Springer, 2007.

[107] Hidiroglou M A., Berthelot J M. Statistical Editing and Imputation for Periodic Business Surveys [J]. *Survey methodology*, 1986, 12 (1): 73 - 83.

[108] Hleihel A S. Differences in Population Estimates between an Administrative System and Census: The Case of Israel [J]. *Mathematical Population Studies*, 2006, 13 (2): 63 - 82.

[109] Hui G., AlDarmaki H I. Editing and Imputation of the 2011 Abu Dhabi Census [C]. Conference Contribution at UNECE Work Session on Statistical Data Editing, Oslo, 2012: 24 - 26.

[110] Harala R. Evaluation of the Results of the Register-Based Population and Housing Census 1990 in Finland [J]. *Statistical Journal of the United Nations ECE*, 1995, 12 (1): 63 - 72.

[111] Harala R. From a Traditional Census Towards a Register-Based Census in Finland [R]. Economic Commission for Europe Statistical Commission, Conference of European Statisticians, Fifty-fourth plenary session Paris, 2006.

[112] Instituto Nacional de Estadisticia. Use of Population Administrative Register Data (Padron) in the 2001 Spanish Census [R]. Insee-Eurostat Seminar

on Censuses after 2001, 2000.

[113] Instituto Nacional de Estadisticia. Demographic Census Project 2011 [R]. Subdirectorate-General for Statistics on the Population, 2011.

[114] Israel Central Bureau of Statistics. Dwelling and Building Register Based on Municipal Taxation List—Quality and Distinctiveness [R]. Geneva: Economic Commission for Europe Conference of European Statisticians, 2012.

[115] Israel Central Bureau of Statistics. The 2008 Integrated Census in Israel and Future Censuses [R]. Seoul Republic of Korea, 2012.

[116] Israel Central Bureau of Statistics. Evaluating the Integrated Census in Israel [R]. Conference of European Statisticians Joint UNECE/Eurostat Meeting on Population and Housing Censuses, Eleventh Meeting, Geneva, 13 - 15 May 2008.

[117] Israel Central Bureau of Statistics. Quality Assessments of the 2008 Integrated Census-Israel [R]. Conference of European Statisticians, Group of Experts on Population and Housing Censuses, Twelfth Meeting, Geneva, 28 - 30 October 2009.

[118] Iwig W., Berning M., Marck P., et al. Data Quality Assessment Tool for Administrative Data [R]. Washington, DC: Federal Committee on Statistical Methodology, 2013.

[119] Josipovč D. Slovenia and the Census: from the 20. Century Yugoslav Counts to the Register-based Census of 2011 [J]. *Contemporary Southeastern Europe*, 2015, 2 (2): 159 - 175.

[120] Jaro M A. Advances in Record-linkage Methodology as Applied to Matching the 1985 Census of Tampa, Florida [J]. *Journal of the American Statistical Association*, 1989, 84 (406): 414 - 420.

[121] Jaro M A. Probabilistic Linkage of Large Public Health Data Files [J]. *Statistics in Medicine*, 1995, 14 (5 - 7): 491 - 498.

[122] Kamen C S. The 2008 Israel Integrated Census of Population and Housing [J]. *Statistical Journal of the United Nations Ece*, 2005, 22 (6): 39 - 58.

[123] Kapteyn A., Ypma J Y. Measurement Error and Misclassification: A Comparison of Survey and Administrative Data [J]. *Journal of Labor Economics*, 2007, 25 (3): 413 - 551.

[124] Karr A F. Discussion on Statistical Use of Administrative Data: Old and New Challenges [J]. *Statistica Neerlandica*, 2012, 66 (1): 80 - 84.

[125] Kausl A. The Data Imputation Process of the Austrian Register-Based

Census [C]. Conference Contribution at UNECE Work Session on Statistical Data Editing, Oslo. 2012: 24 - 26.

[126] Kukutai T. , Thompson V. , McMillan R. Whither the Census? Continuity and Change in Census Methodologies Worldwide, 1985 - 2014 [J]. *Journal of Population Research*, 2015, 32 (1): 3 - 22.

[127] Laukkanen T. Use of Administrative Data in the Business Register [R]. Seminar on the Use of Administrative Sources, 2004.

[128] Laan P. The 2001 Census in the Netherlands: Integration of Registers and Surveys [R]. Paper Prepared for the Inséé-Eurostat Seminar on Censuses after 2001, France, 2000: 20 - 21.

[129] Laihonen A. The Population and Housing Census: General Plan [R]. Helsinki: The CSO of Finland Reports, 1989.

[130] Laihonen A. , Myrshylä P. The Use of Register and Administrative Records in Population Censuses in Finland [R]. A Paper Prepared for the European Population Conference, 1987.

[131] Laitila T. , Wallgren A. , Wallgren B. Quality Assessement of Administrative Data [R]. Research and Development-Methodology Reports from Statistics Sweden, 2011 (2).

[132] Lange A. The Population and Housing Census in a Register Based Statistical System [J]. *Statistical Journal of the IAOS*, 2014, 30 (1): 41 - 45.

[133] Lenk M. Methods of Register Based Census in Austria [OL]. IPUMS International, Vienna: Statistik Austria, 2008.

[134] Levenshtein V I. Binary Codes Capable of Correcting Deletions, Insertions and Reversals [C]. Soviet Physics Doklady, 1966 (10): 707.

[135] Li Q. , Glynn R J. , Dreyer N A. , et al. Validity of Claims-based Definitions of Left Ventricular Systolic Dysfunction in Medicare Patients [J]. *Pharmacoepidemiology and Drug Safety*, 2011, 20 (7): 700 - 708.

[136] Linder F. The Dutch Virtual Census 2001: A New Approach by Combining Administrative Registers and Household Sample Surveys [J]. *Austrian Journal of Statistics*, 2016, 33 (1 - 2): 69 - 88.

[137] Little R J A. , Rubin D B. Statistical Analysis with Missing Data [M]. London: John Wiley & Sons, 2014.

[138] Markus S. , Jean P K. The Swiss Census 2010: Moving Towards a

Comprehensive System of Household and Person Statistics [R]. Swiss Federal Statistical Office, 2010.

[139] Marsolo K. Approaches to Facilitate Institutional Review Board Approval of Multicenter Research Studies [J]. *Medical care*, 2012 (50): S77-S81.

[140] Myrshylä P. The New World of Statistical Possibilities by Combining Administrative Data with Census Type of Data Files [R]. Presented in the Conference of International Statistical Institute (ISI), Beijing China, 1995.

[141] Myrskyla P. New Statistics Made Possible by the Use of Registers [J]. *Statistical Journal of the United Nations Economic Commission for Europe*, 1999, 16 (2, 3): 165 - 180.

[142] Myrskyla P. Census by Questionnaire-Census by Registers and Administrative Records: the Experience of Finland [J]. *Journal of Official Statistics*, 1991, 7 (4): 457.

[143] National Statistics Institute of Spain. A General Approach to the Importance and Use of Registers in the Spanish Census [R]. Geneva: UNECE-Eurostat Expert Group Meeting on Censuses Using Register, 2012.

[144] Neuchâtel. Data Collection Programme of the Federal Census [R]. Federal Department of Home Affairs, Federal Statistical Office (FSO), 2008.

[145] Neuchâtel. The New Census [R]. Federal Statistical Office Population Studies and Household Surveys Division, 2011.

[146] Nirel R., Glickman H., Ben Hur D. A Strategy for a System of Coverage Samples for an Integrated Census [C]. Proceedings of Statistics Canada Symposium 2003 Challenges in Survey Taking for the Next Decade. Statistics Canada International Symposium Series-Proceedings, 2003.

[147] Pipino L L., Lee Y W., Wang R Y. Data Quality Assessment [J]. *Communications of the ACM*, 2002, 45 (4): 211 - 218.

[148] Pischke J S. Measurement Error and Earnings Dynamics: Some Estimates from the PSID Validation Study [J]. *Journal of Business & Economic Statistics*, 1995, 13 (3): 305 - 314.

[149] Ploug N., Denmark S. New Forms of Data for Official Statistics [J]. *Statistics Denmark*, 2013: 1645 - 1649.

[150] Poland Central Statistics Office. Modern Census in Poland [R]. Geneva: Economic Commission for Europe Conference of European Statisticians, 2012.

[151] Poland Central Statistical Office. Model of Transformation of Administrative Data to Statistical Data [R]. Geneva: UNECE-Eurostat Expert Group Meeting on Censuses Using Register, 2012.

[152] Potosky A L., Riley G F., Lubitz J D., et al. Potential for Cancer Related Health Services Research Using a Linked Medicare-Tumor Registry Database [J]. *Medical Care*, 1993: 732 - 748.

[153] Prins C J M. Dutch Population Statistics Based on Population Register Data [J]. *Monthly Bulletin of Population Statistics*, 2000, 48 (2): 9 - 15.

[154] Reid G., Zabala F., Holmberg A. Extending TSE to Administrative Data: A Quality Framework and Case Studies from Stats NZ [J]. *Journal of Official Statistics*, 2017, 33 (2): 477 - 511.

[155] Rodero-Cosano M L., Salinas Pérez J A., Carbonero-Ruz M. Evaluation of the Census Error in Spain [R]. European Conference on Quality in Office Statistics, Madrid, May31-June 3, 2016.

[156] Rogot E., Feinleib M., Ockay K A., et al. On the Feasibility of Linking Census Samples to the National Death Index for Epidemiologic Studies: a Progress Report [J]. *American Journal of Public Health*, 1983, 73 (11): 1265 - 1269.

[157] Szenzenstein J. The New Method of the Next German Population Census [J]. *Statistical Journal of the United Nations ECE*, 2005, 22 (1): 59 - 71.

[158] Schnetzer M., Astleithner F., Cetkovic P. Quality Assessment of Imputations in Administrative Data [J]. *Journal of Official Statistics*, 2015, 31 (2): 231 - 247.

[159] Surkyn J. Different Census Systems in Europe: Lessons for the Transition to a Register-Based Census System in Belgium [J]. 2006.

[160] Statistics Netherlands. Overview of Used Data Sources, Methods and Definitions [N/OL], 2004.

[161] Statistical Office of the Republic of Slovenia. Register-Based Census 2011 in Slovenia-Some Quality Aspects [R]. 2012: 22 - 23.

[162] Statistics Estonia. Use of Administrative Registers in Census 2011: Estonian Experience [R]. 2012.

[163] Statistics Netherlands. Dutch Census 2011: Analysis and Methodology [J]. *Statistics Netherlands*, 2014.

[164] Statistics Finland. Use of Survey Data (LFS) to Evaluate the Quality of

Register-Based Census in Finland [R]. Genava: UNECE-Eurostat Expert Group Meeting on Censuses Using Register, 2012.

[165] Statistics Finland. Quality Control in Finnish Censuses in 1970 – 2000 [R]. Economic Commission for Europe Statistical Commission, Conference of European Statisticians, Joint UNECE/Eurostat Meeting on Population and Housing Censuses, Eleventh Meeting Geneva, 2008.

[166] Statistics Austria. Quality Assessment of Register-Based Census Data in Austria [R]. Genava: UNECE-Eurostat Expert Group Meeting on Censuses Using Register, 2012.

[167] Statistics Iceland. Census in Iceland 2011 [R]. Myvatn: Paper Presented at the Nordic Address Meeting, 2009.

[168] Statistics Norway. The Register-Based Statistical System: Preconditions and Processes [R]. International Association for Official Statistics Conference, Shanghai, 2008.

[169] Statistical Office of the Republic of Slovenia. Register-Based Census 2011 in Slovenia-Some Quality Aspects [R]. UNECE-Eurostat Expert Group Meeting on Censuses Using Register, 2012.

[170] Statistical Office of the Republic of Slovenia. 2011 Register-Based Census in Slovenia-Lessons Learned [R]. Paris: Economic Commission for Europe Conference of European Statisticians, 2012.

[171] Statistical Office of the Republic of Slovenia. The Use of Registers in Population, Housing and Housing Censuses in Slovenia [R]. Geneva: EUROSTAT, 1999.

[172] Swiss Federal Statistical Office. The Swiss Census 2010: Moving Towards a Comprehensive System of Household and Person Statistics [R]. Federal Statistical Office, 2008.

[173] Swiss Federal Statistical Office Press Office. The New Census: Cheaper, Faster and Covering a Wider Range of Topics [R]. Swiss Federal Statistical Office Press Office, 2010.

[174] Swiss Federal Statistics Office. What is the Purpose of Carrying out a National Census? [R/OL], 2010.

[175] Swiss Federal Statistics Office. The New Federal Population Census as Part of an Integrated System [R/OL], 2010.

[176] Swiss Federal Statistician Office. The Swiss Census System: a Comprehensive System of Household and Person Statistics [C]. Conference of European Statisticians, Sixtieth Plenary Session, Paris, 2012.

[177] Swiss Federal Statistical Office. New Census System Quality Survey [R]. Federal Statistical Office, 2015.

[178] Thomsen I., Holmøy A M K. Combining Data from Surveys and Administrative Record Systems. The Norwegian experience [J]. *International Statistical Review*, 1998, 66 (2): 201 - 221.

[179] Tromp M., Ravelli A C., Bonsel G J., et al. Results from Simulated Data Sets: Probabilistic Record Linkage Outperforms Deterministic Record Linkage [J]. *Journal of Clinical Epidemiology*, 2011, 64 (5): 565 - 572.

[180] United Nations Economic Commission for Europe, Conference of European Statisticians Recommendations for the 2010 Censuses of Population and Housing [M]. New York and Geneva: United Nations Publication, 2006.

[181] Utne H. Population and Housing Censuses in Norway Towards a Register Based Solution [R]. Geneva: EUROSTAT, 1999.

[182] Wallgren A., Wallgren B. Administrative Registers in an Efficient Statistical System: How Can We Use Multiple Administrative Sources? [J]. *Statistics Sweden and Eurostat*, 1999.

[183] Wallgren A., Wallgren B. Regsiter-Based Statistics: Administrative Data for Statistical Purposes [M]. London: John Wiley & Sons Ltd, 2007.

[184] Wallgren A., Wallgren B. Register-Based Statistics: Statistical Methods for Administrative Data [M]. London: John Wiley & Sons Ltd, 2014.

[185] Winglee M., Valliant R., Scheuren F. A Case Study in Record Linkage [J]. *Survey Methodology*, 2005, 31 (1): 3 - 11.

[186] Winkler W E. State of Statistical Data Editing and Current Research Problems [R]. Working Paper, 1999.

[187] Ypma K J Y. Measurement Error and Misclassification: a Comparison of Survey and Administrative Data [J]. *Journal of Labor Economics*, 2007, 25 (3): 513 - 551.

[188] Zadka P., Fienstien Y. The 2008 Integrated Census in Israel and Future Censuses [R]. United Nations International Seminar on Population and Housing Censuses: Beyond the 2010 Round, 2012.

[189] Zhang L C. Topics of Statistical Theory for Register-Based Statistics and Data Integration [J]. *Statistica Neerlandica*, 2012, 66 (1): 41 –63.

[190] Zhang L C. A Triple-Goal Imputation Method for Statistical Registers [R]. Working Paper 28, UN/ECE Work Session on Statistical Data Editing, Neuchâtel, Switzerland, 2009.

后　　记

　　本人的主要研究领域是国民经济核算和宏观经济统计分析。之所以涉足人口普查，且是一种不同于传统人口普查的新方法——植入行政记录的人口普查，实乃机缘巧合。2013年8月，本人一定居芬兰的大学同学回国探亲，同学小聚之时聊及各自的工作境遇。其中，一位在统计局工作的同学吐槽了其所负责的人口普查工作压力之大、责任之重。只记得当时，那位定居芬兰的大学同学幽幽地说：“芬兰早就不需要调查员了，人口普查数据年年发布！”我那时并不信以为真，甚至有点惊讶我这位移民后的大学同学竟也成了认为"外国的月亮比中国圆"之人。

　　回家后一查资料便惊呆了，我同学说的一点也不假。芬兰早在1990年就已经实施了完全基于行政记录的人口普查，早就不需要人口普查员挨家挨户地搜集信息了。2000年，芬兰统计局宣布将不再专门组织全国范围内的"人口和住房普查"，每年基于行政记录系统形成并发布有关人口和住房的普查信息将成为常态。更让我吃惊的是，芬兰的做法并非个例。丹麦、挪威、瑞典、斯洛文尼亚、奥地利、荷兰、西班牙、瑞士、德国、意大利等欧洲国家均改革了传统的人口普查方法，基于行政记录获取部分或全部人口统计信息已成为这些国家实施人口普查的主要途径。同时，我发现这种起源于欧洲的新人口普查模式同样为以色列、新加坡、土耳其等亚洲国家所采用。特别是，印度统计局亦对改革传统人口普查做足了准备，本拟于2011年实施融合行政记录调查和抽样调查的"组合模式"人口普查，并为此构建了与新人口普查模式相匹配的国家人口登记册，最后因人口规模和结构的复杂性，新人口普查模式将被推迟至2021年实施。

　　我国分别于1953年、1964年、1982年、1990年、2000年和2010年组织实施了六次人口普查。第七次全国人口普查将于2020年开展。动态考察前六次人口普查，尽管普查内容不断完善、普查方法逐渐合理、普查技术逐步提高，但调查模式均属于"由普查员——入户采集数据"的"传统模式"。受制于"传统模式"的固有缺陷，我国的人口普查始终伴随着诸如普查对象锁定

| 后 记

难度日渐提升、居民配合意愿明显降低、经费投入不断增加、普查数据质量踯躅不前等问题，迫切需要进行改革创新。那么，开展基于行政记录人口普查便是改革我国传统人口普查的必然之选。于是，我便萌生了要开展基于行政记录人口普查方法研究的强烈念头。

十分幸运的是，2014 年底，我申请到了国家统计局重大科研项目"植入行政记录的人口普查方法研究：国际经验与中国改革"。借此机会，对这种不同于传统人口普查模式的新方法进行了较系统的研究。经过两年多的努力，于 2017 年 6 月提交了最终成果，成果内容主要体现于本书的部分章节。鉴于植入行政记录的人口普查将调查对象界定、调查范围限定、调查内容设定、调查时间选定、调查过程组织等传统调查的基本要素转化为行政记录选择、行政记录系统构建、不同记录的编辑与转换、不同变量的补充与推断等一系列新步骤，其所依赖的理论基础与传统调查理论相去甚远，其所涉及的数据质量评估方法也与传统普查具有本质差异。在成果提交后，我们针对研究过程中被"相对忽视"的普查质量评估部分进行了多次讨论，将前期研究所涉及代表性国家的普查实践、特别是普查质量评估的实际操作进行了深入挖掘和内容扩展，扩展部分也已更新至本书的相关章节。深有感触的是，对于基于行政记录的人口普查而言，开展数据质量评估与质量控制至关重要。幸运之神再次降临，2018 年底，"基于行政记录的人口普查数据质量评估方法研究"再一次获得国家统计局重大科研项目立项，项目的前期研究积累与部分内容亦展现于本书的相关内容。

本书共分为七章，其中，第一章、第二章、第三章、第四章由我撰写，第五章、第六章和第七章由我和史龙梅博士合作撰写。同时，陈慧、盖英杰、周莹莹、王芳彦、孙思雨、应娉婷六位硕士研究生承担了大量的资料收集、外文翻译、文稿校正等工作。本书出版得到国家统计局重大项目（2018LD07）、国家统计局重大项目（2014LD06）、国家社科基金项目重点项目（17ATJ001）、浙江省一流学科 A（浙江工商大学统计学）、浙江省重点建设高校优势特色学科（浙江工商大学统计学）的联合资助。

感谢经济科学出版社崔新艳编审，正是由于她的悉心排编，使本书得以在短时间内交印出版。对此，我深致谢意。还要感谢国家统计局科研所万东华所长、吕庆喆副所长对本项研究的支持与帮助，以及统计科研所科研管理处的陈妍君、张蒙等老师高效率的项目管理工作。

囿于主客观条件，本书仅仅是做了尝试性的、较为粗浅的探索，书中很多内容参考了他人已有的研究成果。当然，相应的参考及引用都尽力给出了标注和说明，若有疏漏在此表示真诚的歉意。另外，本书定有不够完善甚至是错误之处，敬请读者和学界同仁批评指正。

徐霭婷

2019 年 1 月 12 日于浙江工商大学综合楼